新时代上海"人民城市"建设的探索与实践丛书

像绣花一样
管理超大城市

城市管理精细化卷

Managing Megacities
Like Intricate Embroidery
Detailed Urban Management

上海市住房和城乡建设管理委员会　编著

中国建筑工业出版社

宜业　宜居

宜乐　宜游

本卷编写组

主　编： 姚　凯　中共上海市城乡建设和交通工作委员会副书记
　　　　　　　　上海市住房和城乡建设管理委员会主任

副主编： 张　政　上海市住房和城乡建设管理委员会副主任
　　　　　金　晨　上海市住房和城乡建设管理委员会副主任
　　　　　伍　江　同济大学超大城市精细化治理（国际）研究院院长

撰　稿： 金　晨　王明强　徐存福　周鸣浩　姚　辉
　　　　　施蓄生　王豫伟　汪妍泽　居　冉　龚　莹
　　　　　周雁鸣　王　劲

丛书前言

　　上海是中国共产党的诞生地，是中国共产党的初心始发地。秉承这一荣光，在党中央的坚强领导下，依靠全市人民的不懈奋斗，今天的上海是中国最大的经济中心城市，是中国融入世界、世界观察中国的重要窗口，是物阜民丰、流光溢彩的东方明珠。

　　党的十八大以来，以习近平同志为核心的党中央对上海工作高度重视、寄予厚望，对上海的城市建设、城市发展、城市治理提出了一系列新要求。特别是2019年习近平总书记考察上海期间，提出了"人民城市人民建，人民城市为人民"的重要理念，深刻回答了城市建设发展依靠谁、为了谁的根本问题，深刻回答了建设什么样的城市、怎样建设城市的重大命题，为我们深入推进人民城市建设提供了根本遵循。

　　我们牢记习近平总书记的嘱托，更加自觉地把"人民城市人民建，人民城市为人民"重要理念贯彻落实到上海城市发展全过程和城市工作各方面，紧紧围绕为人民谋幸福、让生活更美好的鲜明主题，切实将人民城市建设的工作要求转化为紧紧依靠人民、不断造福人民、牢牢植根人民的务实行动。我们编制发布了关于深入贯彻落实"人民城市人民建，人民城市为人民"重要理念的实施意见和实施方案，与住房和城乡建设部签署了《共建超大城市精细化建设和治理中国典范合作框架协议》，全力推动人民城市建设。

　　我们牢牢把握人民城市的战略使命，加快推动高质量发展。国际经济、金融、贸易、航运中心基本建成，具有全球影响力的科技创新中心形成基本框架，以五个新城建设为发力点的城市空间格局正在形成。

　　我们牢牢把握人民城市的根本属性，加快创造高品质生活。"一江一河"生活秀带贯通开放，"老小旧远"等民生难题有效破解，大气和水等生态环境质量持续改善，在城市有机更新中城市文脉得到延续，城市精神和城市品格不断彰显。

我们牢牢把握人民城市的本质规律，加快实现高效能治理。政务服务"一网通办"和城市运行"一网统管"从无到有、构建运行，基层社会治理体系不断完善，垃圾分类引领绿色生活新时尚，像绣花一样的城市精细化管理水平不断提升。

我们希望，通过组织编写《新时代上海"人民城市"建设的探索与实践丛书》，总结上海人民城市建设的实践成果，提炼上海人民城市发展的经验启示，展示上海人民城市治理的丰富内涵，彰显中国城市的人民性、治理的有效性、制度的优越性。

站在新征程的起点上，上海正向建设具有世界影响力的社会主义现代化国际大都市和充分体现中国特色、时代特征、上海特点的"人民城市"的目标大踏步地迈进。展望未来，我们坚信"人人都有人生出彩机会、人人都能有序参与治理、人人都能享有品质生活、人人都能切实感受温度、人人都能拥有归属认同"的美好愿景，一定会成为上海这座城市的生动图景。

Shanghai is the birthplace of the Communist Party of China, and it nurtured the party's initial aspirations and intentions. Under the strong leadership of the Party Central Committee, and relying on the unremitting efforts of its residents, Shanghai has since blossomed into a city that is befitting of this honour. Today, it is the country's largest economic hub and an important window through which the rest of the world can observe China. It is a brilliant pearl of the Orient, as well as a place of abundance and wonder.

Since the 18th National Congress of the Communist Party of China, the Party Central Committee with General Secretary Xi Jinping at its helm has attached great importance to and placed high hopes on Shanghai's evolution, putting forward a series of new requirements for Shanghai's urban construction, development and governance. In particular, during his visit to Shanghai in 2019, General Secretary Xi Jinping put forward the important concept of "people's cities, which are built by the people, for the people". He gave profound responses to the questions of for whom cities are developed, upon whom their development depends, what kind of cities we seek to build and how we should approach their construction. In doing so, he provided a fundamental reference upon which we can base the construction of people's cities.

Keeping firmly in mind the mission given to us by General Secretary Xi Jinping, we have made more conscious efforts to implement the important concept of "people's cities" into all aspects of Shanghai's urban development. Adhering to a central theme of improving the people's happiness and livelihood, we have conscientiously sought ways to transform the requirements of people's city-building into concrete actions that closely rely on the people, that continue to benefit the people, and which provide the people with a deeply entrenched sense of belonging. We have compiled and released opinions and plans for the in-depth implementation of the important concept of "people's cities", as well as signing the *Model Cooperation Framework Agreement for the Refined Contruction and Government of Mega-Cities in China* with the Ministry of Housing and Urban-Rural Development.

We have firmly grasped the strategic mission of the people's city in order to accelerate the promotion of high-quality urban development. We have essentially completed the construction of a global economy, finance, trade and logistics centre, as well as laying down the fundamental framework for a hub of technological innovation with global influence. Meanwhile, an urban spatial layout bolstered by the construction of five new cities is currently taking shape.

We have firmly grasped the fundamental attributes of the people's city in order to accelerate the creation of high standards of living for urban residents. The "One River and One Creek" lifestyle show belt has been connected and opened up, while problems relating to the people's livelihood (such as outdated, small, rundown or distant public spaces) have been effectively resolved. Aspects of the environment such as air and water quality have continued to improve. At the same time, the heritage of the city has been incorporated into its organic renewal, allowing its spirit and character to shine through.

We have firmly grasped the essential laws of the people's city in order to accelerate the realization of highly efficient governance. Two unified networks – one for applying for government services and the other for managing urban functions – have been built from scratch and put into operation. Meanwhile, grassroots social governance has been continuously improved, garbage classification has been updated to reflect the trend of green living, while micro-scale urban management has become increasingly intricate, like embroidery.

Through the compilation of the *Exploration and Practices in the Construction of Shanghai as a "People's City" in the New Era series*, we hope to summarize the accomplishments of urban construction, derive valuable lessons in urban development, and showcase the rich connotations of urban governance in the people's city of Shanghai. In doing so, we also wish to reflect the popular spirit, effective governance and superior institutions of Chinese cities.

At the starting point of a new journey, Shanghai is already making great strides towards becoming a socialist international metropolis with global influence, as well as a "people's city" that fully embodies Chinese characteristics, the nature of the times, and its own unique heritage. As we look toward to the future, we firmly believe in our vision where "everyone has the opportunity to achieve their potential, everyone can participate in governance in an orderly manner, everyone can enjoy a high quality of life, everyone can truly feel the warmth of the city, and everyone can develop a sense of belonging". This is bound to become the reality of the city of Shanghai.

本卷前言

当前，随着全球化的不断深入，国家之间的竞争也开始体现在城市群特别是全球城市之间的竞争上，譬如纽约之于美国，伦敦之于英国，巴黎之于法国，东京之于日本……城市作用显而易见。

上海，宋代成镇，元代设县，明代筑城，清代开埠，新中国成立后经济、社会飞速发展，城市面貌日新月异。2018 年 11 月 6 日，习近平总书记在考察上海期间指出："改革开放以来，中国发生了翻天覆地的变化，上海就是一个生动例证。"如今，中国特色社会主义进入新时代，作为中国最大的经济中心城市，上海踏上了加快建设具有世界影响力的社会主义现代化国际大都市的新征程，肩负着代表国家参与国际合作与竞争的重要使命。

城市管理软环境以及由此产生的吸引力是城市软实力的重要组成部分，可以有效提升城市核心竞争力。上海城市发展进入新阶段，必须更加重视城市管理软环境，把提高城市管理水平放在更加突出的位置，像重视城市建设一样重视城市管理，用搞城市建设的劲头来抓好城市管理。

2017 年全国两会期间，习近平总书记在参加上海代表团审议时指出，"上海这种超大城市，管理应该像绣花一样精细"。

城市管理要有绣花般的细心，"一枝一叶总关情"。城市管理必须在细微处见功夫、见质量、见情怀，这远比多造几栋楼来得重要。"早起开门七件事，柴米油盐酱醋茶"，市民每天生活中接触的多数是具体的小事，从早上起来的厕所下水道通不通，到上下班路上堵不堵、地铁公交挤不挤，再到晚上睡觉有没有噪声，都是一些具体的管理问题。

城市管理要有绣花般的耐心，"一年接着一年干"。绣花是慢工，需要一针一针绣；城市管理也不可能一蹴而就，需要有耐心。垃圾分类、架空线入地、交通大整治、违法建筑治理等城市管理工作，有的需要改变市民习惯，有的需要改变管理者"手势"，这些都不是一朝一夕就能实现的，需要压茬推进、久久为功。

城市管理要有绣花般的卓越心，"弄潮儿向涛头立"。"追求卓越"是习近平总书记亲自提炼概括的上海城市精神之一。对于城市管理工作，就是要对标国际最高标准、最好水平，学习借鉴顶级全球城市的先进经验，用高标准引领城市管理高水平。同时，坚持示范引领，避免"遍撒胡椒面"，首先打造出一批高水平精细化管理示范区，培育"苗圃"，形成经验样本，以点带面促进城市管理水平全面提升。

城市管理要像绣花般用好一根针，"绣花要得手绵巧"。绣花全凭一根针，仅基础针法就有几十种。同样，要不断缩小市民日益增长的美好生活向往和发展不平衡、不充分间的差距，城市管理者就得"心中有谱（人民），眼中有活（问题），手上有功（办法）"，要多策并举，综合运用好法治化、标准化、智能化、社会化等管理手段，打通城市管理"神经末梢"。同时，善于发挥多元主体作用，共建、共治、共享城市管理成果。

2018年1月，上海市召开加强城市管理精细化工作推进大会，全面启动第一轮城市管理精细化"三年行动计划"，把提高城市管理精细化水平作为推动高质量发展的重要举措、创造高品质生活的必然要求和实现高效能治理的应有之义。通过三年多的努力，上海城市管理水平得到进一步提升，市民满意度不断提高，圆满完成了迎接中华人民共和国成立70周年、迎接中国共产党建党100周年和第一、二、三届"进博会"等重大活动的城市管理保障任务。

这些成绩的取得离不开广人城市管理工作者、人人代表、政协委员、媒体记者、企业、社会组织等，他们的建议、提案和监督等工作推动着上海城市管理工作的不断前进。更离不开广大上海市民，"市民是城市建设、城市发展的主体"，是城市管理的积极参与者和最终评判者。正是上海市民汇聚起了共建、共治、共享人民城市的磅礴力量，谱写了新时代"城市，让生活更美好"新篇章。

本书以理论探索为里，以生动实践为表，旨在系统回顾近年来上海加强城市管理精细化工作、推进人民城市建设的探索与实践。其中，第一章介绍上海城市管理走向精细化的发展历程；第二章至第五章介绍上海如何通过法治化、标准化、智能化和社会化（四化）四种主要"针法"，实现管理全覆盖、全过程、全天候（三全）；第六章展望上海城市管理发展愿景。同时，将"人民城市人民建，人民城市为人民"重要理念和"三心（绣花般的细心、耐心和卓越心）一针（像绣花般用好一根针）"工作理念贯穿全书始终，阐述和诠释习近平总书记关于城市治理的重要论述，以期梳理出一批可复制、可推广的经验，交出探索超大城市治理这一重大实践命题的体现中国特色、时代特征、上海特点的初步答卷，并希望能与国内外城市管理者作一些经验交流。为了方便读者查阅，很多标题采取了双索引模式，前半句是工作和效果，后半句是列举的具体案例。

本书作为"住房和城乡建设部与上海市人民政府共建超大城市精细化建设和治理中国典范合作"的重要成果，得到了住房和城乡建设部与上海市领导的关心和支持。

本书由上海市建设交通工作党委和上海市住房和城乡建设管理委员会组织编写。上海市政府发展研究中心、规划和自然资源局、交通委员会、水务局（海洋局）、绿化和市容管理局（林业局）、房屋管理局、城市管理行政执法局、公安局交通警察总队、农业农村委员会、经济和信息化委员会、司法局、生态环境局、市场监督管理局、文明办等上海城市管理精细化工作推进领导小组成员单位以及各区、街镇亦给予了全方位的协助，为本书提供了很多观点、案例和参考资料。同济大学超大城市精细化治理研究院全程参与了本书的编写工作，丁仪等老专家对本书的编写提供了不少宝贵意见。中国建筑工业出版社欧阳东副社长，以及陆新之、徐冉、黄翊、刘静等编辑同志在图书校定、出版过程中付出了大量精力，一并表示感谢！

限于工作水平和调研活动等方面的不足，本书难免挂一漏万，存在不少疏漏和谬误。我们衷心希望国内外热忱的读者、专家学者，以及所有对城市管理感兴趣的朋友提出宝贵意见，以便不断推进城市管理工作走向更高水平。

城市管理精细化永远在路上……

中共上海市城乡建设和交通工作委员会
上海市住房和城乡建设管理委员会
2021 年 10 月

Preface

Shanghai was established as a town in the Song Dynasty, a county in the Yuan Dynasty, a city in the Ming Dynasty, and opened as a treaty port in the Qing Dynasty. After the founding of the People's Republic of China, the city is changing with each passing day with the rapid economic and social development. On his inspection tour to Shanghai on the 6th November, 2018, General Secretary Xi Jinping said, "China has undergone earth-shattering changes since reform and opening-up, and Shanghai is a vivid example of such changes."In the new era of building socialism with Chinese characteristics, Shanghai, as China's largest economic center city, has embarked on a new journey and speed track of constructing a socialist modern international metropolis with world influence, and shoulders the important mission of participating in international cooperation and competition on behalf of the nation.

The soft environment (which refers to the non-physical environment, such as policy, regulations, management, services, human resources and so on) of urban management and the attraction arising therefrom are an important part of urban soft power, which can effectively enhance the core competitiveness of the city. In the new stage of urbanization, Shanghai must place greater emphasis on the soft environment of urban management, put the improvement of urban management in a more prominent position, give equal emphasis on both urban construction and urban management, and push forward with the same vigour and effort as we do with our urban construction.

Based on theoretical exploration and vivid practice, this book aims to systematically review the exploration and practice of Shanghai in strengthening refined urban management and promoting urban construction of "people's city" in recent years. By introducing the development process of Shanghai's refined urban management, and the legalization, standardization, intelligence and socialization as the four paths to enhance urban governance quality, as well as the beautiful vision of Shanghai's future development of urban management, we stick to the important concept of "A people's city is built by the people and for the people" and the ethic of "working with care, patience and dexterity like doing embroidery" throughout the book. We also expound and interpret the crucial instructions of General Secretary Xi Jinping on urban governance, hoping to comb out some replicable experience and provide a preliminary answer to the megacity governance – a major practical topic reflecting the characteristics of China, Shanghai and the new era, and share experience with urban managers of the other Chinese cities or international cities.

The book may have left out a few important facts with careless omissions and errors owing to our limited work ability and insufficient research activities. We sincerely welcome valuable comments and suggestions from enthusiastic readers, experts and scholars at home and abroad, as well as all friends interested in urban management, so as to continuously promote urban management to a higher level.

Refined urban management is a journey that never ends!

目 录

Contents

上海城市管理精细化的探索与确立

Shanghai's Exploration and Establishment of Refined Urban Management

Since the Reform and Opening up, especially since the 1990s, Shanghai has always attached great importance to urban management by taking the lead of urbanization in China, and it is among the first cities to carry out the institutional urban governance mechanism reform. In coping with various complex problems in the operation of megacities, Shanghai has accumulated rich experience and has made a comprehensive exploration in the refinement of urban management. Its deep concern on "refined urban management" is not only in line with the current development status, but also is a positive response to the important concept of "people's city".

By dividing Shanghai's urban management into three stages: "balance of construction and management" "people-centred, management-oriented and safety-first" and "refined urban management", this chapter expounds rules that urban governance must confirm to the increasing supply of public safety, public administration and public services and other public products in the process of urbanization, and suggests that the advancement of urban governance should keep pace with the overall level of urban development, and correspond to the continuous improvement of people's physical and material life.

1. Balance of Construction and Management (Reform and opening up — 2000)

In the early stage of reform and opening up, Shanghai was faced with the pressing issues of shortage of public products in terms of safety, administration and services, which had seriously affected the basic quality of urban living. To tackle the deep-rooted problems, Shanghai launched a series of key projects, and paid off the old scores from past by implementing the policy of "building infrastructure first", relying on the reform of investment and financing system of urban construction, targeting the weakness of infrastracture and the pain points of people's livelihood and increasing construction efforts. Driven by the large-scale construction, Shanghai's reform of urban management mechanism has also taken solid steps.

2．People-centred, Management-oriented and Safety-first (2001—2016)

Shanghai thrived in the 21st century, with various indicators doubled, and the supply capacity of public goods greatly enhanced. In 1980, Shanghai invested only 133 million CNY in urban public facilities, accounting for 13.9% of the total infrastructure investment. By 2000, these two figures increased to 26.777 billion CNY and 59.5% respectively. It can be seen that Shanghai is determined and vigorous to invest in urban infrastructure, especially in the construction of facilities related to people's well-being. Urban construction has stepped into a new stage to building focal and functional facilities from paying back historical debts.

In the first decade of the new century, Shanghai took the preparation and hosting of the "Expo 2010 Shanghai China" as paramount task of urban construction and management. The city pooled wisdom in maximizing the benefits of the "Expo 2010 Shanghai China", not only to enhance Shanghai's global influence, but also to make full use of the major urban event to drive a new round of large-scale construction and development. Shanghai not only increased its investment in urban construction, but with the deepening of the preparations for the World Expo and the introduction of international urban governance experience, it also significantly improved the skill of urban management.

3．Refined Urban Management (2017 —)

In November 2019, General Secretary Xi Jinping put forward "A people's city is built by the people and for the people" at the waterfront of Huangpu River, which embodies the original aspiration and the mission of Chinese Communists is to seek happiness for the Chinese people and rejuvenation for the Chinese nation. It once again pointing out the people-centered nature of socialist city, and provided fundamental principal and specific goals for Shanghai's urban construction and management.

Cities with large population, high density of buildings, great pressure on urban operation and frequent activities, especially megacities like Shanghai, are particularly affected by "urban diseases" such as environmental pollution, traffic congestion, abnormal high housing prices and fragile ecology. Under the new context of urban renewal and the new opportunity of digital transformation, the way to calmly respond the emerging urban diseases, improve the levels of urban construction and management, and achieve the goal of "better City, better Life" for the people is a key task of major cities in their active exploration and practice in recent years. Shanghai, distinctive from other cities in China, has put forward the relatively complete concept of "the basic main framework in terms of refined urban management, and initially formed a systematic framework to continue the refinement of various work. People's sense of fulfilment and happiness was continuously improved after the implementation of the first round of Three-Year Action Plan.

With the objectives of creating a safe and orderly urban environment of rule of law, efficient, convenient and intelligent administration, and cleaner city, the first round of the Three-Year Action Plan specified 14 key tasks and 41 important indicators into a task list based on "9+5" framework, and defined the scope of responsibilities and implementation paths. It required to promote the construction of beautiful blocks, beautiful homes and beautiful villages by focusing on public demand and stepping up efforts to achieve the goal of urban management, namely implementing full-coverage, whole-process and all-day management, promoting rule of law and public participation in management, and making such management smarter and more standardized. It also required to do the "fine brushwork" of urban management with care, patience and dexterity like doing embroidery, crack management puzzles, eradicate deep-rooted problems, make up shortcomings of governance, and continue to promote the refined urban management to develop in depth and breadth.

By the end of 2020, Shanghai has completed all the 41 important indicators of the first round of Three-Year Action Plan, with remarkable achievements in water environment treatment and water supply, flood prevention, comprehensive treatment of residential areas and integrated disposal of municipal solid waste (MSW), and provided fundamental guarantee for Shanghai to create a more orderly, safer and cleaner high-quality urban-scape and modern urban management pattern.

Shanghai's innovation and practice of refined urban management has provided a reference for promoting the high-quality development of cities in China and has attracted extensive attention. In July 2020, the Ministry of Housing and Urban-Rural Development and the Shanghai Municipal People's Government signed the Model Cooperation Framework Agreement for the Refined Microscale Construction and Governance of Mega-Cities in China. Under the framework, Shanghai is to contribute its wisdom and example to the modernization of national governance system and governance capacity, and provide Chinese experience and solutions for the megacity governance for the world.

从"大吊车"到"绣花针"

——上海城市管理经历的发展阶段

漫步在杨浦滨江，享受着阵阵微风和江畔美景，看着身边尽情嬉戏的孩童、你侬我侬的情侣、含饴弄孙的老人……温馨的场景、动人的画卷打动了 2019 年 11 月 2 日来上海考察的习近平总书记。

已成为滨江一景的"大吊车"在一旁安静高耸（图 1-1），似乎在提醒我们，就在十几年前，这里还是一片"有碍观瞻"的"锈带"。当时，大量的工业厂房集聚在此，宽窄不一的条带状独立地块沿江发展，形成了一堵阻隔市民与江景的厚实"围墙"，以至于市民们都已经想不起这里有着资源丰沛的滨江岸线。

这片"世界仅存的最大滨江工业带"在 20 世纪 70～80 年代工业产值最高时曾占上海总产值的四分之一以上、全国的二十分之一，此后随着城市产业的更替，逐步走向衰落，近年来又随着城市更新的兴起和"一江一河"贯通工程的实施而重获新生，成为最受上海市民欢迎的公共空间。其兴衰起伏俨然是上海城市变迁发展的缩影：在生产型岸线向生活型岸线转变的背后，是发展理念从单一经济导向到多维综合导向、从重量到重质、从重物到重人，发展模式从增量到存量、从粗放到精细的整体转型。

正如粗放型、低附加值的传统工业必定会日渐没落，寻求转变，以建设为主要手段的大规模、快速度的城市发展模式也渐渐走到了不得不变的时候。经济社会已经发展到了一个新的历史时期，人民对生活品质的要求越来越高，主要依靠建设行为来解决城市问题的旧有路径，已无

21 世纪初

现在

图 1-1　成为滨江一景的"大吊车"

法满足高质量发展、高品质生活和高效能治理的现实需求。

当建设所产生的效益无法满足经济、社会、文化、生态等多维度的综合需求时，城市管理工作开始走向前台，在城市发展中扮演更加重要的角色，发挥更加积极的作用。与建设手段相比，城市管理更注重通过协调和修补的手段，优化物质环境与人的关系；善于用更小的成本和更可持续、更精明的手段，实现城市环境的优化、城市品质的提升和城市运行效能的增强。随着"精细化"理念的深入人心、"精细化"体系架构的不断完善以及"精细化"技术路径的愈加清晰，城市管理在成本与收益之间的"高性价比"将会愈发突出。

改革开放以来，特别是从 20 世纪 90 年代起，上海的城市化水平一直走在全国前列，一以贯之地重视城市管理工作，是最早开展城市管理体制机制改革的城市之一。上海在应对超大城市运行的各类复杂问题的过程中，积累了丰富的经验，并在城市管理的精细化方面进行了全面探索；其对"城市管理精细化"的深度关注不仅契合当下的发展现状，也是对"人民城市"重要理念的积极回应。

上海的城市管理经历了几个发展阶段？为何上海要从 2018 年起，举全市之力推进城市管理精细化工作？在深入剖析和总结上海城市管理"三全四化"的实践经验之前，本节将全面梳理上海城市管理历经的"建管并举""以人为本、管理为重、安全为先"和"城市管理精细化"的三个阶段，揭示城市管理必定要与城市发展和演进过程中，公共安全、公共管理和公共服务等公共产品供给日渐精进相匹配的发展规律，指出城市管理工作的推进既要与城市的总体发展水平同步，又要与人民群众不断提高的物质和精神生活对应。

1. 建管并举（改革开放～2000 年）：破解"三难"顽疾，还清历史欠账

改革开放初期，上海首先要解决的是公共安全、公共管理、公共服务等公共产品的"有没有"问题，供给的窘迫已经严重影响到市民的基本生活质量。为了努力破解顽疾，上海贯彻"基础设施先行"的方针，依托城市建设投融资体制改革，针对建设短板和民生痛点，加大建设力度，启动了一系列重大工程，实现了还清历史旧债的目标。在大规模建设的推动下，上海的城市管理体制改革也迈出了坚实的步伐。

（1）基础建设短板突出，"三难"瓶颈有待破解

1980 年 10 月 3 日的《解放日报》头版头条《十个第一和五个倒数第一说明了什么？——关于上海发展方向的探讨》触目惊心地点出上海的五项全国"倒数第一"[1]，实实在在地戳到了当时上海人的痛处。报道客观地指出，上海在为全国经济发展作出突出贡献的同时，城市自身的发展水平却明显滞后，基础设施短缺问题严重。交通拥挤、住房困难和环境污染的"三难"问题，已到了影响城市运行和发展的"临界点"。

一是"交通难"。"别挤了，别挤了，为什么乘车这样难？"这首名为《别挤了》的歌曲在 20 世纪 80 年代十分流行，一语道出当时上海公共交通资源紧张、匮乏的窘迫境地。当时的老百姓中流传着这么一道"脑筋急转弯"：如何能在 1 平方米里站上 12 个人？答案是：在上海的公交车上！每一次靠站，每一次上下车，都像是一场肉搏战（图 1-2）。

二是"住房难"。上海的住房紧张之程度全国闻名，市区人均住房面积仅 4.3 平方米（人均住房面积 4 平方米以下的缺房户有 91.8 万多户，占全市户数 60% 左右）。72 家房客、三代同堂、80 万只拎马桶、80 万只煤球炉……"螺蛳壳里做道场"的精明能干，实际上是充满苦涩的无奈之举。1983 年

[1] 这五个倒数第一是：人口密度高全国之最、人均资源少全国之最、缺房户数多全国之最、车祸死亡人数多全国之最和癌症发病率高全国之最。

1985 年拍摄的徐家汇公交站点（现今六百正门位置）   拥挤的公交交通遇到恶劣的天气，那就更是雪上加霜

图 1-2   上下车都像是一场肉搏战

资料来源：陆杰   摄

图 1-3   迷你"天桥桌"

资料来源：陆杰   摄

图 1-4   三代同堂老少 8 人挤居在 9 平方米的陋室内

资料来源：纪海鹰   摄

2 月 21 日，邓小平同志到上海视察时，上海市领导向他立下的"军令状"是，到 21 世纪初全面改善市民的居住条件（图 1-3、图 1-4）。

三是"环境难"。上海当时的人均绿地面积仅有 0.47 平方米（像一张《解放日报》那么大），城市污水和生活污水处理率仅 14%。原本清澈见底的苏州河，积年累月地承受着社会经济发展带来的污染，成了市区企业和居民天然的排污场所，大量生活污水与工业废水未经处理就直接

图 1-5 被污染的苏州河

排入河道。母亲河一天天变得"黑如墨""臭如粪"。有中学生作文这样写道："苏州河边没有垂柳，没有树木，河风吹过能闻到恶臭之味，河面死气沉沉，无声无息、无鱼无虾……"（图 1-5）。

20 世纪 80 年代初的上海在"三难"的困扰下暗淡无光，要想恢复近代"东方巴黎"的美誉，重振昔日国际大都市的风采，让这颗蒙尘已久的东方明珠尽早焕发夺目光彩，上海就必须在城市建设上快马加鞭、迎头赶上。

（2）加快城市建设步伐，努力还清历史欠账

城市建设离不开资金的支持，城市建设投融资体制是获取城建资金的关键。改革开放前，由于政府财力有限，对城市建设的投入捉襟见肘。1950~1980 年的 30 年间，上海投向市政、公用设施的建设资金仅 24.13 亿元，为同期固定资产投资的 6.5%，不仅不能扩大再生产，连维持生产也要靠财政补贴。亏损—补贴—再亏损—再补贴的恶性循环，进一步加剧了财政负担。改革开放后，从 20 世纪 80 年代以建立举债机制为重点、放大政府投资规模，到 90 年代以土地批租为重点、大规模挖掘资源性资金，再到 2000 年后以资本运作和政策引导为重点、充分发挥政府投融资平台的综合服务功能、多渠道筹集社会资金，上海推动了规模越来越大、速度越来越快的城市建设浪潮。[1]1980 年上海的基础设施投资额仅有 9.55 亿元，到了 2000 年已达到 449.90 亿元，是 1980 年的 47 倍多。此起彼伏的建设工地和高耸林立

1 伍江，周鸣浩，等. 上海改革开放 40 年大事研究（卷七·城市建设）[M] 上海：格致出版社，上海人民出版社，2018.

的"大吊车"成为人们对当时上海城市景观最深刻的印象。邓小平同志南方谈话后,"一年一个样、三年大变样"的上海,让很多回沪过年探亲的老知青们都感叹:"找不到回家的路了"。

短短30年间,上海通过点(枢纽)和线(网络)的分步骤、分阶段建设,打造了立体化、枢纽型、功能性和网络化的城市交通基础设施体系,全面提升了上海的交通容量和效率效能,极大地缓解了"交通难"的窘境。建成的重要门户枢纽包括20世纪80年代的新客站、虹桥机场(扩建),90年代的浦东国际机场和2000年后的虹桥综合枢纽。市域范围内,完成了"两环、九射、一纵、一横、两联"的快速路网格局。四座大桥、五条隧道串联起浦江两岸的比翼齐飞(图1-6)。

虹桥机场

上海站

卢浦大桥

地铁1号线

图1-6　完善城市交通基础设施体系

同时，从"旧城改造"到"城市更新"，上海在破解"住房难"问题上作出了极大的努力。早期财政困难时期，主要采取"见缝插针"的旧住宅区改造和"有条件的成片改造"相结合的策略。20世纪90年代，以"365危棚简屋改造"为标志，通过级差地租盘活了市场化的旧改运作机制，启动大规模成片改造。2000年之后，结合申办世博会等大事件，进一步完善体制机制，抓住城市更新机遇，不断提升市民居住品质，推动大都市产业、功能和环境的全面迭代。

在解决"环境难"方面，上海先后开展了多轮大规模的环境建设与治理工作。20世纪90年代起，实施了连续三期的苏州河环境综合整治工程，此后又开展了覆盖全市的黑臭河道整治行动，全市水环境逐步消除黑臭，自净能力增强，生态系统恢复。从20世纪80年代起主要聚焦重点污染区的综合整治，到2000年后形成的滚动式"环保三年行动计划"，环境综合治理行动机制得到确立。在绿色生态系统的打造上，从"长藤结瓜"的环城绿带建设，到"十一五"期间的跨越式发展，再到大力推进崇明世界级生态岛和郊野公园建设，上海生态环境的数量和质量都实现了质的飞跃（图1-7）。

（3）重心下沉，事权下放，启动城市管理体制改革

20世纪，在城市建设的"主旋律"下，上海各项历史欠账逐一还上，城市规模和基础设施的迅速扩张，极大地弥补了供需间的落差。但急剧的增量如何才能有序运行、达到预期，显然不是任其自生自灭就能万事大吉，仅仅依靠建设者们的短期管理和维护也不是长久之计。管理是门技术活，也是门艺术，必须建立起与建设相匹配的机制与系统，才能相辅相成、相得益彰。随着城市硬件以及市场意识、市民意识的发展，传统计划体制下的管理模式已经不相适应，上海提出了"建管并举、重在管理"，重塑城市管理新格局的总体思路，在体制机制上着墨涂彩，从局部创新突破，打开局面。

曾在20世纪80年代担任黄浦区政府办公室主任的曹新庚指出，当时上海城市管理体制失灵的关键瓶颈，是区级层面的"半级政府，零级

为改造生态环境和限制城市无序扩张，始建于 1995 年的环城绿带（王鹤春　摄）

浦江郊野公园（市文化旅游局　提供）

青西郊野公园（市文化旅游局　提供）

图 1-7　打造绿色生态系统，解决环境难题

计划，过路财政"。"半级政府"是指区政府没有实权，所有事情基本上受市里垂直控制；"过路财政"是指区财政的钱都交到市里，统收统支，只返回区里一部分作日常行政开支的吃饭财政；"零级计划"是指区里没有权力和能力做规划，没有动力和活力搞发展，毫无干劲。[1]1987 年以后，市政府逐步向区（县）下放财权和事权。黄浦区则更进一步，对街道也实行放权。比如，在城市管理方面，将市容和环卫的相关工作下放到街道，路面清扫、街头绿地种植和养护等都纳入街道的工作范围。

进入 20 世纪 90 年代，上海正式启动城市管理体制改革，不断完善区级城市建设和管理机构的设置，并按照加强社区管理的要求，扩大街道和乡镇的权力和财力，逐步建立健全市区"两级政府、三级管理"和郊区"三级政府、三级管理"的新格局。从原来的垂直管理、专业管理、单一手段管理，向分级管理、全社会管理、多种形式管理转变。建立分级管理体制，调动市和区（县）以及街道、乡镇的积极性，共同参与城市管理，是上海的一个重要经验。[2]

随着城市管理的事权下放、重心下沉，市级职能部门得以逐步摆脱具体事务，转向政策研究和指导工作，将主要精力用于宏观规划、规章制定、行业管理和市场规范，增强了宏观管理能力。区（县）行政管理职能部门聚焦区域建设、管理事务执行和具体的行政执法，增强了各区（县）的自主性和服务意识，形成了条块结合、以块为主的新格局。

随着改革的不断推进，管理成效逐步显现，市容市貌、生态环境和人居环境获得全方位的提升。

大量基础设施建成并投入使用后，管理和养护开始成为重要的日常工作内容。从 1996～1997 年开始，除了中心城区的高架道路（含越江设施）和郊区高速公路由市属单位负责外，其他的市政道路、公路、桥梁、防汛墙和下水道均由所在区（县）负责管理和养护。除市属公园由市里直接管理外，其他的公园和公共绿地也均由所在区（县）负责。在环卫作业方面，市属企业负责垃圾的运输处置，道路清扫和保洁则由所在区（县）或乡镇负责。一部分从市、区（县）政府中分离出来的管理职

1 中共上海市委党史研究室，上海市现代上海研究中心，口述上海：改革创新（1978—1992）[M]. 上海：上海教育出版社，2014：419-428.
2 中共上海市委党史研究室，上海改革开放实录（1992—2002）[M]. 上海：上海书店出版社，2015：65.

能，进一步向街道、乡镇聚集，激活了社区的建设和管理。与属地化管理相适应的机构也在逐步设立和完善，街道（乡镇）承担了越来越多的市容秩序、环卫保洁、道路和绿化养护等方面的工作，过去许多"看得见、管不着"的问题，如今都被管起来了。

在房屋管理方面，随着商品房和售后公房的大量出现，上海开始探索市场经济环境下业主自治的物业管理方式。上海于 1997 年颁布《上海市居住物业管理条例》，建立了房屋维修基金制度。到 2000 年底，上海已成立业主委员会 3196 个，物业管理公司数量达到 2315 家。1998 年，在物业公司登记备案的基础上，进一步加强物业公司资质管理。为确保房屋的应急维修，在各区（县）均成立了房屋应急维修中心，全市共设立了 192 个业务受理点，并推行 24 小时电话报修。

在市容市貌管理方面，于 20 世纪 90 年代中后期，在市政、园林绿化、环卫等行业，以管理层与作业层分开为切口，推进政企分开、事企分开（图 1-8）。原隶属于市级管理部门的养护作业单位率先垂范，通过

图 1-8　1992 年 7 月上海城投（集团）有限公司成立

图1-9 20世纪90年代城市管理执法队伍

合并调整成立了独立法人的企业集团或养护作业公司，各区也相继跟进。1998年初，浦东新区的环卫行业事改企是环卫、园林、市政三位一体的综合养护改革。2000年实现环卫全行业事企分开，2003年实现绿化全行业事企分开。

在城管执法方面，开始整合执法资源，创建城管综合执法体制。在经历了"三整顿"、多专业执法机构及巡警综合执法等几个时期的探索后，上海想明白了行政执法从分散走向综合的大方向（图1-9）。

2. 以人为本、管理为重、安全为先（2001～2016年）：迎接"世博"盛会，夯实"综合管理"

进入21世纪后，上海愈发呈现出日新月异、欣欣向荣的发展态势。各项指标都有了成倍的提升，公共产品供给能力得到极大增强（表1-1）。

1980 年，上海在城市公用设施上的当年投资仅 1.33 亿元，占全部基础设施投资总额的 13.9%，到了 2000 年，这两个数字分别提高到了 267.77 亿元和 59.5%。上海在城市基础设施，特别是关乎市民福祉的设施建设方面，投入的决心和力度之大可见一斑。城市建设从还历史欠账迈入建设枢纽型、功能性设施的新阶段。

1990 年和 2000 年上海城市设施发展水平　　　　　　　　　　表 1-1

指标	1990 年	2000 年
人均拥有道路长度（公里）	2.08	5.84
人均拥有道路面积（平方米）	2.28	7.17
每万人拥有城市排水管道长度（公里）	1.47	2.86
每万人拥有公共车辆（辆）	7．43	14.3
每万人拥有出租汽车（辆）	8.80	32.49
人均拥有公共绿地面积（平方米）	1.02	4.60
每万人拥有公共厕所（座）	0.79	1.67

在 21 世纪的第一个十年，"世博会"的筹备和举办成为上海城市建设和管理的绝对重心。全市上下精心谋划如何将"世博会"效益最大化，不仅要以此提升上海的全球影响力，而且要充分利用城市重大事件，驱动新一轮的大建设和大发展。除了继续在城市建设上加大投入，随着"世博会"筹备工作的深入以及国际城市管理经验的输入，上海城市管理的水平显著提升。

（1）凝聚共识，实现高速度、跨越式发展

作为第一个以城市为主题的"世博会"，"城市，让生活更美好"的主旨极大地振奋了广大市民对城市美好生活的向往和追求（图 1-10）。2007 年 3 月至 10 月，习近平同志在担任上海市委书记期间，将上海的城市精神完整地提炼归纳为"海纳百川，追求卓越，开明睿智，大气谦和"，并多次强调上海要抓住"世博会"机遇，进一步完善城市功能，提

图1-10 "东方之冠，鼎盛中华，天下粮仓，富庶百姓"——2010年上海世博会中国国家馆

升城市管理服务水平，充分展示上海作为国际大都市的深厚底蕴和文化魅力。2007年5月，上海市第九次党代会提出，以筹备"世博"为契机，带动上海城市经济社会又好又快发展，带动城市建设、生态建设和现代化管理水平不断提高，带动城市文明程度和市民素质显著提升。这些讨论和指示凝聚了全市上下的一致共识，为通过"世博会"推动上海城市新一轮发展作好了思想准备。

在"世博会"的主导和推动下，全市大力推进与"世博"配套的城市基础设施建设，很多建设项目比正常计划提前了5~10年，许多"十二五"的规划项目提前到"十一五"完成。[1] 上海市枢纽型、功能性、网络化的城市基础设施体系基本形成，确立了国际航空枢纽港地位。轨道交通在2005~2010年的6年间，新增运营里程324公里，年均增加54公里，是国外常规年增5公里的10倍以上。这一基本完整的轨道交通系统，再加上15条高架快速路和十多条高速公路，共同构成了覆盖地下、地面、空中的全互通的立体交通网络。通过深化住房制度改革，截至2010年，上海

1 中共上海市委研究室，上海市现代上海研究中心. 口述上海：改革创新（2002—2012）[M]. 上海：上海教育出版社，2014.

青草沙水库（赵昀　摄）

陈行水库

金泽水库（中国三峡上海院　提供）

东风西沙水库（中国三峡上海院　提供）

图 1-11　"两江并举、集中取水、水库供水、一网调度"原水供应格局

人均住房面积达到 17.5 平方米，基本实现了"居者有其屋"。历史风貌保护"点、线、面"三级体系的形成，标志着上海城市历史遗产保护系统性框架的确立。环境保护和生态优化的力度持续加大，青、草、沙、水源地建成并投入使用，上千万上海居民享用上了优质的长江原水（图 1-11）。

（2）实施 600 天行动计划，建立常态长效机制

如何演绎"城市，让生活更美好"的主题，奉献一届成功、精彩、难忘的"世博会"？当全世界的目光都集中到上海时，不仅为上海提供了向世界展示城市建设成就和风采的良机，也给上海的城市运行和管理带来了巨大的挑战。

与城市建设所取得的瞩目成就相比，上海的城市管理水平仍有很大提升空间。上海当时每年有统计的各类行政处罚案件达到 1200 万～1500 万件，主要集中在治安秩序、道路交通、市容环境、违章搭建等类别。乱穿马路、乱扔垃圾、随地吐痰等不文明行为也司空见惯。对于超常规事件的预测和控制能力仍显薄弱。[1] 当时预测，历时半年的"世博会"期间，入园人数可能达到 7000 万人次以上。如此高密度、大规模的人群集聚和流动，无疑会对城市运行的安全和有序管理带来巨大压力。如何保障 2010 年上海"世博会"的成功举办和安全运行，围绕这一目标开展的"迎世博 600 天行动计划"（下文简称"600 天行动"）成为上海城市管理发展史上的一个标志性事件。

"600 天行动"从 2008 年 9 月 8 日起启动实施。围绕"美好环境，美好生活"的战略构想，制定了《本市迎世博 600 天行动计划纲要》，成立了"600 天行动"的管理指挥部，提出了"五个更加注重"（更加注重市容市貌的改善和管理顽症的化解、更加注重市民生活环境的改善、更加注重社会公众的参与、更加注重提供优质高效的公共服务、更加注重常态长效管理）、"三大工程"（市容市貌改观工程、市民生活环境改善工程、城市管理水平提升工程）和"五大战役"（高架战役、江河战役、世博周边战役、交通干线战役、重要地点战役）（表 1-2）。

"世博会"大幕开启前，"600 天行动"的各项任务全面超额完成。有专项调查显示：市容市貌改观工程获得市民高度认可，总体满意度达 92.5 分，99.1% 的受访者认为市容市貌有改观，逾六成感到"明显改观"。[2]

漫步黄浦滩头，处处可见"600 天行动"的丰硕"战果"："百年外滩"从"车的外滩"变成"人的外滩"，重塑了外滩作为上海"城市会客厅"的功能（图 1-12）。延安路高架面貌一新，桥体穿上了米黄色的外衣，涂刷面积 38.3 万平方米，相当于 2.7 个人民广场；调整防噪屏 10.2 公里，长度相当于 5.6 个外滩；沿线地面 14 万平方米车行道整治一新，占地相当于 333 个篮球场。全市 1000 余条中、小道路告别"脏、乱、差"……

1　顾长浩. 世博会、城市管理与法制建设 [J].
法治论丛，2004，19（6）：94.
2　陆一波. 变化的上海 崭新迎盛会 [N]. 解放日报，2010-04-15（001）.

本市迎世博加强市内容环境建设和管理"600天行动"计划纲要 表 1-2

"5个三"重点区域	三大工程	五大战役
三轴（黄浦江、苏州河，南北高架，延安路高架）	市容市貌改观工程	高架战役
三环（内环、中环、外环）	市民生活环境改善工程	江河战役
三线（铁路、高速公路、轨道交通沿线）	城市管理水平提升工程	世博周边战役
三区（世博园区周边区域、外环以内区域、外环以外各区县确定的其他重点区域）	—	交通干线战役
三环（世博会参观接待点、旅游景点、交通枢纽点）	—	重要地点战役

图 1-12　外滩夜景

　　对"城市，让生活更美好"的演绎不仅停留于视觉的愉悦，还关乎实实在在的柴米油盐，既要"面子"又要"里子"。更美好的生活意味着更尊重市民的实际需求，更关注市民的实际利益，更快解决市民的实际困难。以"600天行动"为抓手，上海推动了1.6亿平方米的建筑修缮整治工程，将改善居住功能与整治建筑立面相结合，切实改善民生。[1]

　　有着20多年房龄的程桥二村是首批改造的小区之一。改造前，用水不畅、道路不平等问题常年困扰居民。外阳台修缮、二次供水管道改造、

科普广场　　　　　　　　　　　　　　　　　　　　安心车库

图 1-13　程桥二村科普广场和安心车库

道路整修等 20 多个改造项目同步启动，老小区焕发"生机"。在此住了 20 年的陈女士乐不可支："不用搬家，我也像住了新家"（图 1-13）。[2]

作为一个重大的城市事件，2010 年"世博会"就是对上海城市管理的一次全方位演练和提升。围绕世博会的筹备和组织，上海大胆探索、积极创新，在交通管理、市容和环境管理、公共信息管理、公共安全管理、人口管理、应急管理、区域协作管理、社会参与和志愿者行动等方面都积累了不少成功经验。如充分调动市民参与城市管理的积极性，注重与非政府组织、公益团体、志愿者组织、社区组织及企业的分工协作，结成城市管理共同行动网络。

面对"世博会"期间日均不低于 50 万人次、峰值高达 80 万人次的流量，在交通管理上制定了严密的保障方案，包括交通组织引导政策、大客流预警系统、客运交通服务方案和交通管控措施等。实施差别化区域交通政策，以世博园区为核心将全市划分为交通引导区、缓冲区、管控区三个圈层，在不同圈层实施不同的交通管理措施。以"分层截流"的方式，对特定区域的交通客流进行针对性的管控。与此同时，探索与周边长三角其他区域间的跨区域协调管理机制，围绕各项应急预案，在交通组织、食品安全、知识产权保护、社会治安、人流疏散、安全应急管理等方面强化了区域联动，初步形成了区域生态环境的联防联控机制。[3]

"世博会"带来了世界各地的多元文明和先进技术，

1 潘翔，饶斌. 浅析城市建筑整治后的长效管理——以上海市迎世博 600 天行动建筑整治为例 [J]. 住宅科技，2010，30（1）：9-12.
2 陆一波. 变化的上海 崭新迎盛会 [N]. 解放日报，2010-04-15（001）.
3 张丽. 上海城市管理的"世博"创新与"世博后"挑战 [J]. 上海城市管理，2012，21（1）：67-70.

特别是最佳实践区中的经典案例（图 1-14），涉及水管理、道路管理、交通管理、能源管理、环境管理、建筑管理、废弃物管理、灾害管理、社会管理、社区管理、城市更新改造等多个方面。在理念上，"世博会"展示了智慧城市、健康城市、低碳城市等可持续城市的发展方向和实现方式；在技术上，"世博会"上呈现的信息技术、仿真技术、遥感技术等，为提升城市管理水平提供了先进手段。

"世博会"举办期间，上海的城市环境和管理有了明显进步。为探索把这种良好的状态延续下去，把行之有效的做法坚持下去的路径，上海市人大就如何建立世博后城市管理长效机制开展专题调研，于 2010 年 9 月形成审议意见送交市政府。针对意见中提出的问题，市政府相关部门形成了 9 个专项实施方案，对城市管理中容易反弹回潮的工地管理、重

世博创意秀场

上海案例馆

伦敦案例馆

成都案例馆

图 1-14　上海世博城市最佳实践区

复掘路、设摊管理、城市保洁、非法客运管理、交通组织、秸秆焚烧、大气污染防治、河道整治、旧住房综合改造、地下空间安全使用 11 个问题，全部明确落实了责任单位。[1] 建立起政府主导、市场化运作、社会市民参与、科技创新、依法管理"五位一体"的城市管理长效机制，大大推进了上海城市管理常态、长效机制的系统性建设。

（3）启动网格化建设，实现城市综合管理

城市发展越快、规模越大，管理面临的跨部门综合性问题就越多。城市管理和社会治理相互交织，很多表象为城市管理的问题往往隐藏着深层次的社会背景。比如说无序设摊，既是市容环境问题，又是民生问题，既涉及市容部门，又涉及工商、卫生、食品、文化、交通等执法主体。又如违法建筑，既牵扯现实问题，又往往有复杂的历史原因，涉及规划、房管、城管、工商等多个部门。再如群租，既涉及房管部门，也涉及市容、建设、消防、治安等管理部门，既涉及市级层面，其中一些也涉及区（县）乃至街（镇）及居村等层面。这些问题矛盾集中、错综复杂，其中一些长期得不到解决，形成顽症难题，对城市发展和市民生活影响很大。只有多管齐下、统筹协同、综合施策，才能提升管理效能。

2014 年 9 月，上海成立以分管副市长为组长的"上海市城市综合管理推进领导小组"，建立了包括市建设管理委、市发展改革委、市公安局、市财政局、市绿化市容局、市交通委、市环保局、市规划国土资源局、市水务局、市住房保障房屋管理局、市安全监管局、市民防办、市公务员局、市路政局等 30 个市级部门（单位）以及 17 个区（县）在内的城市综合管理联席会议制度，下设综合管理办公室，明确提出了城市管理常态化和长效化的要求，强化了城乡建设管理部门在综合管理、综合协调方面的职责。

上海城市综合管理的一个重要突破性进展，就是网格化综合管理信息系统的建设。在学习北京东城区成功经验的基础上，结合上海自身特点，从 2005 年 10

1　40 年 40 事　开展世博后建立城市长效管理机制专题询问．https://m.thepaper.cn/baijiahao_5150728.

月开始，首先在长宁、（原）卢湾两区开展城市管理网格化试点；2006年在中心城区全面铺开，同年下半年启动松江、青浦等郊区城市化地区网格化管理信息系统建设；于2009年实现了市域内城市化地区的全覆盖，在国内率先实现了市区两级数字化城市管理模式。2009年编制的《上海市城市网格化管理标准》（2010版）涵盖了城市基础设施中5大类、88种部件和市容市貌管理中5大类、32种事件，并在信息系统中录入了1100多万个部件信息。2015年，全市所有街镇也全部设立了城市网格化综合管理中心，建立街镇网格监督员队伍，建设居村工作站，推动网格化管理范围向住宅小区和农村地区拓展，管理事项向市场监管和街面治安延伸，推进网格化管理与大联动、大联勤、"12345"市民服务热线等融合互动，进一步走向资源整合与条块联动，形成了全市"一张网"的市、区、街镇三级综合管理格局（图1-15）。

习近平同志在担任上海市委书记时非常关注网格化管理工作，大力推动了上海网格化管理的系统性建设。2007年8月，他到（原）卢湾区调研时专门考察了城市管理监督中心和指挥中心监督受理大厅，仔细了解网格化管理运作流程、管理成效、市民满意度，还拨通电话，与正在街面巡逻的监督员通话，对他们的辛勤劳动表示慰问。习近平同志指出，网格化管理是一个先进的管理模式，希望不断积累经验，完善机制，尽快在全市推广，提高城市管理的效率。

图1-15　上海市城市网格化综合管理系统在城博会展示

通过深化和完善上海城市网格化综合管理工作，上海实现了城市管理由被动向主动、由粗放向精细、由分割向协同、由突击向长效的转变，对痛点、堵点问题的发现和反应，以及对"急难愁盼"问题的解决更加快速和精准，是城市管理模式的一次重要变革和创新。

经过了前两个阶段的发展，特别是通过"世博会"的洗礼，上海的城市基础起来了，管理经验累积了，人民群众的品位和素质也成长了，催生了其对美好生活的更高向往。上海到了需要并可以精益求精、再上台阶的"新起点"。

3．迈入精细化管理（2017年至今）：用好"三心一针"，构建四梁八柱

（1）以"精细化"理念，锚定前进方向

2015年12月召开的中央城市工作会议是我国城镇化发展历程中的一个关键节点，这次会议为精细化管理理念的提出作了充分的准备和铺垫。在会议上，习近平总书记提出"一个尊重，五个统筹"，改变以往偏重城市基础设施建设的倾向，开始关注城市发展与管理的规律性、全局性、系统性、持续性、宜居性、积极性等方面，更加强调人民在城市建设中的主体地位，突出了城市的共治共管、共建共享。

习近平总书记一直关心着上海的城市建设和管理问题。2017～2020年四年间，他多次对上海的城市治理和城市管理工作作出重要指示，指导上海逐步聚焦到"城市管理精细化"这一发展主题。2017年3月在参加全国两会上海代表团审议时，习近平总书记指出："走出一条符合超大城市特点和规律的社会治理新路子，是关系上海发展的大问题。城市管理应该像绣花一样精细。要持续用力，不断深化，提升社会治理能力，增强社会发展活力。"2018年11月，在浦东新区城市运行综合管理中心，他强调，"城市治理是国家治理体系和治理能力现代化的重要内容""一流城市

要有一流治理，要注重在科学化、精细化、智能化上下功夫"。2019 年 11 月，他在听取上海市委、市政府工作汇报时指出，"要抓好'政务服务一网通办''城市运行一网统管'，提高城市治理的现代化和精细化水平"。他在视察杨浦滨江时，明确提出的"人民城市人民建，人民城市为人民"的重要理念，深刻揭示了中国特色社会主义城市的人民性，赋予了上海未来城市建设和管理精细化的新使命（图 1-16）。2020 年 11 月，习近平总书记在浦东开发开放 30 周年庆祝大会上的讲话中指出，"城市是人集中生活的地方，城市建设必须把让人民宜居安居放在首位，把最好的资源留给人民"。正是在习近平总书记的思想指导下，"城市管理精细化"的内涵和外延逐渐丰富和清晰，成为上海城市建设管理领域的目标和方向。

　　2017 年 12 月，《上海市城市总体规划（2017—2035 年）》获得国务院批复原则同意。批复中的第九条明确要求上海"健全城市管理体制""创新城市治理方式，加强精细化管理"，上海提炼的四个"化"在批复中也都有所囊括。从新版总规所反映出的上海城市发展模式和目标——从增量扩张到内涵提升、从数量导向到质量导向、从一元化的经济目标转向多元化的综合发展目标中，我们可以看到，城市空间环境品质和公共服务效能的提升，已成为上海城市建设者和管理者必须关注的重点，合理保护和有机更新取代了"大拆大建"和快速开发，管理开始

图 1-16　杨浦滨江人民城市建设示范区
资料来源：张伊辰　摄

引领建设。一方面，城市存量设施运维管理、城市历史和文化特色的继承与发展得到前所未有的强调；另一方面，"韧性城市""智慧城市""低碳绿色建筑"等新理念和新技术，开始渗透到城市规划、建设、管理的全生命周期，推动观念和实践的迭代更新。以精细化为标志的城市管理，已经成为推动上海高质量发展的重要力量。

　　为响应国家对上海城市管理精细化的殷切期盼，上海市于 2018 年 1 月召开了市、区、街镇相关负责同志全体参加的"加强城市管理精细化工作推进大会"。在这次大会上，上海市委、市政府强调，当前上海发展已经进入新时期，要面向全球、面向未来建设"五个中心"、卓越的全球城市和具有世界影响力的社会主义现代化国际大都市，必须认真贯彻习近平总书记关于城市工作的重要指示精神，把提高城市管理精细化水平作为推动高质量发展的重要举措、创造高品质生活的必然要求，以绣花般的细心、耐心和卓越心，使上海这座城市更有温度、更富魅力、更具吸引力。多年来上海城市管理卓有成效，但对标最高标准、最好水平，对照群众对美好生活的需求还有很多不足和差距，必须抓住关键细节和细微之处，把问题一个一个解决好，让市民生活更有品质。这次大会启动了加强上海城市管理精细化的第一轮"三年行动计划"，宣告上海城市管理进入了追求"精细化"的新阶段。

（2）出台"三年行动计划"，推动"四化"建设

　　"三年行动计划"的工作机制已在上海生态环保领域取得重大成绩，通过系统化、项目化、滚动实施的综合整治行动来实现一个个不间断的中短期目标，至今已完成七轮，取得了持续而显著的效果。这一成功经验当然应被应用到城市管理精细化的方方面面，通过第一轮"三年行动计划"（表1-3），探索"精细化管理"的实践路径和应用方法，为"十四五"规划的编制提供基础和依据。

贯彻落实《关于加强本市城市管理精细化工作的实施意见》
三年行动计划（2018—2020年）"9+5"任务框架　　　　　　　　　　　　　表1-3

围绕难题顽症治理， 9项抓重点、补短板、强弱项任务	围绕体制机制建设， 5项强基础、提能力、建长效任务
巩固"五违四必"区域环境综合整治成果、 推进存量违法行为整治	完善城市网格化管理体系
加大水环境治理	提升城市管理法治化水平
推进生活垃圾等各类垃圾的综合治理	提升城市管理标准化水平
推进"美丽街区"建设	提升城市管理智能化水平
推进"美丽家园"建设	提升城市管理社会化水平
推进"美丽乡村"建设	—
提升交通服务水平	—
加强施工组织管理	—
加强地下空间和各类管线管理	—

　　第一轮"三年行动计划"以打造安全有序法治、高效便捷智慧、天蓝地绿水清的城市环境为目标，按照"9+5"的框架列具14项重点任务和41项重要指标，形成任务清单，明确职责范围与实现路径，要求把握"一个核心"（市民需求），以"三全四化"（全覆盖、全过程、全天候，法治化、标准化、智能化和社会化）为着力点，推进"三个美丽"（美丽

街区、美丽家园、美丽乡村）建设，用"三心一针"（绣花般的细心、耐心、卓越心和绣花针法）绣好城市管理精细化的"工笔画"，破解管理难题，根治历史顽症，补齐治理短板，持续推进精细化管理工作向纵深发展。

全天候：一场雪，下出了满城温暖

2018 年 1 月 25 日，上海迎来了十年未遇的大雪。恰逢第一轮城市管理精细化"三年行动计划"启动实施，可以说是对上海城市管理精细化"全天候"能力的第一场小考。雪后的干净、通畅，展现出了城市的精细化管理水平，赢得了市民的由衷点赞。

天桥上铺设的草垫
资料来源：袁婧　摄

环卫工人用铁锹铲雪铲冰
资料来源：叶辰亮　摄

武警上海总队官兵清扫卢浦大桥积雪
资料来源：赵立荣　摄

交警在地铁出入口铺设草垫
资料来源：赵立荣　摄

　　"三年行动计划"分市、区两级,涵盖"条"和"块"。在"块"上,通过"三个美丽"实现空间治理全覆盖以及各条线工作的综合统筹与协同推进;在"条"上,加强房管、水务、绿容、执法等各行业自身的精细化水平。在市级计划的基础上,各区的"三年行动计划"根据自身情况增加了区域特征。借助完成迎接中华人民共和国成立70周年和第一、二、三届"进博会"等重大城市活动保障任务的契机,又形成了一批可复制、可推广的成功经验,赢得了中外宾客的交口称赞,进一步增强了市民群众的认同感和获得感。

　　截至2020年年底,第一轮"三年行动计划"的41项重要指标已全部完成(表1-4),在水环境治理和供水、防汛管理,住宅小区综合治理,垃圾综合治理等方面的完成情况尤其突出,是上海构建更有序、更安全、更干净的高品质市容市貌和现代化的城市管理格局的根本保障。

第一轮城市管理精细化"三年行动计划"(2018—2020年)任务完成情况　　　　表1-4

重点任务类别		序号	指标名称	目标	完成情况
一	区域环境综合整治	1	无违建居村(街镇)创建	完成存量违法整治	211个,创建成功率93.4%
二	水环境治理和供水、防汛管理	2	河道水质消除劣V类	基本消除	全市河道水质已基本消除劣V类
		3	重要河湖水功能区水质达标率	78%	79.3%
		4	城镇污水处理率	95%	97.5%
		5	污水厂污泥无害化处理处置率	95%	100%
		6	排水设施、排水管道抽检合格率	95%	96.37%
		7	外环以外地区排水系统完善工程	16个	完成16个
三	垃圾综合治理	8	生活垃圾分类绿色账户覆盖户数	2019年600万户	758.3万户
		9	建设再生资源回收网点	2018年2000个	15745个

续表

重点任务类别		序号	指标名称	目标	完成情况
三	垃圾综合治理	10	生活垃圾资源回收利用率	35%	38%
		11	生活垃圾无害化处理能力	达到 3.1 万吨 / 日	3.6 万吨 / 日，预计生活垃圾无害化处理率达 100%
		12	湿垃圾分类处理能力	达到 7000 吨 / 日	7000 吨 / 日
		13	装修垃圾和拆房垃圾资源化利用能力	达到 750 万吨 / 年	750 万吨 / 年
四	市容市政综合治理	14	"美丽街区"建设	150 个	422 个
		15	推进"五乱"	完成 3268 处	攻克 3268 处问题单元和 1696 个面上督办单元
		16	街心花园（口袋公园）	150 个	230 个
		17	道路机扫率	92%	92%
		18	冲洗率	70%	70%
		19	重点区域道路整洁优良率	92%	95%
五	住宅小区综合治理	20	一般损坏老旧住房安全隐患处置	排查发现 1365 万平方米	1365 万平方米
		21	二级旧里为主的房屋改造	150 万平方米	167 万平方米，受益居民 8.4 万户
		22	各类旧住房修缮改造	3000 万平方米，其中三类旧住房改造 900 万平方米，各类里弄房无修缮改造 250 万平方米	9000 余万平方米，其中三类旧住房改造 5300 万平方米，各类里弄房屋修缮改造 250 余万平方米
		23	2000 年以前建成的住宅小区二次供水设施改造	全面完成	完成 2.2 亿平方米改造目标
		24	满 15 年的住宅电梯评估	4000 台	8730 台
		25	新建既有住宅小区电动自行车充电设施	2000 个	2800 个
		26	综合能力五星级的物业服务企业	30 个	61 个

续表

重点任务类别		序号	指标名称	目标	完成情况
五	住宅小区综合治理	27	培养具备专业素养的住宅小区项目经理	1 万人	10150 人
		28	住宅小区管理处和主要出入口门岗（门卫室）等规范化建设	5000 个	9162 个
		29	符合条件的住宅小区业主委员会组建率	95%	97.05%
		30	业主委员会规范运作达标率	75%	91%
六	农村综合治理	31	基本农田保护区规划保留农村地区的村庄改造完成率	100%	100%
		32	市级"美丽乡村"示范村建设	100 个	124 个
七	交通组织管理	33	打通"断头路"	47 条	88 条
		34	中心城区部分骨干线路高峰时段最小运行间隔	2.5 分钟	大部分骨干线路完成
		35	新开通轨道交通站点周边 50 米内配套公交基础设施任务	100%	100%
		36	公交线路纳入"上海公交"APP	所有公交线路	实现二维码扫码进站全网覆盖
		37	停车泊位共享利用	3 万个	3 万个
八	施工组织管理	38	拆房工地洒水或喷淋措施执行率	100%	100%
		39	建设工地文明施工达标率	98%	100%
九	地下空间和各类管线管理	40	架空线落地	—	356 公里
		41	燃气地下隐患管网更新	365 公里	365 公里

整个过程中，上海持续推动城市管理体制机制改革，全面推进"四化"建设。合并了市政市容管理、数字化城市管理、违法建筑治理、综合交通、海绵城市建设、住宅小区综合管理、建筑信息模型应用推广8个市级议事协调机构，归入城市管理精细化工作推进领导小组，设立市、区和街镇三级的精细化管理工作机制，强化沟通协作，加大统筹力度。

法治化建设有序展开。修订《生活垃圾管理条例》等七部地方性法规，制定《上海市城市管理行政执法条例实施办法》等五部政府规章，建成全市城管执法基层服务网络体系，形成完备的城管执法规范体系，城管执法的基层基础、社会基础、群众基础稳步夯实。

标准体系逐步完善。对标最高标准、最好水平，初步建立"1+1+1+8"的城市管理标准框架，先后出台了《上海市市政道路建设及整治工程全要素技术规定》《城市容貌规范》《上海市住宅物业服务规范》等近50部城市管理标准和规范。

智能化建设初见成效。以"一网通办""一网统管"为牵引，梳理、再造业务流程，探索运用物联网、大数据、人工智能等现代技术，升级优化网格化综合管理信息系统，并将以网格系统为核心的城市综合管理精细化工作平台打造为上海的城市运行管理服务平台，全面完成了市、区、街镇的系统升级和应用部署。结合"城市体检"，建设包含200多项指标的城市生命体征监管系统。为基层"高效处置一件事"提供称手的工具，在新冠肺炎疫情防控工作中发挥了重要作用。

社会参与形成氛围。坚持党建引领，强化基层党组织作用，发挥居民自治功能，累计组建了近1万个住宅小区的业主大会，修订《业主大会议事规则》《管理规约》等示范文本，引导业主大会及业委会的规范运作。建立健全社会组织联合会、路管会、弄管会、社区工作室等一批自治组织，推动同济大学、交通大学、复旦大学等多家高等院校成立城市治理方面的研究机构，营造全社会共同参与的良好氛围，逐步形成多元共治和良性互动。

加梯盒子为老楼加梯插上"数字化翅膀"

　　大桥街道推出了"加梯便民服务站",也称为"加梯盒子"。"加梯盒子"连接"加装电梯智能化动态服务管理平台",内设电子屏幕,并有加梯专业人员现场解答问题。居民通过"加梯盒子"可以看到一栋楼是否适合加装电梯,目前楼里居民的同意率大概有多少。"加梯盒子"为越来越多的居民圆了"电梯梦"。

大桥街道"加梯盒子"

(3)部市紧密合作,携手创建中国典范

　　上海城市管理精细化的创新实践成果,为推动我国城市高质量发展提供了借鉴,引起广泛关注。2020年7月,住房和城乡建设部(以下简称住建部)和上海市政府签署"共建超大城市精细化建设和治理中国典范"的部市合作框架协议,上海市要与住建部一起共同建设超大城市精细化建设和治理中国典范,为推动国家治理体系和治理能力现代化贡献上海智慧、上海样本,为世界超大城市建设和治理提供中国经验、中国方案。

　　以部市合作为契机,上海不断深化探索超大城市治理这一重大实践命题,努力走出符合超大城市特点和规律的治理新路子。坚持人本价值,把握城市有机体的生命体征，注重改革创新，善用技术手段，围绕城市发展需要和市民群众关切，大力推进旧区改造、城市更新和重点区域开发建设，精心打造"一江一河"，用好"世界城市日"平台，持续提升人居环境品质，不断提高城市服务和管理的精细化水平（图1-17）。

图1-17　2020年度"部市合作"报告

城市，让生活更美好

——上海城市管理面临的发展方向

1. 当前背景

（1）新目标：践行"人民城市"重要理念

城市建设和管理的最终目的是什么？是为了营造壮观宏伟的建筑景观，还是为了输出漂亮的经济报表？在快速的开发建设进程中，被各种利益障目的人们，往往会迷失方向，遗忘了创造和建设城市的初衷。

"城市的核心是人，关键是十二个字：衣食住行、生老病死、安居乐业。"2015年12月的中央城市工作会议上，习近平总书记直指城市工作的初心和本质，着重强调："城市工作做得好不好，老百姓满意不满意，生活方便不方便，城市管理和服务状况是重要评判标准。"将城市管理的绩效与"人民城市"建设的成果紧密挂钩。

习近平总书记对上海的"人民城市"建设充满期待和关切。早在其在上海工作期间就频繁来到各区县，调研基层治理情况，其中两大主题从不缺席，一是党建，二是民生。每到一处，习近平同志都会问起老百姓的生活状况，是否存在亟待解决的"急、难、愁、盼"。这也成为此后他多次考察上海时最关切的事情。2019年11月，习近平总书记在黄浦江畔有感而发，提出"人民城市人民建，人民城市为人民"，其中蕴含了中国共产党的初心和使命——为中国人民谋幸福，为中华民族谋复兴，再次点明了社会主义城市本质的人民性，为上海的城市建设和管理工作提供了根本遵循和明确目标。

习近平总书记的重要指示引发了全国围绕"人民城市"创建展开的学习和讨论热潮。上海市委十一届九次全会将"人民城市"的基本理念和总体原则细化到了"五个人人"，即以共建为根本动力，以共治为重要方式，以共享为最终目的，"努力打造一座人人都有人生出彩机会、人人都能有序参与治理、人人都能享有品质生活、人人都能切实感受温度、人人都能拥有归属认同的城市"。"五个人人"是对"城市，让生活更美好"的进一步提升，顺应人民群众对美好生活的新期盼。

一是"人民城市为人民"。

首先，精细化管理要覆盖全体人民，确保对人民全部需求的关照和满足。一方面，"人民城市"所提供的基础设施和公共服务要关照人的整个自然生命周期，打造对儿童、青年、中年、老年"全龄友好"的城市空间环境（图 1-18）；另一方面，"人民城市"要重点照顾弱势群体的特殊需求，打造对不同社会、经济和文化阶层及群体"全民友好"的城市（图 1-19）。

其次，精细化管理要尊重每位个体的尊严和个性化需求。随着上海经济水平和城市化水平的提高，人民已不再简单满足于对物质生活的追求，对精神生活和文化生活产生了更高的期待。在上海市委十一届十一次全会上通过的《中共上海市委关于厚植城市精神彰显城市品格全面提升上海城市软实力的意见》里，提出要塑造上海城市精神品格，创造超大城市治理新模式。要求在城市管理领域的许多标准不能"一刀切"，要注重多样化和多元化。城市管理既要确保城市有序运行，又不能扼制城市的发展活力（图 1-20）。

最后，精细化管理要秉持"可持续"理念，不仅聚焦"一代人"的利益和福祉，还要具备宽广的视野和长远的眼光，关注到未来人类的利益和福祉。一方面，要重视历史文化的遗产保护和记忆传承（图 1-21）；另一方面，是对生态环境可持续性的关注，水环境、土壤环境、大气环境，特别是生物多样性等在大建设时期未得到充分重视的要素，都已被纳入了城市管理的范畴。

二是"人民城市人民建"。

我们的城市管理部门越来越意识到，作为党领导下为人民服务的政府，必须要承担兜底的责任，为市民群众保驾护航；但要实现精细化治理，政府又不能包揽一切。比如网约车和共享单车等基于新科技发展出来的新事物，正在挑战我们传统的城市治理模式。一方面，这些新生事物源于市民群众的需求，有利于优化服务供给；另一方面，过去自卜而下的单向治理模式在面对这些新事物时越来越力不从心，全靠政府，既不实际也不实惠，要求城市管理者以更加包容开放的心态，推动更多的

图1-18 "老幼共享"的社区公共空间"泗美雅园"

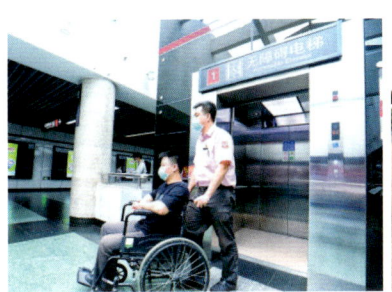

地铁无障碍电梯（张龙 摄）　　　　低地板无障碍公交车（王雨青 摄）

图1-19 打造有爱无碍的出行环境

图1-20 徐家汇街道户外招牌服务导则，探索店招店牌的既整体统一又活力多元的管理路径

克莱门公寓

建业里

图 1-21　衡复风貌区历史建筑

社会组织和市场力量共同参与城市管理工作，让上海的城市管理驶上"多点开花"乃至"百花齐放"的轨道。我们看到，大量涉及综合管理和交叉管理的痛点难题，没有人民群众的积极参与，是不可能得到顺畅解决的，比如群租、拆违、垃圾分类、加装电梯等，不动员群众、取得群众的认同和支持，单靠政府必然独木难支！只有当政府、市场与社会能够各司其职，精准治理、良性治理才成其可能。"人民城市人民建"意味着我们要建立健全、常态、长效的公众参与和专业团体介入的保障机制（图 1-22）。

图 1-22　"身边的自然，都市的桃源"——社区规划师参与打造的创智农园
资料来源：刘悦来　摄

（2）新挑战：破解超大城市的"城市病"

改革开放以来，我国经历了世界历史上规模最大、速度最快的城镇化进程，也不可避免地患上了形形色色的"城市病"，空气污染、交通拥堵、垃圾围城等，不一而足。

在上海这样的超大城市，人口数量大，建筑密度高，城市运行压力大，各类活动频繁，"城市病"造成的影响尤其明显。尽管上海的基础设施承载力、综合管理能力和人居环境品质已经获得了全面提升，但随着时代的发展，往往旧问题解决了，新问题又出现了，似乎永无止境。有人生动地把这种现象称为"成长的烦恼"：在婴幼儿时期遭遇到的问题是本能行为带来的烦恼，而入学之后遇到的是求学阶段的烦恼，进入社会后，随着年龄的增大，来自职业、感情、家庭等各个层面的问题和烦恼会越来越多，但人们也不会因为出现问题而拒绝长大。

城市同样如此。比如 20 世纪 80～90 年代，上海的"交通难"主要是由于公共交通容量和道路、桥梁基础设施供给不足造成的短板，到了今天，"交通难"则变成了私家车太多造成的拥堵，以及随之而来的"停车难"问题；过去上海的"环境难"主要是因工业废弃物乱排放造成的生态污染，如今在严格的环保督察和全面产业转型推动下，大规模的环境污染已基本消除，上海面对的更多是生态景观空间和生态多样性的不足，以及倡导"垃圾分类""减少碳排放"等绿色生活方式的更高层次的环境治理问题。此外，日渐繁荣的超大城市也面临着过往不曾有的城市运行的安全和健康难题。随着建成时间的增加，设施老化问题日益凸显，地上、地面、地下遍布了各种潜在的风险点，高度密集而频繁流动的人口增加了公共卫生和公共安全的隐患。"不确定性"成为"城市病"重要症状之一。

虽然都是"城市病"，但在不同的发展阶段，破解"城市病"的方式方法却大不相同，必定会经历一个从无到有、从粗放走向精细的渐进过程。过去的"城市病"首先面对的是"有没有"问题，硬件设施的匮乏和城市管理的缺位首当其冲；充分利用工程建设手段，建立起基本的管理框架和机制便成了当务之急。到了今天，随着对城市有机体运行规律的深入掌握，以及新时期对高质量发展的新要求，仅依靠硬件手段和工程技术，已无法应对愈加综合与复杂的城市管理新情况、新趋势，必须要"软硬兼施""软硬结合"，通过科学合理的法规标准、高度灵敏的"智慧大脑"、灵活多样的公众参与等管理"软件"的创新和拓展，来提升管理的效率和能级。

以近年来受到广泛关注的"垃圾"问题为例。在城市发展初期，我们可以通过建造垃圾填埋场和垃圾焚烧厂等基础设施为垃圾找出路。随着城市规模的不断扩大、人口数量的快速增长，城市的垃圾处置能力已经跟不上增长速度。在"十二五"期末，上海日均生活垃圾清运量达到21640吨，而同时期的生活垃圾焚烧能力仅有11300吨/日，大量生活垃圾需要通过填埋方式处理，不仅浪费土地资源，而且对环境造成极大污染，邻避效应明显，急需更先进的理念和应对手段，在减量化、资源化和无害化等方面创新提升。同时，新的生活方式也在推波助澜。比如，与近年来高速发展的快递和外卖行业相伴而生的大量"白色垃圾"难以降解，污染环境。

虽然构建生活垃圾全程分类体系势在必行，但是"垃圾分类"并非城市运行中一个微不足道的"插曲"，要实现全程分类会涉及城市管理的各方面、各层次，是一个复杂的系统工程，完全可以被称为一次"城市管理革命"。上海的垃圾分类工作能够于2020年底实现垃圾分类全覆盖、垃圾分类达标率超过95%、"新时尚"成为市民"新习惯"的成效，离不开精细化管理理念的引导，离不开法治化、标准化、智能化、社会化四套工具的全面介入和支撑（图1-23）。

逐步在全国试点和推广的"城市体检"瞄准的也正是"城市病"。2015年12月，习近平总书记在中央城市工作会议上强调，要着力解决"城市病"等突出问题，不断提升城市环境质量、人民生活质量、城市竞争力，建设和谐宜居、富有活力、各具特色的现代化城市。2017年，习近平总书记视察北京城市规划建设管理工作时，要求建立"城市体检"评估机制，并在多次讲话中提出了城市是生命有机体，要敬畏城市、善待城市的重要理念。为此，住建部提出要以长期动态的视角看待"城市

垃圾分类执法检查　　　　　　　　　　　　　垃圾分类"洋志愿者"

"绿色账户"自助兑换机（袁婧　摄）　　　　　爱心暑托班垃圾分类课程（袁婧　摄）

图1-23　"四化"手段助力垃圾分类"新时尚"

病"问题，像对待人体一样，开展体检工作，发现病灶，诊断病因，开出药方，治疗小病小灾，防止大病隐灾。"城市体检"工作在2019年的试点基础上，于2020年扩展到了包括上海在内的36个城市，2021年又增加到59个城市，已覆盖到了各个省、直辖市、自治区。

　　在部市合作框架协议的推动下，上海积极开展"城市体检"，建立了"部门协同、公众参与、专家咨询、第三方评估、信息平台支撑"的工作机制。以住建部的"城市体检"指数为基础，结合上海实际，制定了体现区域特色的"50+N""城市体检"指数体系，依托精细化工作平台开展"城市体检社会满意度调查"，形成的"体检报告"为上海城市建设和治理精准把脉提供了依据，助推了上海城市管理精细化水平稳步提高（图1-24）。

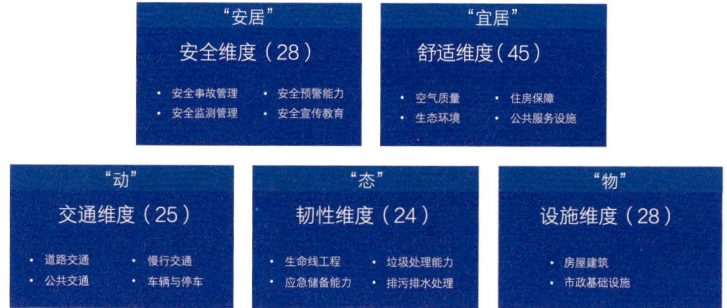

图 1-24　上海城市运行体征五大维度

（3）新语境：回应城市发展"有机更新"

城市更新并非新生事物，贯穿了整个改革开放时期的城市建设与发展。早期的城市更新以旧区成片地块的拆除重建与改造为主线，当出现与历史文化传承的矛盾时，确实是"舍"多"取"少。进入21世纪后，"历史保护""绿色生态"和"文化创意"等理念越来越受到重视，逐步确立起"点—线—面"的整体性、全覆盖的城市建成遗产保护体系，并拓展到工业用地和设施的再开发和再利用。

2010年"世博会"后，特别是在2035总体规划的引领下，上海逐渐进入更注重内涵提升的存量发展阶段，迈向以"有机更新"理念为导向的新发展模式。在"有机更新"的视阈下，新与旧、保护与发展的关系是辩证统一的，并无孰先孰后的问题，城市发展"与旧为新"。在动态更新的过程中，既保持旺盛的生命力，也保证"基因"的传承，实现永续发展，出现了越来越多小规模、渐进式的"细胞"层面的肌理更新。特别是一大批在十五分钟生活圈规划和社区规划师制度推动下不断涌现的社区微更新项目。

在"有机更新"的语境中，城市的规划建设必须服从城市演进的客观规律和健康的运行机制，而不是以"奇思妙想"去破坏这些规律和机制。存量型发展的"有机更新"也被形容为"城市上建造城市"的过程，面对既有的复杂空间和社会关系、无法停歇的运行动态，从规划到建设再到管理的单一线性固有关系不再成立，取而代之的是三者之间的并行叠加与有机融合。

上海将"五个新城"打造为"独立的综合性节点城市"

上海新城建设总体上经历了从卫星城、郊区新城到综合性节点城市的定位演变，相对于主城区的存量更新，新城更像是增量的城市更新。《上海市城市总体规划（2017—2035 年）》选取嘉定、松江、青浦、奉贤、南汇五个新城，建设为长三角城市群中具有辐射带动作用的"独立的综合性节点城市"。

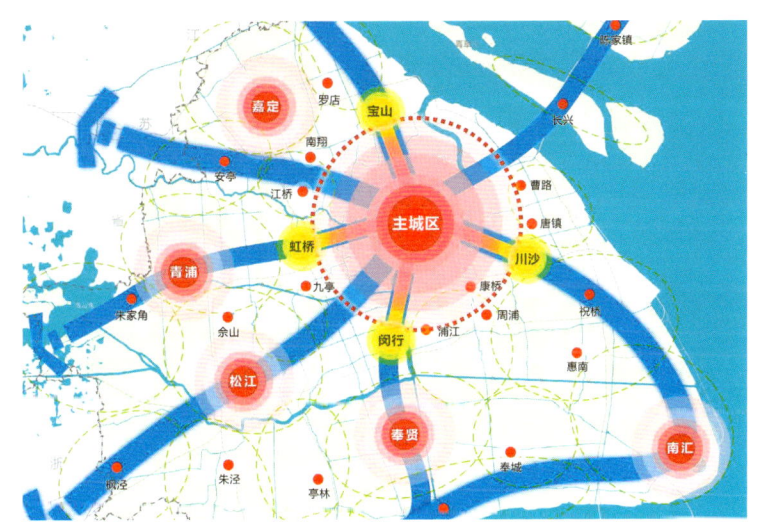

五个新城空间结构图

资料来源：上海市城市总体规划（2017—2035 年）

在全生命周期的发展理念里,"精细化管理"在城市有机更新过程中所扮演的角色前所未有地重要。一方面,城市管理的需求和要求不可避免地向城市更新的前端延伸,以确保更新城区或地块的长效运行,及其与周边建成区之间的和谐关系。如北外滩区域的开发建设,在土地出让阶段就以"综合约定"的方式将空间和设施的运维管理要求纳入进来。另一方面,出于对城市设施和空间维护的考量,城市管理将引领建设。"做减法、全要素、一体化"不仅是上海城市管理精细化的有益经验,也是未来城市公共空间有机更新的一项基本原则。

(4)新契机:抓住整体"数字化转型"

2021年首个工作日,上海正式发布了《关于全面推进上海城市数字化转型的意见》(以下简称《意见》),提出要坚持整体性转变,推动经济、生活和治理三大领域的数字化转型。"全面推进数字化转型是面向未来塑造城市核心竞争力的关键之举",也是"超大城市治理体系和治理能力现代化的必然要求"。上海要实现"卓越全球城市"的远景目标,就必须在数字化、智慧化方面下功夫,牢牢抓住这一契机,通过实现物质空间关系与虚拟空间关系的全方位交互和映射,来推动我们对城市的本质内涵、运行规律和市民需求的多维度、多层次、多视角的认识和把握,驱动城市管理精细化水平的持续提升。

城市是一个由相对稳定、渐进更新的"空间"(土地、建筑、基础设施)与动态变化、难以预测的"流量"(人流、车流、能量流、信息流)共同构成的复杂巨系统。绝不能用静态的观念去看待运转不息的城市,需要在"空间"与"流量"之间建立一种辩证的结构性关系。一个与现实世界镜像孪生的"数字城市"已成为理解城市、规划城市、建设城市和管理城市的视窗(图1-25)。依托智联网对城市各类要素的实时捕捉与全面整合,以及大数据对发展趋势的分析与预测,碎片信息被拼接、缝合,城市管理的不同分支获得了强关联。

在治理数字化方面,《意见》强调要形成"一网通办""一网统管"、

图 1-25　花木街道数字孪生城市

互为表里、相辅相成、融合创新的发展格局。"一网通办"聚焦政务服务，
"一网统管"侧重城市运行，是牵引和推动城市管理精细化的重要"牛鼻
子"。过去的城市管理更多依赖"人海战术"。随着数字技术能量持续释
放，"数据战术"已越来越多地应用于确保城市安全有序运转的方方面面。
"智能化"俨然已是城市管理工作中最得力的"黑科技"。

2．实现路径

近年来，中央对"城市管理"的重视程度越来越高，各地围绕城市管理现代化和精细化展开的理论研讨和实践探索层出不穷，从不同角度为我国的城市管理工作提供了可借鉴的思路和举措。上海城市管理精细化工作的最大特点，在于比较完整地提出了城市管理的"四梁八柱"，初步形成推动各项工作不断精细化的体系框架，经历了第一轮"三年行动计划"的磨炼后，实实在在地提升了市民群众的满意度和幸福感。

（1）城市管理的内涵

作为公共管理的一个具体领域，城市管理（urban management）是针对城市公共事务的管理活动，其基本使命是提供公共产品和公共服务，满足公共需求，提升城市竞争力。[1]随着城市规模的增长与城市事务复杂性的增加，城市管理的内涵以及城市管理部门的职能范畴也在不断调整和变化。

城市管理有广义和狭义之分。广义的"城市管理"，是指对城市行政辖区内一切人、事、物的管理活动的总称，包括运用的决策、计划、组织、指挥等机制，以及围绕城市运行和发展所进行的决策引导、规范协调、服务和经营行为，涉及与城市发展相关的政治管理、经济管理、社会管理、文化管理、环境管理、市政管理等各个方面。狭义的"城市管理"接近所谓的"城市物业管理"，是指城市政府或城市政府依法成立的城市综合管理部门或特定机构（如公用事业局、市政管理局、市容环卫局、园林绿化局等）依照法律授权或行政授权，依法维护城市基础设施功能，管理城市公共空间秩序，保障城市健康运行的行政行为。此外，由于宣传不到位、普及不充分，在部分市民群众眼中，"城市管理"被简单地等同为"城管执法"，即针对城市生活中影响市容市貌的"脏、乱、差"等问题行使街面执法权的行为，

1　"杨宏山．城市管理理论与实务[M]．北京：中国人民大学出版社，2016：2．

造成了对城市管理工作的误解和偏差。

在 2015 年 12 月颁布的《中共中央 国务院关于深入推进城市执法体制改革改进城市管理工作的指导意见》里专门框定了我国城市管理的主要职责是市政管理、环境管理、交通管理、应急管理和城市规划实施管理等。具体实施范围包括：市政公用设施运行管理、市容环境卫生管理、园林绿化管理等方面的全部工作；市、县政府依法确定的与城市管理密切相关、需要纳入统一管理的公共空间秩序管理、违法建设治理、环境保护管理、交通管理、应急管理等方面的部分工作。城市管理执法即在上述领域根据国家法律法规规定履行行政执法权力的行为。

可见，我国政府部门所界定和关注的"城市管理"，聚焦于对物质空间环境品质和运行秩序的维护管理，以及由此产生的相关社会行为活动，主要是在城建领域的工作内容及其衍生方面。

十八届三中全会公报指出，全面深化改革的总目标是完善和发展中国特色社会主义制度、推进国家治理体系和治理能力现代化。十九届四中全会作出了坚持和完善中国特色社会主义制度，推进国家治理体系和治理能力现代化的决定。城市治理已经是国家治理的重要组成部分，推动城市治理体系和治理能力现代化，成为新时代国家治理现代化的重要内容之一。2019 年 11 月，习近平总书记在听取上海市委、市政府工作汇报时再次强调，要深入学习贯彻党的十九届四中全会精神，提高城市治理现代化水平。

"治理"（governance）的基本含义是指在一个既定范围内运用权威维持秩序，满足公众需要，其基本理念是相对于单方面统治而言的，更强调政府分权、主体多元、社会自治。[1] 传统的城市管理与城市治理总体上有四点区别：管理的主体是一元的，治理的主体是多元的；管理偏好强制性，治理可以是强制的，但更多采用协商和协同的方式；管理的权力运行向度主要是自上而下的，治理则是双向的，甚至是平行的；管理聚焦的范围基本以政府权力所及的领域为边界，而治理则以公共领域为边界，比管理更宽广。[2]

1　俞可平. 引论: 治理与善治 [M]// 俞可平. 治理与善治. 北京: 社会科学文献出版社, 2000; 5.
2　这里参考了俞可平在《推进国家治理体系和治理能力现代化》一文中关于"治理"和"统治"的概念辨析。参见俞可平. 推进国家治理体系和治理能力现代化 [J]. 前线, 2014（1）: 5-8, 13.

因此，现代“城市管理”不再将管理主体局限为政府部门和公共机构，而是引入了更多的市场机制和社会力量，让私人部门、非营利组织和公众也参与进来，导向内涵更丰富、内容更广泛的“城市治理”。在“治理”的框架下，尽管政府依然最具主导力，但城市管理更强调各利益攸关方的多元格局。政府逐步实现从管理者到“管理＋服务”者的身份转化，既卸下了不可承受之重，又激活了社会其他阶层和群体的参与意识与自主意识，共同构成了一个以多元主体合作为导向的动态协商场域。

（2）城市管理的精细化

在企业管理领域，“精细化”是一种科学的管理思维和理念，是现代化大生产过程中社会分工不断细化和生产流程不断精准的结果，即在规范化管理的基础上引入精、细、准、严的管理目标，要求管理项目设置精准化、管理内容具体化、管理过程可操作化，同时强调每个管理主体都要明确责任、落实到位。

20 世纪以来，精细化管理的思想经历了多个发展阶段。最初，“科学管理”之父弗雷德里克·W. 泰勒（Frederick W. Taylor）（1856～1915年）在最大化工人现场操作的效率方面提出“精细化”管理的概念。随后，W. 爱德华兹·戴明（W. Edwards Deming）（1900～1993 年）围绕“质量管控”进一步发展了精细化管理的思想。最终又集大成地体现在所谓的“精益生产”，即丰田生产方式（Toyota Production System，TPS）之中。随着新公共管理理论的兴起，“精细化”管理的思维逻辑开始从企业管理领域移植到公共管理领域，向城市治理范畴深度拓展。如果说在企业管理领域，“精细化”更关乎效益和效率的话，那么在城市治理领域，“精细化”更为关注城市基础功能和公共服务的公平性，纳入了更多有关社会公正和空间正义的内容。

在习惯于“螺蛳壳里做道场”的大上海，“精细化”的精气神早已渗透骨髓，深入基因。人们习惯以“海派”二字来标注上海的城市性格和文化特点，除了五方杂处、兼容并蓄外，海派文化最鲜明的特点就是为人处世的精细和生活方式的精致。因为上海的空间不大、人口稠密，人们才会在有限的空间里，下意识地把一样样东西都做到极致（图 1-26）。

近年来，通过不断实践和持续凝练，上海城市管理工作已逐渐形成了"一核三全四化三美丽"的"四梁八柱"。其中，"一核"即"以人民为中心"，是一切工作的出发点和落脚点；"三全四化"即全覆盖、全过程、全天候，法治化、标准化、智能化和社会化，是实现手段，共同提供了精细化管理的实践路径；"三美丽"即"美丽街区""美丽家园""美丽乡村"，是精细化管理成果的生动画像。它改变了过去撒胡椒面式的简单做法，强化了管理工作的集中度和显示度，让老百姓有实实在在的获得感和满满当当的幸福感。

在"美丽街区"建设方面，上海制定了《本市"美丽街区"建设专项工作方案（2018—2020）》，重点围绕人民广场、外滩、陆家嘴、静安寺等 10 个"双最"示范区域，完成了 352 个"美丽街区"创建。主要聚焦道路设施、城市家具、建筑立面、沿街绿化、街景小品、招牌广告、景观灯光及线牌杆等设施设备，着力提升街面、店面、路面、墙面和屋面等方方面面的市政市容环境（图 1-27）。

浦东新跃路"樱花大道"

四平路银杏

图 1-26 "落花不扫"

人民广场繁花似锦主题

北外滩国客码头贯通区域亲水平台

进博会举办地——国家会展中心

中环立交绿地

图1-27　上海"美丽街区"建设

　　在"美丽家园"建设方面,坚持"软硬"结合。在制度建设上,坚持党建引领全覆盖,推动形成党委牵头、政府监管、市场服务、社会参与、居民自治、法治保障六位一体、良性互动的住宅小区综合治理格局。在硬件设施设备改造上,聚焦居住区里的"急、难、愁、盼"问题,加快推进旧住房综合修缮和城市更新。截至2020年底,总计实施完成各类旧住房更新改造5300余万平方米;在老小区开展供电、供水、电梯、消防、电动车充电等设施改造;在未纳入旧改范围、无卫生设施的各类老旧住房开展房屋修缮改造，全面开展隐患排查处置，提升住宅小区运行安全水平，改善住宅小区公共管理秩序，促进住宅小区环境整洁（图1-28）。

临汾路380弄小区

"一动一临汾"的彩色万花筒

上海"最有艺术范"的居委会

提升可通达性的高行镇小区花园

门栋里的风景

图1-28　美丽家园建设

"拆、建、管、美"四针法绣出老小区的幸福花

甘泉街道以合阳小区为试点，运用"拆、建、管、美"四针法，累计拆除违法搭建145处，整修道路近9000平方米，拆除小区内围墙80米，整修小区中心广场474平方米，补种、修复绿化7600平方米……让居民在家门口看得见、摸得着的"小确幸"中享受到商品房小区的生活品质。

改造前　　　　　　　　　　　改造后

合阳小区改造前后变化

在"美丽乡村"建设方面，以村内基础设施建设、村庄环境整治、公共服务设施配套三大工程为路径，推进7万户村庄改造，加强风貌管控，有效提升了农村风貌。连续开展"美丽乡村示范村""乡村振兴示范村"建设，不断改善农村生态环境（图1-29）。

图1-29　青村镇吴房村"美丽乡村"建设

多元"智"理建设"美丽乡村"

　　赵巷镇中步村作为上海第一家，也是唯一一家"智慧乡村"样板单位，不断探索科技赋能新领域，将"智慧+"延伸到乡村治理的各个方面，实现了多元覆盖，让村庄治理更加可视化、公共服务更加便利化、信息服务更加口袋化、安全防范更加智能化、政务工作更加高效化，2021年获评"全国乡村治理示范村镇"。

联勤联动工作站　　　　　　　沿河景观

第二章

法治化拉起城市管理『警戒线』

Exploration and Practice of Rule of Law

2017 年 3 月，习近平总书记在参加十二届全国人大五次会议上海代表团审议时指出，要强化依法治理，善于运用法治思维和法治方式解决城市治理顽症难题，努力形成城市综合管理法治化新格局。2020 年 11 月，中央全面依法治国工作会议在北京召开，首次提出了习近平法治思想，将总书记重要讲话凝练成"十一个坚持"[1]，并在"坚持在法治轨道上推进国家治理体系和治理能力现代化"中明确指出，法治是国家治理体系和治理能力的重要依托。习近平总书记强调，只有全面依法治国才能有效保障国家治理体系的系统性、规范性、协调性，才能最大限度地凝聚社会共识。在统筹推进伟大斗争、伟大工程、伟大事业、伟大梦想的实践中，在全面建设社会主义现代化国家新征程上，我们要更加重视法治、厉行法治，更好地发挥法治固根本、稳预期、利长远的重要作用，坚持依法应对重大挑战、抵御重大风险、克服重大阻力、解决重大矛盾。

---

1 "十一个坚持"分别为：坚持党对全面依法治国的领导；坚持以人民为中心；坚持中国特色社会主义法治道路；坚持依宪治国、依宪执政；坚持在法治轨道上推进国家治理体系和治理能力现代化；坚持建设中国特色社会主义法治体系；坚持依法治国、依法执政、依法行政共同推进，法治国家、法治政府、法治社会一体建设；坚持全面推进科学立法、严格执法、公正司法、全民守法；坚持统筹推进国内法治和涉外法治；坚持建设德才兼备的高素质法治工作队伍；坚持抓住领导干部这个"关键少数"。

　　一直以来，上海始终把法治作为治理体系和治理能力建设的重要基石，立足超大城市管理需求，不断细化、优化法制保障。2021 年 4 月，上海市委召开全面依法治市工作会议，强调要深入学习贯彻习近平法治思想和中央全面依法治国工作会议精神，坚持把全面依法治市摆在全局工作的重要位置，牢牢把握重点任务，切实加强党的领导，不断开创全面依法治市工作新局面，使法治成为上海城市核心竞争力的重要标志。

In March 2017, General Secretary Xi Jinping pointed out at the deliberation of the Shanghai delegation at the Fifth Plenary Session of the Twelfth National People's Congress that we should strengthen the law-based governance, adopt the thought and approaches of rule of law to solve intractable problems in urban governance, and strive to form a new pattern of law-based integrated urban management. In November 2020, the Central Conference on Work Related to Overall Law-based Governance was held in Beijing. The meeting first put forward the Xi Jinping Thought on the Rule of Law, and condensed Xi's important speeches into "11 upholds", and specified in "upholding the rule of law in modernizing China's system and capacity for governance" that the rule of law is a fundamental cornerstone of China's system and capacity for governance. Xi stressed that only by overall law-based governance can we effectively ensure the systematization, standardization and coordination of China's governance system and maximize social consensus. In the practice of comprehensively advancing our great struggles, great projects, great causes and great dreams, and on the new journey of building a modern socialist country in all respects, we should further pursue the law-based governance, law-based exercise of state power, and give better play to the important role of the rule of law in consolidating the foundation, stabilizing expectations and benefiting the long-term effect, and respond to major challenges, resist major risks, overcome major obstacles and solve major problems in accordance with the law.

Shanghai has always taken the rule of law as an important cornerstone of governance system and governance capacity building, and continuously refined and optimized the legal guarantee based on the megacity management needs. In April 2021, the CPC Shanghai Municipal Committee held a municipal conference on work related to overall law-based governance, stressing the needs to thoroughly study and implement Xi Jinping Thought on the Rule of Law and the spirit of the Central Conference on Work Related to Overall Law-based Governance, and to place the overall law-based city governance in an important position of the whole picture of the city work, to firmly grasp the key tasks, to earnestly strengthen the Party's leadership, to continue to create a new dimension of overall law-based urban governance, and to make the rule of law an important symbol of Shanghai's core competitiveness.

In terms of the essential requirement and important content of modern urban construction and management, our focus is on how to standardize the public order with the thought and approaches of rule of law so that we have laws to follow and legal basis for our work. From the perspective of achieving the goal of refined urban management, the accuracy and effectiveness of management means should meet the basic requirements of standardized implementation, while the standardization of means requires the establishment of a sound and perfect system of laws and regulations. It is necessary to improve and enrich legal resources, and provide a solid institutional foundation and detailed code of conduct for the efficient operation of urban management with a highly rigorous awareness of rules and the spirit of the rule of law. On the one hand, the management means should govern the people and affairs according to law, and restrain citizens' behavior with laws and regulations; on the other hand, it should govern power and officials by law, standardize the conducts of government organs and civil servants, and control the exercise of public power with laws and regulations. It can be said that the process of continuous improvement of the legalization of urban management itself is an important practice of the concept of "A people's city is built by the people and for the people".

The standardization of management means is also conducive to overcome the disadvantages of campaign-oriented and empirical governance, and improve the sustainability and stability of urban governance. The standardization of management means also includes the clear division of rights and obligations of multiple subjects in various public affairs management and public services supply, the determination of organization management and operation rules, the provision of code of conduct for various governance subjects, the provision of benchmark and basis for the exercise of public rights, and guiding urban management laws and regulations to become social consensus and code of conduct.

Government should clarify its responsibilities and code of conduct, speed up the transformation of government functions, and promote the original inherent leadership decision-making to legal decision-making through the construction of government under the rule of law. Citizens, as the main body of the city, have the right and obligation to improve their legal literacy and legal awareness. They should form reasonable expectations for the administrative process and management effect, and realize the effective oversight of public administration. Thus, the rule of law is not only the core symbol of urban competitiveness, but also the bright business card of urban governance.

The best practice of rule of law is the situation where people won't do anything prohibited by the law, and won't do anything unless mandated by the law. To achieve this goal, legislation, law enforcement and law popularization are indispensable. Especially for Shanghai, a city with lineage of Shanghai-school culture, its regional culture itself has the foundation of contract civilization.

The chapter of legalization first introduces the legislative features and characteristics of Shanghai urban management in recent years through the *Regulations of Shanghai Municipality on Public Health Emergency Management*, the *Procedures of Shanghai Municipality on Housing Use Safety Management*, the *Measures of Shanghai Municipality on the Construction and Management of a Barrier-Free Environment*, and the *Regulations of Shanghai Municipality on Municipal Solid Waste Management* to achieve delicate control.

Secondly, it illustrates the renewal, extension, and upgrading of three legal amendments in Shanghai through *Regulations of Shanghai Municipality on Drainage and Sewage Treatment,* the *Regulations of Shanghai Municipality on the Protection of Historical-Feature Areas and Excellent Historical Buildings* and *Regulations of Shanghai Municipality on Urban Renewal.*

Thirdly, it summarizes the Shanghai's characteristics in law enforcement, including fairness, long-term effects, standards, remote response and flexibility through demolition of illegal buildings, comprehensive traffic management, administrative law enforcement training and exams, video supervision and store operation during the pandemic.

Finally, it expounds how Shanghai formed a public legal service system for the public with the help of the external brain at the government side through the construction of the rule of law at the grass-roots level and the promotion of city-wide law popularization, so as to promote the law popularization of the whole people in a rapid and all-round way.

法治化
是精细化管理的根本保障

2021 年初，驾车驶入 G50 沪渝高速汾湖道口，进入上海地界时，坐在副驾的林先生收到了一条短信——"《上海市公共卫生应急管理条例》于 2020 年 11 月 1 日起施行，依法防控，人人有责。加强自我健康管理，增强自我防护意识，勤洗手、分餐、使用公筷公勺。进入机场、火车站、公交、地铁等公共场所按要求佩戴口罩，保持社交距离……"

"公共场所不戴口罩在上海是违法的。"林先生转过头告诉同车友人，并从口袋里掏出了口罩（图 2-1）。

《上海市公共卫生应急管理条例》明确规定，在呼吸道传染病流行期间，进入公共场所应当按照要求佩戴口罩，并保持社交距离。如今，公共场所戴口罩不仅是文明习惯，也是上海市民理应恪守的法定义务。[1]

如何运用法治思维与法治方式规范城市公共秩序，使工作有法可依、于法有据，是现代城市建设和管理的必然要求和重要内容。从实现城市管理的精细化目标来看，管理手段的精准有效应当满足可规范执行的基本要求，而手段的规范化则要求建立、健全、完善的法律法规体系，提升法律

1 王海燕. 上海：全球首个将口罩写入地方立法的城市 [N/OL]. 上观新闻, 2020-11-30[2021-10-20]. https://www.shobserver.com/staticsg/res/html/web/newsDetail.html?id=316749&sid=67.

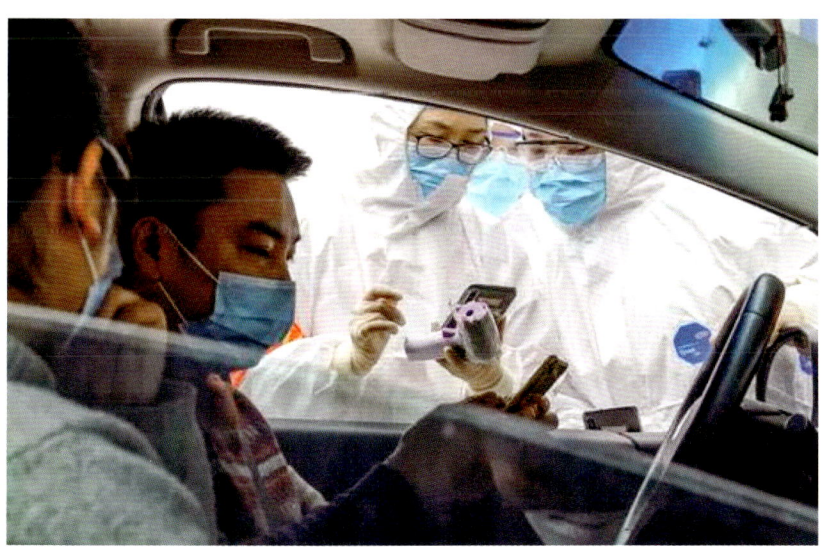

图 2-1 道口的卫生防疫人员会逐一测量入沪人员体温

资源的颗粒度和精致度，以高度严谨的规则意识和法治精神，为城市管理的高效运行提供坚实的制度基础和精致的行为导则。[1]一方面依法治民、治事，用法律法规约束公民的行为；另一方面依法治权、治官，规范政府机关及其公职人员的行为，用法律法规来控制公权力的行使。[2]可以说，城市管理法治化不断完善的过程本身，就是"人民城市人民建，人民城市为人民"理念的重要实践。

管理手段的规范化还有利于克服运动式、经验式治理的弊端，提高城市治理的长效性、稳定性。管理手段规范化的内容里也包括：各类公共事务管理和公共服务供给中多方主体权利与义务的明确划分，组织管理和运行规则的确定为各类治理主体提供行为规范，为公众的权利行使提供基准和依据，引导城市管理法律法规成为社会共识和行为准则。

对于政府而言，管理手段的法治化在于明确职责及其行为规范，加快政府职能转变，通过法治政府的建设，促使原先固有的领导决策式政府转向法律决策性政府。对于市民而言，作为城市的主体，市民有权利也有义务提升法治素养和法律意识，能够对行政过程和管理效果建立合理预期，实现对公共行政的有效监督。由此可见，法治是城市竞争力的核心标志，也是城市治理的亮眼名片。

理想的法治化状态是"法无禁止即可为，法无授权即禁止"。要实现这一目标，立法、执法和普法缺一不可，特别对于有着海派文化传承的上海，其地域文化里本身就具有契约文明的基础。在本章中，我们将从上海城市管理领域的立法、修法、执法和普法等环节切入，剖析法治思维在管理过程中的应用，印证法治化建设在城市管理中的根本性作用。

1　王郁，李凌冰，魏程瑞. 超大城市精细化管理的概念内涵与实现路径——以上海为例 [J]. 上海交通大学学报（哲学社会科学版），2019，27（2）：41-49，96.

2　朱瑞. 法治视角下的城市管理行政执法体制构建 [J]. 法制博览，2021（17）：136-137.

立法

2020 年 2 月，习近平总书记在中央全面依法治国委员会第三次会议上指出：随着时代发展和改革推进，国家治理现代化对科学完备的法律规范体系的要求越来越迫切。我们要在坚持好、完善好已经建立起来并经过实践检验有效的根本制度、基本制度、重要制度的前提下，聚焦法律制度的空白点和冲突点，统筹谋划和整体推进立、改、废、释各项工作，加快建立健全国家治理急需、满足人民日益增长的美好生活需要必备的法律制度。2021 年 10 月，习近平总书记在中央人大工作会议上再次指出：要加快完善中国特色社会主义法律体系，以良法促进发展、保障善治。

民之福祉，法之所系。好的法治环境直接关系到一座城市的安全指数和幸福指数。立法始终是城市管理中最根本、最重要的一环，通过立法、执法和司法的综合运用，有效规范、约束人的行为，促使城市健康、良性发展。近年来，上海从垃圾分类到非机动车管理，道道看似"无解"的难题，因为有了"良法"才成了"善治"。

20 世纪 80 年代以来，上海持续编制、修订了多部与城市管理相关的法规，如《上海市道路交通管理条例》《上海市市容环境卫生管理条例》等，初步形成了城市管理领域法规体系的基本脉络。2021 年 6 月，全国人大授权上海市人大可专门制定浦东新区综合法规，为上海提升地方立法的精准度提供了更多可能。

1. 应时而生——以《上海市公共卫生应急管理条例》为例

"法"自其诞生那天起，就带着对以往经验和教训的高度凝练和固化，以及对未来发展的前瞻性，它不可能制约过去已发生的事，但需要判断未来或当下会存在的问题，给予未来最优解。在上海这座高速发展的超大型城市，新业态、新问题层出不穷，如何让法律法规成为引领社会治理的重要手段，是摆在城市管理者面前的一道必答题。

刚进入 2020 年，全球就笼罩在新冠肺炎疫情的阴影下。2020 年 1 月 20 日，上海确认了首例输入性新冠肺炎病毒感染病例，一场对城市治理能力的大考顷刻袭来。为奏响依法防控之歌，上海的立法工作也要与时间赛跑，与病毒抗争。

2020 年 2 月 7 日上午，50 多位市人大常委戴着口罩，审议并全票通过了一项紧急法案——《上海市人大常委会关于全力做好当前新型冠状病毒感染肺炎疫情防控工作的决定》。从起草到表决通过，完成这部国内首个关于疫情防控的地方性规章，仅用了 10 天时间。8 个多月后，防疫"三件套"——佩戴口罩、个人卫生、保持社交距离，正式被写入《上海市公共卫生应急管理条例》，条例于 2020 年 11 月 1 日起正式实施（图 2-2）。加上当年 5 月份针对疫情防控一揽子修改的 12 项法规，这一整套"组合拳"共同构筑起上海疫情防控的法治防线。

图 2-2　2020 年 10 月 27 日，上海市十五届人大常委会第二十六次会议表决通过《上海市公共卫生应急管理条例》
资料来源：上海市卫生健康委员会　提供

一踏上 49 路公交车，乘客就会看见车厢前门处的标识——"上车乘客请佩戴口罩"；每次到站，都会响起提醒乘客佩戴口罩的语音播报。

"法规出台之前，乘客不戴口罩上车要不要管，我们心里是拿不定主意、没有底气的。"49 路公交车驾驶员孙师傅说，"虽然大部分乘客都会主动戴好口罩，但也会碰到比较蛮横的乘客。"

孙师傅回忆道，有一次，上来一位不戴口罩的女乘客，面对司机的提醒，女乘客毫不理会。红灯停车时，司机再次转头提醒女乘客，她不仅依然不理会，还面露不满："我有口罩，就是不戴！"见她这么不讲理，一车厢乘客都站在司机这边劝说她。众怒之下，这位女乘客只好戴上了口罩。

说起这些事，孙师傅现在轻松了很多："有了法律支持，我们的底气就足了！"底气在于有了明确的法律责任——个人进入公共场所不按照规定采取防控措施的，有关公共场所管理单位可以拒绝为其提供服务。孙师傅说："原来劝说乘客，对方可能觉得我多管闲事。现在这是法定义务了！碰到不戴口罩的乘客，我们可以理直气壮地劝说，甚至拒绝开车"（图 2-3、图 2-4）。

图 2-3　乘客上车后扫描公交防疫登记二维码，登记手机号码和乘车时间

图 2-4 上海地铁防疫提示

孙师傅的话清晰地说明了立法的重要性——法具有强制性，可以引导人的行为，使人达于正义[1]，若有人蓄意违法，就可以采取惩戒措施。

同时，法不外乎人情，孙师傅每次出车也都会备一些口罩在身上。前几天，有位老伯上车时面露尴尬，原来他看病时把口罩忘在医院里了。孙师傅知晓后连忙递给他一只医用口罩，老伯连忙感激地戴上。[2]

1 周永坤. 论法律的强制性与正当性 [J]. 法学，1998（7）：18-29，14.
2 王海燕. 上海：全球首个将口罩写入地方立法的城市 [N/OL]. 上观新闻，2020-11-30[2021-10-20]. https：//www.shobserver.com/staticsg/res/html/web/newsDetail.html?id=316749&sid=67.

2. 拾遗补缺——以《上海市房屋使用安全管理办法》《上海市无障碍环境建设与管理办法》为例

当某些规范性文件实施一段时间后，我们需要将其中的成熟经验予以固化，上升为法律法规，以增强约束力。针对迫切的城市管理问题，先出台相应的管理办法，通过后续不断调整完善，最后形成相对成熟且更具引领性的地方性法规，是立法工作的有益补充。

管理办法作为条例与文件间的"磨合剂"，通常用来约束和规范特定的主体，是从属于法律的规范性文件。管理办法的效力相对较低，灵活性也大，便于不断试错、修改。面对特别复杂、难以决断，却又迫切需要规范的情况，以及涉及面广又情况多变的局面，上海以出台管理办法的方式来构筑法治地基。

（1）上海市房屋使用安全管理办法

一千年前，诗圣杜甫曾立下宏愿：安得广厦千万间，大庇天下寒士俱欢颜，风雨不动安如山……试想一下：如果杜圣人所住茅屋为秋风所破，伤及路人，诗圣是否要承担赔偿责任？可能有人会回答：那得看这茅屋是杜甫所有，还是其租住。

2021年3月1日起正式实施的《上海市房屋使用安全管理办法》，为"杜甫茅屋为秋风所破"这一问题给出了解答：如果房屋权属不清或产权人下落不明，由房屋使用人承担安全管理责任，实际使用人修缮房屋所花费的费用，可以向产权人追索（图2-5）。

某日，租客张三收到小区物业发放的告知单："台风天气即将来临，请检查房屋安全，及时消除安全隐患……"张三想，这房屋不是我的，消除安全隐患的责任应当由房东负责，我且不管……

李四多年来住在祖辈留下的屋子里。据说老房子是解放初期被没收后，由组织上安排居住的。于是就这么祖祖辈辈住下来，谁也不知道、也不关心

图2-5　《上海市房屋使用安全管理办法》解读

资料来源：上海市司法局　提供

真正的产权人是谁，平时小修小补自己弄弄，或者花点钱请物业帮忙。但台风天气造成外挂物脱落，伤及路人，责任由谁承担还真的弄不懂了……

　　王五在上海拥有一家沿街店面，经营西饼。某日，上海罕见地降下大雪，王五收到城管执法部门的提示："请协助清扫门前沿街积雪，确保路人行走安全……"王五想，街面道路属于市政道路，又不是自己的，我扫它干吗？！不曾想，王五因过路人的滑倒受伤，收到了行政处罚通知书。

　　……

　　管理责任不同于一般的民事责任。房屋安全，特别是墙面脱落、房屋倒塌带来的安全隐患，日渐成为涉及公共利益的重大问题。2014年浙江奉化楼房倒塌、2020年福建泉州欣佳酒店坍塌等血的教训历历在目。上海作为超大型城市，各种房屋量大面广、类型多样，建造年代不一，使用情况复杂。截至2019年底，上海市已有房屋建筑面积14.12亿平方米,其中居住房屋约 7 亿平方米,竣工年份在 1990 年以前的居住房屋面积超过 1.6 亿平方米。来自于房屋安全管理方面的压力日渐显现。

客观上,上海早期房屋建设标准低,存在各种先天不足,部分老楼还存在物业费收取不及时导致的维修养护不到位等情况。

主观上,房屋所有人、使用人的主体责任意识有待提升,"重治危、轻预防"的观念仍然存在。擅自改变房屋用途、破坏承重结构、随意增加荷载、违法搭建等行为时有发生。

针对这些"先天不足,后天不护"的隐患,上海聚焦老旧住房、高空坠物等安全隐患,通过旧住房综合修缮改造、房屋使用安全隐患排查和专项整治等多项举措,推动问题的解决。为此出台的《上海市房屋使用安全管理办法》明晰了责任主体义务,规范房屋使用行为,锁定维修养护责任,保障房屋使用安全。

立良法,谋善治。该办法刚实施不久,仍在推行完善阶段,相信不远的将来,"大庇天下寒士俱欢颜,风雨不动安如山"的千万间广厦,必会跃出纸面![1]

(2)上海市无障碍环境建设与管理办法

2020 年 9 月,习近平总书记在湖南考察调研时指出,"无障碍设施建设问题,是一个国家和社会文明的标志,我们要高度重视"。推进无障碍环境建设是保障有障人士合法权益、使有障人士平等参与社会生活的一个重要条件,事关每个公民有特殊需求时的应急保障。截至 2020 年末,上海市持证有障人士 59.5 万人,60 岁以上老年人 533.49 万,加上儿童、孕妇、伤病人士等,都是无障碍设施的使用者。可以说,无障碍设施是大众的需求,是城市要素的标配。

46 岁的老孔已经依靠轮椅出行 22 年了。他一直说,自己的"技巧"不错,即使路面有坑洼,轮椅车也不会被卡住。这天,老孔准备去趟离家二三公里的超市。他给轮椅车装上新买的电动车头,一路"开"了过去。可

1 罗培新. 杜甫茅屋为秋风所破,伤及路人,诗圣要承担责任吗?请看上海这部政府规章 [N/OL]. 上观新闻,2021-02-26[2021-10-20]. https://www.shobserver. com/staticsg/res/html/web/newsDetail. html?id=344697&sid=67.

是，人行道有台阶上不去，走在非机动车道上，身边的电动车时常请他"让一让"。在十字路口，他紧张地盯着红绿灯，害怕因为动作慢、信号灯时间短，而被"留"在马路中间，进退两难。

好不容易到了超市，老孔却发现还和去年一样，无障碍电梯依然无法到达生活用品和收银台所在的二楼。折腾好久，老孔最后还是拜托工作人员帮忙去二楼买东西（图 2-6）。

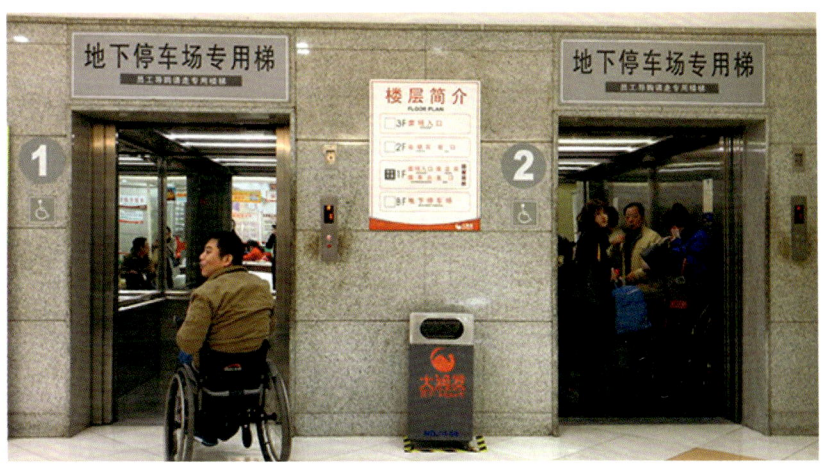

图 2-6　不停二楼的无障碍电梯和无助的老孔

回家路上，为了给轮椅车省电，他打算乘地铁。刚施工完的地铁广场入口已经有了无障碍通道和升降梯，可老孔还是上了手扶电梯，让工作人员帮忙用大腿顶住后半边轮椅。"升降梯虽然可以用，但速度慢，用起来也不方便，我宁愿人工帮忙推上去。"出地铁站后，老孔试图打车，然而路上经过的出租车大多不停。偶尔有司机停下来，看到他的轮椅车之后，冲他摆摆手，开走了。老孔每次往返地铁站，单靠手划轮椅会体力不支；装了电动车头，又经常被地铁、出租车拒之门外。

夜色缓缓降临，老孔不想等了，决定试着"开"回去（图 2-7）。在车流中艰难穿行的老孔是否在想，现代社会已经这么发达了，可他什么时候才能顺畅地自己出门买东西？[1]

早在 20 世纪 80 年代中后期，作为最早的 12 个无障

<hr />

1　何颖晗，徐燕倩. 上海无障碍设施建设不错，但"还差一口气"[N/OL]. 澎湃新闻，2016-12-03[2021-10-20]. https://www.thepaper.cn/newsDetail_forward_1572711.

图 2-7　夕阳里艰难穿行的老孔

碍设施建设试点城市之一，上海已经开始建设和管理无障碍设施，是国内第一个出台无障碍设计地方标准的城市。回看老孔的故事，还是可以发现许多无障碍环境的缺失：有些地方没有无障碍设施，有些形同虚设、缺乏维护管理无法使用，有些设施质量很差、难以提供合理的服务……对于一个使用轮椅的有障人士来说，只要是人行道和建筑物间一道小小的阶梯，就有可能是他无法逾越的"鸿沟"。造成这种困境的根本原因是缺少强制性规范，大部分的规范和标准都是倡导性的，造成了监管及验收的漏洞。

　　为此，上海于 2021 年 6 月 1 日出台《上海市无障碍环境建设与管理办法》，致力于让有障人士、老年人等社会成员可以自主安全地通行、出入建筑物、搭乘公共交通、交流信息、获得社会服务，提升城市温度。该办法创造性地提出了无障碍设施试用体验，要求新建、改建、扩建城市主要道路、广场公园、公共厕所、交通运输、医疗卫生、大中型商场、餐饮住宿以及一些与有障人士、老年人等社会成员日常生活、工作密切相关的场所时，要根据实际需要，邀请有障人士、老年人等社会成员代表对无障碍设施进行试用体验，听取意见和建议，提供了一个以弱势群体实际需求为指引的制度性安排。同时，根据该办法的执行情况，上海正在草拟《上海市无障碍环境建设条例》。相信在不远的将来，我们可以让更多的弱势群体感受到这座城市的温度、包容与开放（图 2-8）。

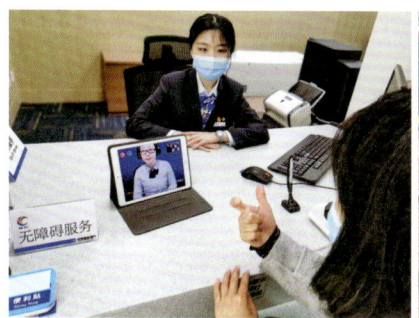

银行无障碍服务

无障碍通道

ATM 机无障碍设施

过街天桥的无障碍电梯

图 2-8 无障碍设施环境建设

3．精细管控——以《上海市生活垃圾管理条例》为例

2019 年 7 月，一篇名为《一张图看懂上海生活垃圾分类》的公众号文章在朋友圈里疯狂"刷屏"。有人调侃，"魔都人"快被垃圾分类"逼

疯了",每天早上一出门就要接受"侬是什么垃圾"的灵魂拷问。

调侃归调侃,但如果走到小区里问问"垃圾分类好不好",即使是七八十岁的老奶奶都会回答你:"好!现在环境污染这么严重,阿拉有义务为环保作点贡献。"

2005~2010年,上海生活垃圾平均年增长率约3%,2011~2017年的年平均增长率为4%,2014年以后的年增率更达到了5%。而传统的垃圾处理方式,不论是焚烧还是填埋,都会带来显而易见的问题:占用上万亩土地,蚊蝇乱飞,污水四溢,臭气熏天,严重污染土壤和地下水环境……不计其数的垃圾还在威胁着各种野生动物的生命,排进河流、海洋的垃圾侵占了水生生物的栖息空间,导致其误食死亡,甚至物种灭绝。同时垃圾焚烧带来的二噁英是地球上最致命的有毒物质之一,焚烧排放后可远距离扩散,污染物一旦进入人体会长久驻留,最终致癌。[1] "垃圾围城"已"兵临城下"。

推行垃圾分类可以有效地提高垃圾处理效率,降低处理成本,减少土地消耗与环境污染,带动循环经济,节约资源,变废为宝,具有社会、经济、生态三方面的效益。然而,要做好生活垃圾分类就必须改变人们的行为习惯,需要一个长期的过程。其他国家的生活垃圾精细化治理往往经历了几十年,甚至更长时间的努力。因此,做好垃圾分类的立法工作既是动员起全部力量的需要,也是对这项工作进行主动谋划、全程管控最有力的教育与引导。

在大范围问卷调查和充分审议的基础上,上海市人大于2019年1月审议通过了《上海市生活垃圾管理条例》,宣布于2019年7月1日起正式实施,上海的垃圾分类由此进入"硬约束"时代。

这次立法明确了上海垃圾分类工作中的几个重点。

一是怎么分?上海从20世纪90年代就开始探索垃圾分类,几经变化,2011年确定为可回收物、有害垃圾、湿垃圾、干垃圾的"四分法"(图2-9)。条例审议过程中,市人大常委会设计了一套面向广大市民的调查问卷,结果显示多数市民对"四分法"表示认可。

二是谁来管?在市、区、街镇三个层面,条例规定

1 罗楠.上海生活垃圾分类治理模式探索[J].城乡建设,2019(8):16-19.

图 2-9 上海市生活垃圾分类投放指南

了"条块结合、以块为主"的管理模式，明确了街道办事处和乡镇人民政府的工作内容，对涉事各方的责任归属也一一罗列。如，产生生活垃圾的单位和个人是分类投放的责任主体，应当将生活垃圾分别投放至相应的收集容器；各投放点要设立分类投放管理责任人制度，明确其权利义务；对于不按标准分类的垃圾，收运单位可以拒绝接收，逾期不改正的，可处以罚款等。

三是源头减量怎么做？条例提出了包括推进产品包装物、快递包装物减量工作等在内的具体事项。如，旅馆不得主动提供一次性日用品，餐饮服务提供者和餐饮配送服务提供者不得主动提供免费的一次性筷子、调羹等餐具。在上海，使用"饿了么"或"美团"等 App 点外卖时，每个商家都要提供专门的餐具选项，并给予"按需提供"的提醒（图 2-10）。

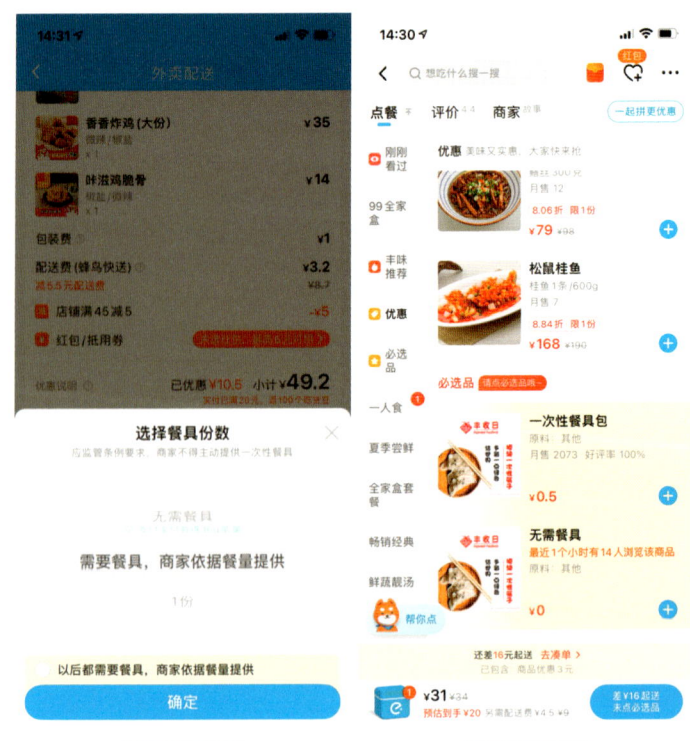

图 2-10　外卖 App 内的餐具选项

四是如何实现"闭环"管理？条例严格规范收运和转运行为，明确收运单位必须使用专用车辆和船舶实行密闭运输，不得混装、混运；建立"不分类、不收运；不分类、不处置"的监督机制，保障全程分类的实现。[1]

《上海市生活垃圾管理条例》已推行两年有余，垃圾分类已经走进了每一个上海人的日常生活。大家以"分"为荣，以"不分"为耻。如今不但环境洁净了，良好的自律精神、消费习惯和环保意识也正在逐步凝聚成上海的集体意识，彰显了这座城市的文明。

观察上海的各个角落，可以发现许多因为垃圾分类而正在发生改变的地方：位于东海之滨、距离市中心东南约70公里的老港——这个"消化"全上海约50%的生活垃圾末端处理的填埋场，竟然成了绿荫环绕的生态保护展示窗口（图2-11）；在已经实现"湿垃圾不出小区"的新泾六村，侯阿姨投送到小区垃圾箱房的湿垃圾，经智能设备集中处理4小时后，变成了有机肥，又被侯阿姨拿回家养花（图2-12）；在"限塑令"颁布后的世纪联华鲁班店，柜台上贴心地准备了上货用剩下的小纸箱等简易包装供顾客使用……[2]

1 杜康，郭敬丹.《上海市生活垃圾管理条例》出炉 [N/OL]. 新华网，2019-02-19[2021-10-20]. https://baijiahao.baidu.com/s?id=1625906527816114976&wfr=spider&for=pc.
2 王海燕. 上海固废治理模式初显成效 [N/OL]. 解放日报，2021-09-12[2021-10-20]. https://sghexport.shobserver.com/html/baijiahao/2021/09/12/535794.html.

老港基地全景

垃圾填埋场变普罗旺斯

图2-11 上海老港生态环保基地是全球最大垃圾焚烧厂和医废处置设施

湿垃圾生物处理服务点　　　　　　　　　　湿垃圾转化为肥料滋养植物

图 2-12　新泾六村"湿垃圾不出小区"

　　发生在工厂、小区、超市、填埋场的变化，正是全民参与、全程管控的真实写照。截至 2020 年末，上海已初步建成全程分类系统，实现生活垃圾 100% 无害化处理，居民区和单位生活垃圾分类达标率双双超过 95%，生活垃圾资源回收利用率达到 38%。垃圾分类让上海更加宜居，更有温度。

修法

人类理性总是有限的，立法者也不可能预见到未来的一切并设计出完美的方案。上海由特大型城市进而成为超大型国际大都市，从"四个中心"发展为"五个中心"，城市管理的重点和难点不停转变，必然要求"城市管理法"随之调整适应。然而，立法成本高、周期长，因此，充分挖掘现行法律的既有资源，通过废旧立新、拓展延伸、提升层级等措施，实现"城市管理法"的与时俱进、更新迭代，也是一条必经的路径。

1. 废旧立新——以《上海市排水与污水处理条例》为例

距 1997 年开始施行《上海市排水管理条例》至今已有 24 年，随着排水与污水处理工作的新情况、新问题的陆续出现，已不能满足现行管理需求。特别是上海近年来被多次点名批评的雨污混接问题，一直缺乏相应的处置依据。遇到路边违法洗车等情况时，执法队员只能"借法执法"，参照《上海市市容环境卫生管理条例》第二十八条第二款的规定责令改正，并处以当事人 300 元以上、3000 元以下的罚款。不痛不痒的违法成本是很多路边洗车店有恃无恐、屡教不改的重要原因之一。

全面修订的新版《上海市排水与污水处理条例》从 2020 年 5 月起正式施行，为提升上海水生态环境质量提供了有力的法律武器。

从条例名称的修改中不难看出，污水管理是此次的重点关注事项，因为雨污混接已成为城市排水系统的重要堵点。一方面，污水通过雨水管道排入河道，引起水体黑臭，造成河道污染，危害水生动植物，破坏生态平衡，影响环境质量；另一方面，当大量雨水流入污水管道时，直接影响污水官网的输送能力，造成污水冒溢、道路积水、窨井盖移位等现象，存在较大安全隐患。该条例突出了保护水环境的基本原则，增加雨污分流规范要求，明确对排水单位和个人雨污混接、混排行为的监管要求。除了要求在规划建设层面严格施行雨污分流，由设施运行维护单位定期巡检以外，还提出要对沿街商铺、企事业单位的混接点加强综合执法，加强部门联动，形成共治合力。[1]

该条例一出，街边一些多年来一直雨污混接的商铺"目瞪口呆"。"前几年，我占道洗车，城管已罚过多次，还扣过我的洗车工具，"宣春路宣竹路口的一家洗车店老板说道，"这次整治我一开始也没当回事，毕竟生意好，罚点就罚吧。想不到城管队员说按照《上海市排水与污水处理条例》，最高可以罚 50 万元！"经过城管队员的政策宣讲，洗车店主下定决心，租下旁边两家门面，进行停业改造。目前，该店已顺利通过验收，取得了《排水许可证》。随着洗车行业的环境提升，马路上的洗车污水消失了，街面干净整洁了。

近些年，不断有行政执法事项向基层城管集中，随着各方面法律法规的不断完善，城管执法工作越来越顺利、有效。

1　金凤.《上海市排水与污水处理条例》修订亮 点 [EB/OL]. 2020-05-08[2021-09-28]. https://mp.weixin.qq.com/s/UIe-_PKUqDyRE6b3gKogKg.

"大数据＋网格化＋铁脚板"打造"身边最美小河"

桃浦镇通过"驱三无船只、清私人鱼塘、拆沿河违建、消黑臭水体"等一系列"水岸联动"举措，形成"大数据＋网格化＋铁脚板"常态、长效管理格局，将南北厅河打造成"身边最美小河"，成为桃浦生态文明建设的一张靓丽名片。

治理前　　　　　　　　　　　　　　治理后

形如白鹭的南北厅河，"身体"是一个湖

2．拓展延伸——以《上海市历史文化风貌区和优秀历史建筑保护条例》为例

2019 年 11 月，习近平总书记在上海考察时强调，城市历史文化遗存是前人智慧的积淀，是城市内涵、品质、特色的重要标志。要妥善处理好保护和发展的关系，注重延续城市历史文脉，像对待"老人"一样尊重和善待城市中的老建筑，保留城市历史文化记忆，让人们记得住历史、记得住乡愁，坚定文化自信，增强家国情怀。

上海一直以来就非常重视历史文化风貌，特别是红色基因的保护，早在 2003 年就出台了《上海市历史风貌区和优秀历史建筑保护条例》，正式提出"历史文化风貌区"和"优秀历史建筑"概念，厘清保护与传承、修缮与更新、开发与利用等各方面的关系。

当时的该保护条例主要强调了"点"和"面"，即对优秀历史建筑和成片风貌区的保护；对于一些边界不是特别清晰的条带状区域，如风貌保护街坊、风貌保护河道，缺少硬性规定，相关的保护工作依然举步维艰。另外，为了守住已存世不多的"老房子"，上海将"拆、改、留，以拆为主"的旧城改造模式，转变为"留、改、拆，以保留保护为主"。

为明确定义风貌保护街坊及河道，给予相应的保留保护，固化"留、改、拆"的旧改模式，上海于 2019 年对《上海市历史文化风貌区和优秀历史建筑保护条例》进行了修订，在理念上作了两方面提升。一方面，树立整体保护理念，建立起"点、线、面"结合的保护对象体系：在"面"中增加了风貌保护街坊，在"线"中增加了风貌保护道路和风貌保护河道，在"点"中增加了需要保留的历史建筑。另一方面，突出"活化利用"，允许通过改变房屋使用性质和内部使用功能，来调整和恢复历史文化风貌区；允许在核心保护范围内进行建造基础设施和公共服务设施等新建、扩建活动，来完善建筑和区域功能，更贴合现代化的城市居住、生活及商业服务需求。[1]

1　陈鹏．新时期上海历史风貌保护地方立法初探——《上海市历史文化风貌区和优秀历史建筑保护条例》修订导向研究[J]．上海城市规划，2018（3）：53-58．

修订后的保护条例，更全面地支撑了上海市历史风貌保护工作，是历史风貌保护与城市设计工作的纲领性文件和行动指南。

3．提升层级——以《上海市城市更新条例》为例

如今，上海的城市建设已经从外延扩张转向内涵提升，从大规模增量建设转向以存量更新为主的新阶段。《上海市城市更新实施办法》自 2015 年实施以来，积累了一批富有特色的实践案例，形成了一批成熟经验，迫切需要通过立法予以升级固化。一些已经被证明有效的工作举措，需要以更强硬的姿态，予以复制、推广。[1] 通过对城市更新中有益经验的凝练提升，《上海市城市更新条例》于 2021 年 9 月 1 日起正式实施，为打造令人向往的创新之城、人文之城、生态之城，建设具有世界影响力的社会主义现代化国际大都市，提供了明确的规则和指引。

该条例指出，城市更新是一项涉及政府、产业、金融、空间运营、服务、人才等方方面面的协作行动，需要坚持"统筹更新、整体推进"的原则，需要做细、做实、做精，避免大规模拆除，控制大规模增建，激发出城市空间、功能、产业、设施等全要素活力。

作为市中心的一条幽静的马路，愚园路上集中了 60 幢历史建筑、十多处文物保护单位（图 2-13）。梧桐掩映下，每一幢老建筑里都有可以讲述的故事乃至传奇。"真是好事多磨啊，小小一条马路涉及主体却十分复杂，既有央企、国企，也有区属单位。"曾参与愚园路改造的市人大李代表说，"在老房改造中，前期投入往往耗费很大精力，常常是还没回本，就租期将满。"他认为，现行规定容易导致市场主体的短期逐利现象，不利于长远的整体保护。

此次立法中的一大亮点——"城市更新保障"，很好地解决了这个问题。出台的一系列"政策包"，从

1　李冀. 当经验和做法上升为法规 [J]. 西部大开发，2019（11）：4-5.

图 2-13　愚园路历史风貌区手绘图
资料来源：创邑　绘

标准、规划、用地以及财政、金融、税收等方面，提出了具体措施。在更新前，不少老建筑没有得到很好保护，甚至被超负荷使用。更新过程中，政府部门、资本、社区、居民共同参与，不仅关注老建筑、老街区的外在样貌，还围绕愚园路的百年历史和文化积淀做"文章"（图 2-14）。在优秀历史建筑周边控制范围内，新建、扩建、改建以及修缮的，需要在使用性质、高度、体量、立面、材料、色彩等方面与优秀历史建筑相协调，不得改变建筑周围原有的空间景观特征，不得影响优秀历史建筑的正常使用。因历史风貌保护需要受到限制的容积率，可以按照规划进行异地补偿。实施过程中，发现不可移动文物、优秀历史建筑以及需要保留的历史建筑时，给予容积率奖励……

　　针对城市发展中的新趋势、新问题，《上海市城市更新条例》也设计了一系列保障条款，让法律规范更具有操作性。

改造前空地

改造后草坪

改造前沿街店铺

改造后沿街店铺

图 2-14　愚园路城市更新前后对比

　　比如，针对产权归集难、更新成本高、市场参与程度不高等问题，从标准、规划、用地、财税等方面提出了具体措施。在零星更新项目方面，明确可采取按比例增加经营性物业体量、提高建筑高度等鼓励措施，吸引市场主体进入。为支持浦东打造社会主义现代化建设引领区，《上海市城市更新条例》还专门写入了"浦东新区城市更新特别规定"。浦东新区人民政府可以指定更新统筹主体，统筹开展原成片出让区域等建成区的更新；优化地上、地表和地下分层空间设计，明确强制性和引导性规划管控要求，探索建设用地垂直空间分层设立使用权；创新存量产业用地盘活、低效用地退出机制；深化产业用地"标准化"出让方式改革，增加混合产业用地供给，探索不同产业用地类型合理转换等。

在城市更新过程中，历史风貌保护与经济效益、民生改善如何平衡，烟火气和人情味如何保留，拆除重建中遇到拒不配合的情况该怎么处理等问题都可以在《上海市城市更新条例》中找到答案。[1]

1　王海燕.《上海市城市更新条例》表决通过！统筹、烟火气、全生命周期管理是关键词 [N/OL]. 上 观 新 闻, 2021-08-25[2021-10-20]. https：//www. shobserver. com/staticsg/res/html/web/newsDetail. html?id=399155&sid=67.

执法

城市管理系列法规是城市管理领域依法执政的凭据，而城市管理综合执法则是保证城市管理有序运行的最后一道屏障。城市管理综合执法是提高城市管理法治化水平，构建管理长效机制的一种新型行政执法模式，具备执法主体唯一性、执法体制统一性、执法职能综合性、执法范围灵活性的特点，但该项工作的顺利开展也面临着各种实践中的矛盾和理论上的问题。[1]

同许多城市一样，上海也曾经存在多头执法、依据不一的阶段，出现了诸如"暴力执法""不当执法""倒钩执法"的负面新闻。一方面，由于法律依据不足，执法人员在与被执法对象发生矛盾时容易出现底气不足、手势不一的问题；另一方面，执法人员素质参差不齐，执法途径单一僵硬，容易引发公众的抵触情绪，无法使公众意识到执法的目的是规范城市运行秩序、美化城市，也无法使更多组织和个人有意识地参与到城市秩序的维护中，更有一些违法者习惯于采取"你追我逃"的方式躲避处罚。[2]

上海市城市管理行政执法局成立于 2015 年，将以往分散在多个行政部门的城市管理方面的处罚事项予以集中，把行政处罚权从原行政管理部门剥离出来，由其统一行使，从而促进执法权威与执法公平。[3] 近年来，上海城管系统不断探索"公平、长效、规范、远程、柔性"执法，为城市管理的高质量发展保驾护航。

1.　公平执法——以违法建筑拆除为例

2014 年 1 月，习近平总书记在中央政法工作会议上强调，政法机关要完成党和人民赋予的光荣使命，必须严格执法、公正司法。他引用《官箴》中的名言"公生明，廉生威"，指出执法司法是否具有公信力，主要看两点：一是公正不公正，二是廉洁不廉洁。

1　王仰文. 论城市管理行政执法领域法律冲突的基本特征 [J]. 岭南学刊，2011（4）：83-87.
2　邓奇煌. 城管执法困境原因探析及破解策略 [J]. 法制博览，2020（31）：101-102.
3　朱瑞. 法治视角下的城市管理行政执法体制构建 [J]. 法制博览，2021（17）：136-137.

　　违法建筑一直是让基层头疼的"老大难"问题。不拆，许多违法建筑占用大量公共空间，存在很多安全隐患，还影响环境品质和街区美观；拆吧，当事人哭着喊着说这是自己的房子，拆不得，拆不得。如何让老百姓觉得公平公正、心服口服地主动拆违，是各级拆违干部们一直在思索的问题。

　　在以往的执法工作中，很多老百姓觉得不公平：和执法人员是亲戚就可以不拆房子，和执法部分打好"招呼"就可以不扣分……在这种可以给小部分人"开后门"的风气下，普通老百姓觉得只拆自己的房子不公平、不合理，自然不愿意配合拆违工作。

　　为解决这个问题，从"五违四必"[1]到"无违创建"，上海的拆违工作始终先拿"公字"开刀，率先开展"公字头"违法建筑整治。"作合格党员，最后考验的还是责任担当。党员干部不带头攻坚克难，谁带头？"石泉街道拆违负责人说。他还记得，当初拆违时，干部们驻场办公，人人晒黑了，累瘦了，嗓子说破了。当百姓们看到"吃公粮"的违建都拆了，现实困难也有合规解决途径，即使心里还有些许不满，也都跟着拆除了违建。其实，百姓们心里未尝不清楚，违建占用地方、影响生活，又存在安全隐患，过去是抱着"别人有，我没有就吃亏了"的心理，所以"宁愿违建放着碍自己的眼，也不想吃亏"。

　　在上海，从 2015 年开始的大规模拆违行动里，始终坚守公平，该拆的一律不放过，情有可原的也实事求是，在保证居民生活品质不下降的前提下安全拆违，再通过后续的生态建设，许多地方都发生了喜人的变化（图 2-15）。

　　水清了，岸绿了，空气变好了。刚开始拆违时颇有怨气的当事人看着边上的河浜里又有了鱼虾，都笑开了颜，纷纷表示"小时候的光景又回来了"。

1　"五违"即违法用地、违法建筑、违法经营、违法排污、违法居住；"四必"即安全隐患必须消除，违法无证建筑必须拆除，脏乱现象必须整治，违法经营必须取缔。

整治前　　　　　　　　　　　　　　　　　　整治后

图 2-15　静安区东茭泾绿地整治前后对比

2. 长效执法——以交通大整治为例

"交通拥堵是'城市病'的典型表现，也是大城市发展中最难以治理的突出问题。"这是习近平总书记在 2014 年 2 月的考察工作结束时的讲话。

城市化与机动化的快速提升，使得人们的交通出行需求快速增长，机动车拥有量和道路交通量更是急剧增加，交通拥堵逐步成为世界各大城市都不得不面对的难题。拥堵使得出行不再便利舒适，成为人们出行的一大困扰。同时，交通拥堵带来的服务水平下降、交通事故频发、能源浪费、环境污染与健康隐患等问题也成为社会关注的焦点。拥堵已经不再是一个单纯的交通问题，而是一个跨越社会、经济、生态等多领域的难题。

对比 20 世纪 80 年代与 2015 年的交通报告，中国特大城市市区机动车平均时速已由过去的 20 公里 / 小时下降到了 12 公里 / 小时，部分地区甚至已下降到 8～10 公里 / 小时。[1]《2015 年度中国主要城市交通分析报告》显示，上海在中国城市拥堵排行中位列第七，高峰拥堵延时指数 1.87，说明上海驾车出行的上班族要花费通畅情况下 1.87 倍的时间才能到达目的地（图 2-16）。

1　潘海啸，李春莹. 探索全球城市视野下的交通拥堵难题与缓解协调路径——以 2016 "上海交通大整治"项目的综合策略为例 [J]. 上海城市管理，2016，25（5）：60-65.

高峰拥堵延时指数

排名	城市	指数
1	北京	2.06
2	济南	2.04
3	哈尔滨	1.99
4	杭州	1.98
5	大连	1.91
6	广州	1.89
7	上海	1.87
8	深圳	1.86
9	青岛	1.85
10	重庆	1.84

图 2-16　2015 年中国城市拥堵排行榜

　　破解"堵城"难题，是上海打造全球卓越城市、促进社会和谐、改善营商环境的必由之路，是上海转型发展的必答之题。城市环境离不开交通环境，城市管理也离不开交通管理。

　　交通治理中最大的难点是市民行为习惯与个人素养的改变。群体陋习是不可能通过中短期"突击式"的行动就彻底解决的，这也是城市管理发展到一定阶段后必然会遇到的问题——如何通过持续性执法培养公民意识。

　　2016 年，时任上海市公安局局长在《市民与社会·市长热线》广播直播访谈节目中讲到，交通大整治只有开始时间，没有结束时限。"从现在开始就持之以恒，坚持不懈，一抓到底，直到把上海的交通秩序抓出好的效果。"这也是上海近些年的执法特征之一，将重要领域的执法工作固化为常态，不再只打"突击战"，下决心打"持久战""歼灭战"。"交通违法行为的整治是全覆盖的，没有重点、非重点，没有中心城区和郊区，只要是违法行为，在上海境内都要依法整治。"[1]

　　上海从 2016 年开始启动的全市道路交通违法大整

1　章继光. 上海开展交通大整治 [J]. 交通与运输，2016，32（5）：4-5.

治，聚焦道路交通违法行为，重点针对机动车乱停车、乱占道、乱变道等在内的 10 类违法行为。与以往不同的是，这次行动不分重点区域、重点路段，不设时限，不分警种全员上阵、全市站岗。2017 年颁布并实施的《上海市道路交通管理条例》，针对许多市民反映强烈、亟须解决的交通安全瓶颈问题提出了惩罚措施，增设了对机动车"一次连续变换两条车道""乘坐人未按规定使用安全带"等 20 多种违法行为的惩罚，被称为"史上最严的交通大整治"（图 2-17）。2018 年以后，在持续拓展、延伸执法事项的基础上，通过大量加持技术手段，依托智慧城市建设，越来越多的道路、区域实现了 24 小时全天候、无死角的"智能管控""电子执法"。几年下来，越来越多的交通参与者养成了遵法、守法的意识，文明、有序、礼让已成为道路通行的潜意识。

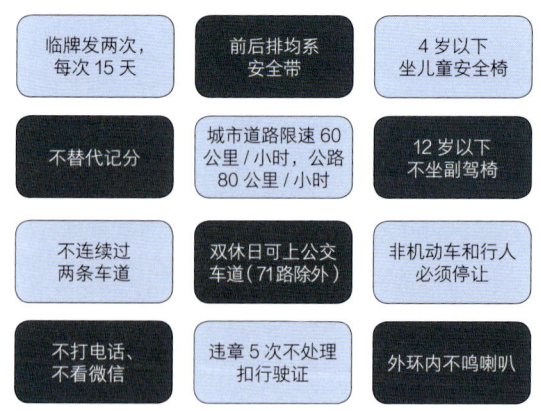

一图看懂 2017 年上海新交规

临牌发两次，每次 15 天	前后排均系安全带	4 岁以下坐儿童安全椅
不替代记分	城市道路限速 60 公里/小时，公路 80 公里/小时	12 岁以下不坐副驾椅
不连续过两条车道	双休日可上公交车道（71 路除外）	非机动车和行人必须停让
不打电话、不看微信	违章 5 次不处理扣行驶证	外环内不鸣喇叭

图 2-17　一图读懂《上海市道路交通管理条例》

（1）大型货车违法行为治理

2018 年 12 月 14 日下午，一辆土方车在松汇路玉树路口右转时，将驾驶电动自行车准备直行通过的李女士卷入了车底，致其当场死亡。经查，该企业交通安全管理制度缺失，存在未落实企业交通安全管理主体责任等问题。土方车驾驶员彭某涉嫌交通肇事罪被刑事拘留，企业安全责任人杨某涉嫌重大责任事故罪被刑事拘留。[1]

连续发生的各类大型货运车致人死亡的有责交通事故，严重威胁着人民群众的生命财产安全，扰乱了正常的道路交通秩序。上海公安交警部门不断加大对大型货运车的管理，结合道路交通安全工作和"百日安全行动"，制定了一系列措施，从严从重整治包括大型货运车在内的各类交通违法行为，以严管促出行规范，以重罚推责任落实，督促企业严格落实交通安全主体责任。对上路行驶的渣土车，一律拦截检查；对安全装置缺失的渣土车，一律督促整改；对涉嫌犯罪的企业负责人，一律追究刑责。这些措施的出台，就是要严防道路交通事故，创造安全、有序、祥和的出行环境。

（2）行人违法行为治理

"伊拉也就抓抓这些开车子的，那些骑车子的、乱穿马路的，就弗管了，算我触霉头！"因未礼让行人而被处罚的驾驶人心不甘、情不愿地说。

随着机动车秩序的改善，市民对行人乱穿马路的诟病和希望得到整治的呼声越来越高。民意调查显示，最需要整治的前三项违法行为分别是行人乱穿马路、非机动车乱骑行和机动车乱停放。

从 2019 年起，上海向非机动车和行人延伸执法触角，加大了对行人交通违法的"累进式"执法力度，对机动车乱停车、乱占道、乱变道、乱鸣号、套牌违法、路口违法、逆向行驶以及非机动车乱骑行、行人乱穿马路和非法客运 10 类突出违法行为进行严惩，对首次或二次乱穿马路的市民进行警告教育，三次以上违法穿越马路的处以罚款。通过一年多的持续整治，全民自觉尊法守法的风气初露端倪，上海的整体交通秩序日渐向好。

1　李根，邬林桦. 上海严查致死致祸交通事故背后企业责任，今年已有 5 名企业负责人被刑拘 [N/OL]. 上观新闻，2019-01-21[2021-10-20]. https://www.shobserver.com/staticsg/res/html/web/newsDetail.html?id=128398&sid=67.

（3）非机动车违法治理

着急的外卖骑手上了机动车道，在临近人行横道线时，没有减速，没有观察路面情况，结果撞死了一名正在过马路的老人。像这样因外卖、快递骑手交通违法引发的事故和悲剧并不少见。

快递、外卖行业是非机动车大整治的重点对象。上海于 2021 年 5 月出台的《上海市非机动车安全管理条例》被称为“史上最严”，对不佩戴安全头盔、拨打接听电话、连续多次长时间鸣喇叭、在夜间不开启照明装置、牵引动物等诸多不规范、不文明行为都作出了法律规定。

同时，上海推出的 RFID 电子号牌，利用无线射频技术对电动自行车开展“电子执法”。通过把射频识别（RFID）技术嵌入到电动车号牌上，使其具有自动识别、传输、处理电动自行车行驶相关信息的功能，实时采集电动自行车的行驶轨迹，在执法过程中辅以道路监控设备，确定违法信息。精准形成的“一人一车一证一码”落实到了人员记分管理、“上海市快递外卖骑行安全监控平台”等措施上后，“小哥”们被严管了。

（4）从事故处罚到共同参与的全程执法

仅仅依靠公安部门的单打独斗是很难快速提升市民交通文明素养和意识的。为了打通交通安全相关环节中各部门、行业、企业、个人的联系，调动各个社会主体的积极性、主动性、创造性，实现城市交通的共治共管、共建共享，上海作了以下三点探索。

一是压实企业责任，从源头防控道路交通事故。坚持“事前隐患清零、事中路面管控、事后深度调查”，着力加强大型车交通违法整治和事故防控工作，加强与“第三方安全监测平台”合作，实现对“两客一危”车辆的全天候实时监控，抓住源头管控和隐患治理，落实对大型车事故风险的有效防控。

二是推动警企合作，实现交通难点社会共治。紧盯网约车、共享单车、快递外卖等热点、难点问题，推动警企合作和社会共治，创新“问题网约车大数据筛查”“共享单车数字化管理”，以及外卖骑手“一人一车一证一码”等安全管理措施，组织 28 家快递外卖企业共同签订骑手交通安全联合承诺，取得法律效果和社会效果的有机统一。

三是"挂钩"信用记录，实现对交通违法行为人的有力约束。公安部门已将 10 类、126 种交通违法行为纳入本市公共信用信息服务平台，并每年对纳入内容进行调整，加强对信用信息的应用。其他行政管理部门会根据需要，查询公安交通管理信用信息，作为对申请事项的办理参考。

道路交通违法大整治开始后，上海连续多年"跌出"中国"堵城"排行榜前十，交通事故数量、死亡人数和受伤人数均同比下降。

交通如同城市的血脉，交通的流动促进了城市经济、社会、文化等各项要素的流动。城市的扩张也源于交通技术的变革，从步行、船只、火车、汽车到飞机，每一次交通工具的突破与发展，都使城市的规模进一步扩张。交通拥堵的本质，离不开出行需求、供给与管理的失衡，是经济与城市发展过程中必然会遇到的难题。城市交通的改善需要每个市民的共同努力，只有人人遵纪守法，人人支持执法，有了"警不在现场，法自在人心"的社会效果，才能真正让市民们享受到优质交通的便利，城市文明程度才会越来越高（图 2-18）。

内环高架内圈武宁路上匝道处，车辆交替通行

淮海中路黄陂南路路口，行人遵守秩序过马路

淮海中路宝庆路交叉路口，一辆准备右转的 45路公交车停在斑马线前礼让行人

陕西北路 738 路站点，没有栏杆也没有管理人员，市民自觉地排成一字长龙等候公交车

图 2-18　交通秩序之美
资料来源：《新民晚报》陈梦泽、孙中钦　摄

3. 规范执法——以上海行政执法培训考试为例

"精确地回答好一次提问,可能就避免了一个误会。"走出考场,菊园新区市场监管局所王所长心生感慨。

"面对几百项执法事项,只有具备各专业领域充足的业务知识,规范言行举止,才能塑造良好的队伍形象,高效完成城市管理工作。"梅陇镇城市管理行政执法中队顾队长也有同感。

这些奋战一线、走街串巷的执法人员,为何都坐进了考场?又是什么样的考题,引发了他们的思考?

为打造一支全科型综合执法队伍,市公务员局把全员培训作为重点,从 2017 年起,会同市城管执法局、市市场监管工作党委、市干部培训中心和市职业能力考试院共同组织实施了上海行政执法类公务员"全科型"全员执法培训。在为期 2 天的培训考试里,来自全市市场监管系统、城管系统的 1 万多名行政执法类公务员参加了综合性、全科型行政执法能力闭卷笔试。此次考试,不仅是对行政执法类公务员能力素质水平的全面测试,也是上海推进行政执法类公务员分类管理改革、建设高素质专业执法队伍的重要环节。

"十三五"期间,上海启动实施了行政执法类公务员分类管理改革试点,将主要从事行政处罚、行政强制、行政检查工作并具有现场性、执行性特点的职位,设置为行政执法类职位;将不低于职位总数 85% 的城管系统执法员额下沉基层。通过分类专项招录,提高行政执法能力;加大平时考核力度,完善绩效考核管理,将工资收入与工作绩效挂钩。"办案多,收入高"的机制,充分考虑了基层的执法特点,提升了一线人员的积极性。坚持从严管理,以"负面清单"的形式划清行政执法行为的"红线",建立健全违反从业行为禁令公务员的退出机制,提高了行政执法类公务员职业操守的"底线"(图 2-19)。

"待遇高了,干劲足了,执法能力和水平也提高了。"市城市管理行政执法局介绍,改革以来,执法类公务员爱岗敬业的热情被大大激发,

图 2-19　2021 年上海市城管执法系统新进人员初任上岗培训

一批能干、肯干、多干、会干的执法人员涌现出来，市民对于城管执法人员的满意度也有了提升。全市城管执法基层服务网络已经建成，城管执法的基层基础、社会基础、群众基础进一步夯实，一线执法的精神面貌得到显著提升，为切实保障城市管理精细化的深入推进提供了一支能力优秀、素质过硬的"铁军"。[1]

4．远程执法——以视频监管为例

不久之前，一组"这就是上海秩序之美"的帖子在朋友圈里刷屏。在监控视频拍下的画面中，高架上匝道两条车道"合二并一"处，车辆依次交替通行，如同一条顺滑无阻的拉链。网友纷纷点赞："这样的画面引起极度舒适。"

1　吴頔. 给执法行为画"红线"，违反禁令要退出，这项改革为何受到城管执法人员欢迎? [N/OL]. 上观新闻，2017-10-30[2021-10-14]. https：//www. shobserver. com/staticsg/res/html/web/newsDetail. html?id=69494&sid=67.

而几年前，车道并线处的争道抢行现象还屡见不鲜，人为拥堵不断。当时，上海公安交警高架支队即使倾尽全部警力，也只能在早晚高峰之后，随机到几个易发道口开展整治，效果甚微。现在，"电子警察"对交通违法行为不间断的自动检测和记录，成就了一个个"引起极度舒适"的画面。

"电子警察"是"智能交通违章监摄管理系统"的俗称，也是"智慧交通"领域的重要应用之一。近些年，上海依靠新型技术探索的"非现场执法"模式，在办案和取证方面都有突破。

海安路桥是连接复兴岛码头和上海市区的重要货车通道，也是复兴岛内企业及仓库运输的必经之路。为确保通行安全，海安路桥一直施行限重20吨的通行规定，但车辆超限通行的现象还是时有发生。

2019年9月起，区城管执法局在海安路桥及定海路桥专门设立巡查固守点位，组织机动中队、定海路街道中队及长白新村街道中队进行固守，延长勤务时间，8小时一轮岗，24小时无缝衔接。可是，由于执法队人力不足，固守执法无以为继。

为了解决这一困境，区城管执法局尝试了"人防+技防"双结合的"非现场执法"模式（图2-20）。现在，当驶经海安路桥的车辆通过桥前的过磅称重装置时，视频监控装置同步进行抓拍，发现问题及时报警，全年无休。一旦发现超限车辆，几十秒内，超限数据及车辆照片就会上传到系统，还可借助交警的车辆管理系统查询违法车辆的企业信息，落实后续处置。

"非现场执法"方式的运用，有效解决了执法力量不足，长期固守、难以维持的问题，降低了成本，提升了效率。

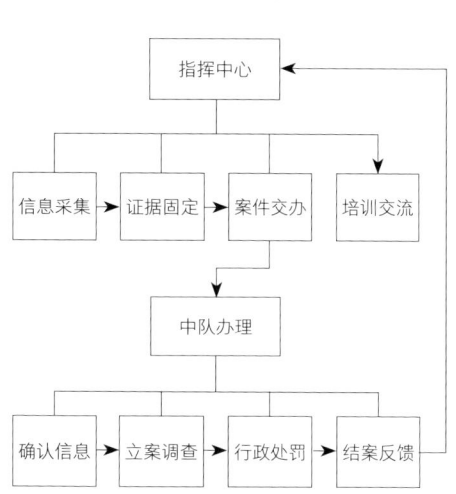

非现场执法工作流程

图 2-20 海安路桥的"非现场执法"流程

5. 柔性执法——以疫情期间店铺经营为例

法律的正当性不在于制裁，而在于内在的精神诉求。[1] 法的本质是当权者的利益。在人民当家做主的社会主义国家，人民的利益即是根本性利益，因此法治的价值追求就在于体现和保障人民最根本的利益。柔性执法（soft law enforcement）就是在这样的语境下提出的、与刚性执法相对应的执法方式。刚柔并济、文明执法，是城市管理精细化的重要体现。

新冠肺炎疫情来临时，许多商铺闭门歇业，为战疫贡献了一己之力。疫情缓和后，"老爷叔"饭店的店主前往马桥镇城管中队寻求帮助，表示年前刚将店面盘下，花费百万元进行装修，又进了几十万的食材，本来已预订的多个年夜饭订单由于疫情都取消了，"还要支付员工工资，实在'hold'不住了，我想在店门口摆几张桌子出售原食材，挽回点损失"。

1 朱志梅. 柔性执法与社会组织监管机制的创新 [J]. 河北法学，2014，32（2）：119-123.

　　可是，在店门口摆桌子、卖食材属于跨门营业，是要处罚的。考虑到店主的实际困难，马桥中队并未"一刀切"，而是立即联系市管监督、网格中心等部门共同商议。在相关职能部门的共同研究下，最终敲定：在确保食品安全的情况下，临时允许饭店在店门口出售囤积的食材和半成品，并建议饭店采取外卖打包的形式出售成品，鼓励线上、线下并行销售。同时要求员工必须注意自身防护，佩戴口罩，做好每日两次的测温与店内消毒工作（图 2-21）。

　　"设摊"以后，"老爷叔"饭店门口的食材销售客流可观，为店家减轻了不少经营压力。面对采购的市民，马桥中队还派专人在现场加强防疫宣传，劝导市民戴好口罩，保持距离，错峰采购，减少风险；也要求饭店做好门口的环境卫生工作，严格落实垃圾分类。"硬核"防疫之余也有柔性执法，马桥中队的暖心举措不仅令店主感激不尽，也赢得了周边居民的点赞。

图 2-21　正在店门口出售囤积食材和半成品的"老爷叔"饭店

流浪猫 TNR 科学救助计划

南码头路街道在东方城市花园二期小区进行试点，成立"爱宠志愿者服务小组"，制定流浪猫救助 TNR 计划（trap 抓捕，neuter 绝育，release 放归）。尽可能地把小区内的猫全部捕捉起来进行结扎手术，以剪去耳朵一角作为标记后放回它们原来生活的地方，让猫的数量维持稳定不增长。同时，流浪猫领地意识强，绝育后放归原处，能防止其他野猫的"入侵"。TNR 计划具有递减区域流浪动物数目、符合人道精神、利于卫生管控等优势。

安置在小区远离居民偏僻处的"爱宠乐园"　　TNR 计划宣传牌

随着时代的变迁、人民物质生活水平的提高，城市经济结构发生了巨大的变化，管制型的经济政策已不适应当今社会的发展，必须采取相应的措施，向服务型政府转变，以契合当今城市的发展趋势。[1] 探索公平、长效、规范、远程和柔性的执法，是上海建设服务型政府的重要实践。

1　唐坚. 从管制到服务：试论中国政府改革与治理能力 [J]. 决策探索（下），2019（7）：4-6.

普法

英国著名经济学家哈耶克说过，"法治意味着，政府除非实施众所周知的规则，否则不得对个人实施强制"，说明法治不仅仅是制度的建立，更重要的是让公众形成根本上的认同。而要让公众形成认同，绕不开普法工作。

普法活动是指在一定的社会背景下，系统组织并推动的、面对有接受教育能力的公民进行法治教育或法律宣传的活动。我国的普法活动始于1985年，以全国人大常委会发布《关于在全体公民中基本普及法律常识的决定》为标志，"一五"普法正式在拉开帷幕，全民普法教育得到重视，公民的法治意识、法治观念开始确立。在普法活动中，受众作为法律信息传播过程中的知识接受者处在主要位置，而受众不单单是市民，政府人员和基层执法人员对法律法规的深入理解更为重要。

1. 借助外脑——以基层法治建设为例

既然个人打官司、企业签合同都会想到请律师，那么法治政府的建设又怎么能离开法律顾问呢！设立政府法律顾问，可以让政府在严格遵循法律的前提下作出决策，使城市治理受到法律的约束和保护，让决策更科学、更合理。

我国在20世纪80年代就已经开展了政府法律顾问制度的试点工作，取得了一定成效。十八届三中、四中全会提出要"普遍建立法律顾问制度"。习近平总书记在中央深改组第六次会议上指出，"智库是国家软实力的重要组成部分，要建立健全决策咨询制度，在推行依法行政时必须依靠专业的法律人才"。上海市人民政府于2015年发布的《上海市人民政府关于推行政府法律顾问制度的指导意见》中提出，用3年左右时间，建立覆盖全市各级政府及其工作部门的政府法律顾问制度，让其参与重大行政决策的研究、论证和审核，促进决策制度科学、程序公正、过程公开、责任明确，遏制权力"任性"。

（1）半淞园路街道案例

在全市区级层面率先完成外聘法律顾问的黄浦区，成立了一支由5名专家、15名律师组成的顾问团队。外聘的法律顾问积极投身社区建设，提高了社区法治水平。辖区内的半淞园路街道是一个典型的居住型社区，有88个住宅小区成立了业委会，共有500多名业委会成员，是社区综合治理的一支主力军。为用好这支队伍，半淞园街道设立了业委会引导资金，委托律师、专业人士对辖区内全部92个小区进行"打分、评级"，给业委会做"全面体检"，让业委会知晓自己的"健康状态"，再"对症下药"，对表现优秀的55家业委会授予星级业委会称号，指导、监督业委会依法依规运行，促进基层民主法治建设。评级高的业委会可以获得街道提供的引导资金，用于小区公共事务建设，极大地调动了业委会的积极性。2018年，半淞园路街道申报的"业委会法治评估体系的研究与实践"项目荣获第五届"中国法治政府奖"。[1]

（2）居委会法律实务指引

2020年，黄浦区司法局与上海市金源方程律师事务所共同推出的《黄浦区居民委员会法律实务指引》，是全市首部"居委会法律实务指引"。

工作中，和居委会有关的法律法规不仅繁琐、量多，还分散多处，许多社区工作者既没有法律专业背景，也没有充足的时间和精力去梳理、贯通，只能是"头痛医头、脚痛医脚"。《黄浦区居民委员会法律实务指引》是一本简明易懂的居委专属实务型法律工具书，给社区工作者提供了"业务指南"，是区里实施"法治明白人"培养工程的重要一环。

在该指引的编写过程中，编委会并非将与居委会工作相关的法律、法规、政策进行简单汇总，而是经过反复推敲、专家论证，以问答的方式，把法律法规要点、社区治理难点以及居委会工作重点相结合，用"大白

[1] 唐烨. 业委会选出后就完事了吗? 黄浦这个街道推出上海首个业委会法治评估体系 [N/OL]. 上观新闻, 2017-04-09[2021-10-20]. https://www.shobserver.com/staticsg/res/html/web/newsDetail.html?id=49644&sid=67.

话"娓娓道来，帮助社区工作者们更好地理解与应用。该指引的内容还会根据社区工作者们的反馈定期调整。[1]

法治山阳打造杭州湾畔的"金山明珠"

山阳镇深入推进"法治山阳"建设，探索实施党委谋划"一面旗"、政府实施"一张图"、人大评议"一把尺"、村居共治"一盘棋"、阳光信访"一条龙"、文化普法"一张网"的"六个一"法治山阳建设模式，形成了一套具有山阳特点、符合基层实际的法治乡镇运行管理体系，走出了一条符合山阳实际的基层治理和发展新路子，成为打造升级版法治金山的样本。

山阳镇华新村法治公园

难题解决了，村民纷纷点赞

2. 形成体系——以多渠道推动全民普法为例

2019 年 1 月，习近平总书记在中央政法工作会议上强调，要深化公共法律服务体系建设，加快整合律师、公证、司法鉴定、仲裁、司法所、人民调解等法律服务资源，尽快建成覆盖全业务、全时空的法律服务网络。

在法治政府建设途中，只有政府单方面是远远不

---

1 唐烨，宋梅. 黄浦区发布全市首部"居委会法律实务指引 50 问"，社区治理有了"法律工具书"[N/OL]. 上观新闻，2020-04-29[2021-10-20]. https://www.shobserver.com/staticsg/res/html/web/newsDetail.html?id=242695&sid=67.

够的，全民普法势在必行。公众有权利获得更多的法律服务，也有义务参与更多的法律服务。尤其是一些贫、弱势群体在遇到工伤、劳动争议时，高额的法律服务成本使他们的境遇雪上加霜，已是近几年的社会热点。近年来，我国也在探索如何利用政府的力量为有法律需求的人群提供简单、便利的法律服务，让更多的群众更容易，也更愿意寻求法律服务，参与法治建设。2020年，上海印发的《关于加快推进公共法律服务体系建设的实施意见》提出：到2022年，上海现代公共法律服务体系基本形成；到2035年，全面建成与建设具有世界影响力的社会主义现代化国际大都市目标相适应、与城市治理体系和治理能力现代化相匹配的公共法律服务体系。

经过大量基层实践后，上海初步架构起了一个多途径、多渠道的公共法律服务体系，很好地回应了基层干部与人民群众对法律服务的需求。

（1）有效回应公众需求

闵行区为居村开辟了专门的空间场所，为推动社区法治文化建设，已建立了1个"和谐家园"法治宣传站、13个法治宣传点以及20个来沪人员集中居住点法律服务站（统称法宣站点），基本涵盖了辖区内所有街道（镇）。社区法律顾问定期前往法宣站点开展法律宣传活动，周期性地介绍财产继承、房屋拆迁、环境保护、养老护儿等方面的法律法规，传播最新的国家政策，也会不定期到公共法律服务室、"邻里中心"举办讲座，宣传法治理念和法治思想。辖区内的每个村（居）委会都配置了公共法律服务室，"邻里中心"数量也已接近100家，区里经常安排社区法律顾问来坐班咨询，回应群众问题。许多社区还建设了法治图书角，在社区办公场所里腾出专门空间放置各类法律书刊（图2-22）。居民可以在此举办有关法治的书法、竞答、绘画等活动，增进社区居民之间的交往与互动，推动法律文化通俗易懂地渗入社会之中，使居民在潜移默化中受到法律的熏陶。

借由这些物理空间，闵行区在基层营造了崇尚公平正义、法治权威的文化氛围。

图 2-22　闵行区公共法律服务室和法治图书角

闵行区还在互联网上建立了公共法律服务模式。在社区法律顾问参与下，打造线上"闵晓法"服务平台（图 2-23），提供及时、便捷的"7×24"小时免费法律咨询。同时，通过"12348 闵行法网"建立公共法律服务地图，社区居民可根据所在地查询社区法律顾问的联系方式、执业信息、专业能力和服务记录。随着微信等通信方式的普及与丰富，移动端的各种服务应用也相继出现。[1]

（2）主动化解社会矛盾

有时，缺乏法律意识的居民即使碰到问题也不知道或者意识不到可以求助律师，例如小区居民发生的矛盾，大到维修资金的筹集使用、物业收费调整，小到婆媳吵架、邻里纷争，居民们往往不清楚应该找谁来解决。建立一些制度或者渠道推动律师走进居民生活，解决矛盾，提升全民法律意识显然十分必要。如今，

1　戴康. 社区治理法治化助推城市治理精细化 ——上海市闵行区社区法律顾问制度的经验启示 [J]. 安徽行政学院学报，2020（4）：106-112.

图 2-23 "闵晓法"服务平台界面

法律顾问和公益法律服务制度已在上海村（居）委全面覆盖，有些还以"公益补贴"方式为律师服务提供经费保障，让居民不出社区就能及时获取高质量法律服务。

甘泉路街道是个老式居民区，常住人口 11.2 万，是较早建成的工人新村。这些年来，许多老小区相继出现公共设施老化、维修资金告急等问题，物业矛盾重重。小区邻里矛盾、婚姻财产纠纷、经济合同纠纷等也时有发生。一位居民区老书记曾感慨道："小区事务牵涉到越来越多法律问题，家门口化解不力就会导致矛盾激化，社会影响很不好，可我们毕竟不是专业的法律工作者。"现在，碰到类似问题，居民们首先会想到找法律顾问。这些由政府聘请来的专业律师，既能帮助居民代写法律文书、代理诉讼，也能指导基层干部调解纠纷。[1]

不单在市区，郊区同样也有诸多法律需求。比如，遗产继承上有矛盾了，该怎么分配？村里合同不规范，该怎么修改？村里的企业要动迁了，转制还是不转

1 栾吟之. 从免费"法律夜门诊"到政府埋单请法律顾问，普陀区居民得到了哪些福利？[N/OL]. 上观新闻，2017-04-17[2021-10-20]. https://www.shobserver.com/staticsg/res/html/web/newsDetail.html?id=49449&sid=67.

制？……这些问题看似鸡毛蒜皮，却牵涉到不少法律知识，常常让村干部们犯难。为此，奉贤区于 2016 年开始在全区 282 个村（居）推行"村（居）法律顾问"制度（图 2-24），选派本地注册的 33 家律师事务所的律师上门服务。平均每位律师与 4 个村（居）结对，将法律服务免费配送到群众"家门口"。

在丁家村产权制度改革中，有户村民的 6 个子女为父母的农龄股继承问题吵得不可开交。小儿子认为，应当将这笔分红花在老人的后事上，其他几个子女则要将老人遗产平分，家庭矛盾闹到了村委会。"以前处理这类问题，我们只能按当地风俗劝解，总会有一方听不进去，觉得我们偏袒了另一方。"村书记说道。"从法律的角度讲，子女确实有继承权。但是，老人生前一直住在小儿子家，身后事也由小儿子料理。这笔遗产小儿子多拿一些比例，剩下来平分。"配对到丁家村的翁律师客观分析，在尊重法律的基础上，也顾及了家庭伦理，6 个子女心服口服。[1]

1　杜晨薇，张莉莉. 奉贤推行专业律师上门服务，282 个村居都有了法律顾问 [N/OL]. 上观新闻，2016-12-22[2021-10-20]. https：// www. shobserver. com/staticsg/res/html/web/ newsDetail. html?id=40026&sid=67.

图 2-24　正在帮忙解决问题的顾问律师

不久前，某小区发生坠落物砸坏停放车辆事件，居委会干部在法律顾问的帮助下，很快就厘清了开发商、承建单位、业委会、物业公司及车主各方的责任，提出了解决方案。过去，村（居）干部们碰到矛盾纠纷大多是感性判断，市民们有了问题也习惯信访，令一些本应纳入法制轨道解决的问题涌向了信访部门。现在，有了法律顾问的"加盟"，基层治理的成本与时间都减少了，市民自身依法维权意识、理性判断意识也在逐步增强。

（3）智能创新供给路径

新上海人李女士的女儿今年 5 周岁，眼看就到了上小学的年纪，能不能在上海读上书成了李女士的烦心事。李女士在朋友的推荐下，打开了"随申办"App，查询"上海城市法规全书"，在搜索框输入"来沪人员随迁子女"后，相关政策马上就出现在了手机屏幕上（图 2-25）。

包括纽约、伦敦、旧金山等在内的几乎每座知名城市都有一部"城

图 2-25　"随申办"App 内的"上海城市法规全书"及"来沪人员随迁子女"相关政策

市法典"（city code）。即便是已消失千年的古巴比伦，其遗留的《汉谟拉比法典》至今仍散发着古代城市文明的光辉。2021 年 1 月，《上海城市法规全书》作为全国首部省级法规全书正式上线，这部"电子法典"让所有上海市民都可以随时随地查询上海的地方立法。

"上海城市法规全书"并不是单行本法律法规的简单叠加，而是将地方性法规、政府规章等整合汇编。目前已经录入的各方面规范性文件超过了800 件，打通了地方性法规和政府规章两个资源库。其按照全周期理念、关联度特征，将上海的日常用法分为市民、企业和政府三篇，既可以按照市民办事、企业经营和城市治理等不同需求选择细分领域，也可以通过关键字搜索条文。在后台，依法治市委也与市人大、市司法局、市政府办公厅建立了相应的工作机制，在新的法规、规章出台前，提前沟通，及时更新，电子版每月更新，纸质版按照"一年一小修，五年一大修"的频率更新。

现在，上海市民只需动动手指，就能通过"随申办"、上海市政府门户网站查询到全部现行有效的地方性法规、政府规章和配套的规范性文件，大幅缩小了政策律法与百姓生活间的"距离"。

（4）多元助推全民普法

2021 年 7 月，当超强台风"烟花"来袭时，许多上海市民调侃道："'烟花'不会来上海，因为阿拉禁燃烟花爆竹。"

燃放烟花爆竹是一项历史悠久的民俗。随着社会的发展，这项民俗在城市中，特别是上海这样的超大城市中引起了很大的争议。一方面，燃放烟花爆竹存在很大的安全隐患。2012 年的除夕夜，上海因燃放烟花爆竹共发生阳台火灾 97 起，占当晚火警总数的 43.7%；初四至初五凌晨，共发生阳台火灾 45 起，占火警总数的 31.7%。另一方面，燃放烟花爆竹带来大量空气颗粒物污染，影响空气质量。2014 年，市人大启动《上海市烟花爆竹安全管理条例》修订工作，最终采取了外环以内全面禁放的从严管控方案。[1]

由于燃放烟花爆竹多发生在居民小区等场所，只能通过细致入微的属地化管理和持之以恒的宣传引导，才

1　陈怡婧.《"无声"背后的"有声"[J]. 上海人大月刊, 2017 (11): 26-27.

能不断凝聚共识，使禁燃成为广大市民的自觉行为（图 2-26）。为此，市人大在该条例的审议意见中，建议政府及相关部门通过各种手段、采用各种形式开展经常性的宣传教育，尤其是要以居民区为重点加强普法，以不断提高法规知晓率。

该条例实施后，相关部门充分调动宣传资源，运用电子显示屏、移动电视、手机短信、横幅、海报等各种手段，全方位、全时段进行宣传，特别是对青少年、外来人群等重点人群以及婚庆、搬场等重点行业。还通过发放告知书、登门走访等形式，向社区居民深度普法，连物业保安都能清晰无误地说出自己的工作任务和要求，大大减少了执法压力。市民从受教育者、守法者转变为参与者、监督者、受益者、推动者和宣传者，形成了良好的社会氛围。[1]

法律顾问制度和公共法律服务体系作为政府治理法治化的创新模式和实践路径，对于转变政府职能、提高公民法治素养具有重大价值，是推进我国法治社会建设的题中之意，有力地助推了城市管理精细化目标的实现。以强大的基层动员和广泛的群众参与为后盾，精心策划的全覆盖普法和精细化执法，有助于提高全民法治意识、文明素养，城市也因此变得更有序、更安全、更干净、更文明。

1 乔骏. 用良法善治推进"绣花"式管理——《上海市烟花爆竹安全管理条例》立法与执法侧记[J]. 上海人大月刊, 2017（6）: 22-23.

图 2-26 玉佛城小区全覆盖式宣传禁燃工作

公园"牢骚角"变成"市法宣示范点"

作为全市三大"牢骚角"之一，坐落在欧阳路街道内的鲁迅公园"牢骚角"人员混杂。欧阳路街道建立固定法宣点，以"一月一法主题宣传月"形式，通过案例说法、明法、释法，使法律更易学、易懂、易用。结合配送各类文化团队活动、"一小时志愿者"招募等文化项目和便民服务项目等，形成文法结合的法宣特色。

在言论角密集区立牌定点　　　　　　法宣点组团提供政策咨询

让法治名片更加闪亮

2021年6月22日召开的十一届上海市委十一次全会，审议通过了《中共上海市委关于厚植城市精神彰显城市品格全面提升上海城市软实力的意见》。文件鲜明地提出了坚持把法治作为最根本的治理方式，彰显法治固根本、稳预期、利长远作用。一座城市的软实力，很重要的一个方面体现在讲规则、讲秩序上，体现在科学立法、严格执法、公正司法、全民守法上。"人人参与法治建设、人人信仰法治权威、人人获得平等保护、人人感受公平正义、人人共享法治成果"的"五个人人"，是上海贯彻落实"人民城市人民建，人民城市为人民"重要理念在法治领域的具体化。

第三章

标准化编写城市管理『说明书』

Exploration and Practice of Standardization

2016 年 9 月，在第 39 届国际标准化组织（ISO）大会召开之际，习近平总书记在贺信中表示，标准是人类文明进步的成果，从中国古代的"车同轨、书同文"，到现代工业规模化生产，都是标准化的生动实践，伴随着经济全球化深入发展，标准化在规范社会治理、便利经贸往来、支撑产业发展中的作用日益凸显，标准已成为世界"通用语言"。

2020 年 6 月，习近平总书记在《关于全面建成小康社会补短板问题》中指出，"党的十八大明确了全面建成小康社会的新要求，这就是我们的衡量标准"，并从把握好整体目标和个体目标、绝对标准和相对标准、定量分析和定性判断"三个关系"，对如何准确理解标准进行了深刻论述。

　　城市作为实现全面建成小康社会的重要载体之一，其管理必然也离不开"标准"的支撑。上海始终将标准化作为城市管理的依据和标尺，高度重视标准的制定和完善。仅在 2018 年出台的"贯彻落实《中共上海市委、上海市人民政府关于加强本市城市管理精细化工作的实施意见》三年行动计划（2018—2020 年）"中，就提出了 2 大项、10 小项关于标准化的重点任务，注重发挥标准的引领作用，以国际先进水平为标杆，看齐国际最高标准、最好水平，建立健全与超大城市特点相适应的城市管理标准体系。

In September 2016, at the time of the 39th ISO General Assembly, General Secretary Xi Jinping said in his congratulatory letter that standards are the fruits of human civilization and progress. From the "standardization of the axle length and the writing of characters" in ancient China to the modern industrial scale production, these are all the vivid practices of standardization. With the in-depth development of economic globalization, standardization is playing an increasingly prominent role in regulating social governance, facilitating economic and trade exchanges and supporting industrial development. Standards have become the "common language" of the world.

In June 2020, General Secretary Xi Jinping pointed out in an article on *Strengthening Areas of Weakness in Building a Moderately Prosperous Society in All Respects*, "The 18th National Congress of the Communist Party of China specified the new requirements to build a moderately prosperous society in all respects, and that is our standard", and made a profound discussion on how to accurately understand standards from the "three relations" of overall goals and individual goals, absolute standards and relative standards, quantitative analysis and qualitative judgment.

City, as one of the important carriers of building a moderately prosperous society in all respects, its management is inseparable from the support of "standards". Shanghai always takes standardization as the basis and yardstick of urban management and attaches great importance to the formulation and improvement of standards. In implementing the Three-Year Action Plan (2018—2020) of Implementation Opinions of Shanghai Municipal Committee of the Communist Party of China and Shanghai Municipal People's Government on Strengthening Refinement of Urban Management in the Municipality issued in 2018 only, Shanghai has put forward two major and ten minor key tasks on standardization. The city pays attention to the leading role of standards, takes the international advanced level as the benchmark, keeps abreast with the highest international standards and the best level to establish and improve the urban management standard system suitable for the characteristics of the megacity.

Standardization is not only the technical basis of social development and urban governance, but also an important pillar of refined urban management. The formulation and implementation of urban management standards is the basis and yardstick to measure and improve the level of urban management.

Firstly, the development of management standards is the realistic requirement of China's reform on urban management system. As China's new urbanization strategy continues to advance in depth and breadth, compared with the technical standards of all walks of life, the standards applicable to urban management are seriously insufficient in both quantity and quality. With the continuous improvement of urbanization level, urban management is also faced with increasing problems and involves wider and complicated issues, and the public also sets higher requirements for urban management level. Therefore, it is urgent to establish a set of applicable and evaluable standards and norms with definite subject and clear process. It is clearly specified in the *Guiding Opinions of the CPC Central Committee and the State Council on Deeply Advancing Urban Law Enforcement System Reform and Improving Urban Management* issued in 2015 that a number of standards in urban management and comprehensive law enforcement must be formulated and revised in acceleration so as to achieve the goal of basically improving the laws, regulations and standard system of urban management by 2020.

Secondly, as the implementation path and practice supplement of urban management regulations, urban management standards are an important technical support for refined management. Standards and regulations are rules and norms for adjusting and maintaining social order, but they are different in the following ways. First, different focus. Laws and regulations pursue fairness and justice, while standards pursue order and efficiency. Second, different normative composition. Laws and regulations focus the macro "principled" governance, emphasizing the specification and limitation of institutions, framework and mechanism, while standards focus on the micro "technical" management and control, emphasizing the refinement and quantification of indicators, processes, methods and requirements to achieve accurate management, reflecting its technicality and pertinence. Compared with the high difficulty, long cycle and strong rigidity of the formulation and implementation of management laws and regulations, the preparation and implementation of management standards and specifications has the characteristics of short cycle, strong flexibility, convenient operation and wide application, which not only can quickly adapt to the new trend and new situation of urban management development, but also help explore the way and accumulate experience for the construction of laws and regulations. According to international practice, when the objects regulated by laws and regulations involving specific technical problems, relevant requirements are often refined and clarified by referring to standards. On the basis of legalization, carrying out normative operation through a series of standards to provide a carrier for the refinement and implementation of laws, regulations and policies in the field of urban management is a sufficient and necessary condition to effectively improve the refinement level of urban management.

Furthermore, standardization is an important symbol of the city shifting from management based on dedicated campaigns to management based on a long-term mechanism. Urban management is highly comprehensive, with many lines and a wide range of tasks. Without a set of corresponding management standards and a system, it cannot be fully supported and operated only by principled laws and regulations as well as the scattered experience of managers. By means of refinement, quantification and solidification, establishing and improving the urban management standard system, formulating and implementing urban management operation specifications, quality control standards, evaluation and improvement standards, we can avoid the disordered disadvantages caused by empirical urban management, avoid the blindness and randomness of management, and improve the stability of the basic level of urban operation.

In urban management, technical standards and management standards, as a pair of complementary "twin stars", jointly construct the "instructions for use" to promote the refinement of urban management. However, we often paid more attention to technical standards and ignored management standards, because technical standards are relatively more mandatory and easier to assess, in the past. With the gradual refinement of urban management, Shanghai has paid more and more attention to the importance of management standards.

First of all, by focusing on grading and classification, Shanghai has gradually formed a relatively complete standard system through exploration. A top-level design covering multiple lines and regions has been studied and designed by the municipal departments to encourage and guide all districts, sub-districts and towns to participate in the exploration and improvement of the standard system. Through urban physical examination, prominent problems are pinpointed, and timely feedback is given to assist all departments to draw up the next work focus to achieve closed-loop management mode.

Secondly, Shanghai strives to reach the first-class standards at home and abroad. It launches an overall campaign with firm determination to achieve the highest standards and improve itself against the highest requirements by enhancing management quality with the help of large-scale activities, leading the betterment of the whole region through high standards of cleaning to effectively enhance the overall level of urban management.

Thirdly, Shanghai has creatively put forward the concept of "subtraction, total elements and integration" (namely, taking blocks as a whole and implementing organic renewal to integrate demolition, construction, management and maintenance), hoping to achieve organic renewal of blocks as a whole and realize the integration of demolition, construction, management and maintenance to improve work efficiency. This chapter introduces the application of the concept of "subtraction, total elements and integration" in practical work by analyzing the standards and guidelines in the cases of burying cables and pipes underground, integrating boxes with different functions on the ground into one, creating high-quality leading roads, beautiful blocks, cleaning and maintenance and community management.

At the same time, the flexible and diverse expression and application of standardization meets the requirements of detailed explanation and specification for the nuances in the management process. The last section summarizes its three important roles in the promotion work at primary level in Shanghai – ensuring the bottom-line demand, responding to elastic demand and meeting diversified demand, and analyzes how standardization serves all fields of urban management.

标准化是精细化管理
的依据和标尺

　　曾经有作家评价，检验一座城市或一个国家是不是够现代化，一场大雨足矣，或许有钱建造高楼大厦，却还没有心力去发展下水道；高楼大厦看得见，下水道看不见。你要等一场大雨才能看出真面目来（图3-1）。

　　上海地处我国东南沿海，季节性气候导致大规模降雨频发，尤其是夏天台风季，时常形成极端暴雨。2015年，上海的不透水面比例高达80%。不透水面的扩张使得地表径流量增多，加剧了城市防洪防涝的压力。当发生黄色及以上预警的暴雨时，部分城区内涝积水深度可达几十厘米。由于上海经济体量大、人口多，一旦遭受雨涝灾害，损失往往巨大。[1]因此，上海积极将海绵城市建设作为完善雨洪管理体系的重要组成，全力推进。

　　然而，城市是个复杂且巨大的有机系统，如何将海绵城市这一新兴概念融入其中，构建相应的标准体系就成了撬动工作的关键支点（图3-2）。在临港试点时，上海出台了《海绵城市建设技术标准》《海绵城市建设技术标准图集》《海绵城市设施运行维护标准》《透水人行道技术规程》等指导文件，在城市建设和运行的各个环节，全面打造"+海绵"（例如"人行道+海绵"）的效果。随着试点工作的不断扩大，上海正在逐步形成完整的海绵城市市级标准体系。

1　彭忠富. 海绵城市：看见一座城市的现代化 ——读《海绵城市设计：理念、技术、案例》[J]. 中州建设，2016（18）：80.

图3-1　降雨后道路出现积水
资料来源：戚颖璞　摄

图 3-2　海绵城市的运作逻辑

　　标准化不仅是社会发展和城市治理的技术基础，也是城市管理精细化的重要支柱。城市管理标准的制定和实施，更是衡量和提升城市管理水平的依据和标尺。

　　首先，编制管理标准是我国城市管理体制改革的现实要求。随着我国新型城镇化战略持续向纵深推进，相对于各行各业的技术标准，适用于城市管理的标准无论在数量还是质量上都严重不足。而随着城镇化水平的不断提高，城市管理中遇到的问题也不断增多，城市管理涉及的领域越来越综合、复杂，市民对城市管理水平的要求也不断提高，亟须建立起一套主体明确、流程清晰、可考可评的标准和规范。2015 年发布的《中共中央 国务院关于深入推进城市执法体制改革改进城市管理工作的指导意见》明确提出，要加快制定、修订一批城市管理和综合执法方面的标准，2020 年基本完成完善城市管理法律法规和标准体系的目标。

　　其次，作为城市管理法规的实施路径和实践补充，城市管理标准是精细化管理的重要技术支撑。标准和法规都是调整和维护社会秩序的规则规范，但两者之间的差别在于：一是侧重点不同，法规追求公平和公正，标准追求秩序和效益；二是规范构成不同，法规更侧重宏观的"原则性"管治，强调对制度性、框架性和机制性的情状进行规范和限定，标准则偏重微观的"技术性"管控，更强调通过指标、流程、方法和要求等方面内容的细化、量化来实现精确管理，体现技术性和针对性。与管理法规制定、施行的难度大、周期长和刚性强相比，管理标准规范的编制、实施具有周期短、灵活性强、操作方便、适用面广等特点，既能快速适应城市管理发展的新动向和新形势，又为法规建设探路试错、积累经验。按照国际惯例，在法律法规所规范的对象涉及具体技术性问题时，往往通过引用标准来细化和明确相关要求。在法治化的基础上，通过一系列的标准进行规范性运作，为城市管理领域的法律法规政策提供细化落实的载体，是切实提高城市管理精细化水平的充分必要条件。[1]

再次，标准化是城市由运动型管理转向长效型管理的重要标志。城市管理工作综合性强、条线多、任务量大面广，如果没有一套相应的管理标准并形成体系，仅凭原则性的法规和管理者的零散经验是无法全面支撑和运行的。通过细化、量化和固化等手段，建立健全城市管理标准体系，制定和实施城市管理操作规范、质量控制标准、考评和改进标准等，可避免经验型的城市管理所带来的无序化弊端，避免管理的盲目性和随意性，提升城市运行基础水平的稳定性。[2]

在城市管理中，技术标准与管理标准作为一对相辅相成的"双子星"，共同构建了推讲城市管理走向精细化的"使用说明"。但是，由于技术标准相对更具有强制性且更易考核，所以在过去，我们往往更注重技术标准而忽略管理标准。在城市管理逐步走向精细化的今天，上海越来越注意到管理标准的重要性，开始探索构建高质量、成体系、多样性的管理标准，搭建起分级分类、可阅读、可感知的城市管理标准体系。

1 黄小路. 城市管理的"金钥匙"：标准化助推城市精细化管理 [J]. 质量与标准化, 2017（9）: 18-20.
2 乔延军, 钟颖. 以标准化建设为突破口推进我国城市管理精细化研究 [J]. 上海城市管理, 2019, 28（5）: 51-55.

注重分级分类，探索全覆盖标准体系

城市管理的内容包罗万象，正如 2019 年 11 月习近平总书记在上海考察时指出的，衣食住行、教育就业、医疗养老、文化体育、生活环境、社会秩序等多方面都体现着城市的管理水平和服务质量。

截至 2017 年，上海市的技术标准已基本实现了行业管理的全覆盖。从房屋管理、交通管理、市容绿化管理、水务管理、建筑施工管理到村镇管理和地下空间管理，在执行国家标准和行业标准的基础上，又制定、发布了若干相关文件。现行标准规范在数量上已达到了一定的规模（初步统计 700 多项），其中多半已上升为地方标准（初步统计 400 多项）。

虽然，这些技术标准已有分类雏形，但仍存在两方面问题：一是缺乏相应的管理标准；二是缺乏一个横纵密织的顶层设计，将所有城市管理领域的标准链在一起。为进一步推动标准编制和管理体系化、系统化，市住建委牵头开展了关于城市管理标准的顶层设计，并鼓励、引导各区、各街镇参与到标准体系的探索和完善之中，初步建立起可感知、易理解的分级分类标准体系，并借助"城市体检"工作，探索建立"评估—反馈—治理"的闭环式工作模式。

1. 市级层面的标准化建设——以住建领域为例

标准化建设必须有统揽性、前瞻性的顶层设计，进行多方面、多层次的系统考量。为此，上海于 2016 年 1 月启动了城市综合管理标准体系研究工作，致力于建立标准的框架体系，编制了一系列可感知、易理解、高要求的管理标准。工作小组多次赴上海各区调研，以构建精准、精细、常态、长效的城市管理体系为目标，从城市市政公共管理、市容环卫管理、园林绿化管理等方面入手，整合各类标准，查漏补缺，分级分类。

2016 年 11 月形成的研究成果中，包括了 1 份总报告和"10+4"专项研究报告。针对当时城市管理标准"缺、散、低、弱"的主要问题，调研报告提出了城市管理标准的编制要求：新形势下的城市综合管理标准体系应体现全覆盖、高水平、重流程、差别化、可感知、可评价的特点，形成可操作、可量化、可考核、可监督的城市管理规范；作为一套公开发布的管理规范，还要易感知、易理解，有助于引导市民共同参与城市管理，提升全体市民的获得感。

调研成果中，除总报告外，还有各条线分报告和浦东、黄浦、闵行、松江 4 个区的分报告，按空间维度和信息化程度对上海的城市管理标准进行分类分级。该报告提出了"8+1+1"共 10 大类的总体框架。其中，"8"即工地管理、房屋管理、地下空间管理、市政交通设施管理、交通运行管理、城乡河道管理、城市景观空间管理、村镇管理；"1+1"即数字化管理和其他（难以归类的阶段性难题顽症）。分别按照"主城区—新城—新市镇—乡村"四类和"中央活动区—城市副中心—地区中心—社区中心"四级对管理要素和要求进行差别化配置。

提升施工水准，提高文明施工水平

上海城投公路集团在重大工程建设中应用预制拼装技术，将建设从工地搬进工厂，总体预制拼装率达到 90% 以上，现场作业人员减少 80% 以上，工期缩短 50% 以上，对市民的影响大大减少。

上海建工一建集团采用深基坑变形控制技术，对城市中心城区超大面积基坑进行分块开挖施工，有效保证了紧邻地铁、市政设施的运营安全。

城投公路预制拼装　　　建工一建深基坑施工

截至 2020 年，42 部具体标准的编写任务已基本完成，其中正式发文 17 部（表 3-1），初步形成了较为完整的上海城市综合管理标准手册，为进一步提升城市综合管理水平提供了详实的工作参照。以工地管理类标准为例，共编制了 5 本相关标准，分别为工地噪声控制、工地光污染控制、工地扬尘控制、工地渣土管理、工地周边环境影响，提出了工地噪声控制方式、时段要求、气候要求、工地光源等 11 项要求，用质朴简单的语言让非专业领域的市民也能迅速掌握。

上海城市综合管理标准汇编 表 3-1

序号	名称
环境整治后管理标准	
1	《园区（整治后）管理标准》
2	《乡村居住社区（整治后）管理标准》
3	《城镇住宅小区（整治后）管理标准》
4	《生态环境整治区域公共绿地及生态林管理标准》
5	《中小河道（整治后）管理标准》
房屋管理标准	
6	《住宅小区公共秩序维护管理标准》
7	《住宅小区公共区域环境清洁管理标准》
8	《住宅小区公共绿化养护管理标准》
9	《住宅小区车辆停放管理标准》
10	《住宅小区共用设施设备运行维护管理标准》
城乡水务管理标准	
11	《上海市公共排水设施综合管理标准》
12	《上海市居民小区二次供水管理标准》
13	《上海市堤防海塘管理标准》
14	《上海市防汛信息服务标准》
15	《上海市水闸管理标准》
黄浦江两岸公共空间管理标准	
16	《黄浦江两岸滨江公共空间综合管理适用标准》
网格化管理标准	
17	《上海市城市网格化综合管理标准》

资料来源：上海市住建委 提供

随着上海市城市管理标准的扩充和框架的形成，同时受到重视的还有标准的管理和执行的监督。市住建委在标准化专业技术委员会建立了相应工作机制，开展了专业领域编制地方标准的技术管理工作，充分发挥专家团队的作用，强化标准编制过程中的质量管理。不断推进标准的信息化建设，完善标准信息管理平台，实现从标准申报、项目审核、编制进度到标准发布的全过程管理。上线上海市工程建设标准体系查询系统，提供标准编号、标准类型、标准状态的多维度检索。

上海在市级层面形成的相对完整且适用于不同地域、不同条线的标准体系，为实现规范、长效的管理打下了坚实基础。

2．区级层面的标准化建设——以黄浦区为例

上海各区针对自身区位特征与管理难题，也在不断丰富各自的城市管理标准。率先出炉的《黄浦区城市综合管理标准》（图3-3）针对辖区各地块的情况和难题，实施了差别化管理。

图 3-3　黄浦区城市管理标准汇编

黄浦区承载了上海 700 余年的建城史和 170 多年的开埠史，拥有中外驰名的南京路、淮海路商业街、外滩、豫园、新天地等经典地标。黄浦区也是中国共产党的诞生地、中国现代城市的发祥地、海派文化的孕育地、时尚品牌的引领地与高端金融的聚集地。

然而开埠以来，黄浦区的发展就存在严重的不平衡。根据《黄浦区志》等有关资料显示，英、美、法租界都主要位于黄浦区，不同国家的建筑物、市政设施在辖区里参差呈现、犬牙交错。黄浦区同样有清代上海县城的老城厢区域。解放前，该区域由华人自己管理，被称为"华界"，至今仍然保持着传统文化的风格，例如城隍庙、豫园等历史文化风貌区。可以说从租界设立开始，黄浦区的发展就呈现了多元化特征，东西两种差异巨大的文化在这里碰撞出了奇异的瑰丽色彩，形成了包容丰厚的海派文化底蕴，也给黄浦区的城市管理带来了相当大的挑战。

发展至今，黄浦区的"二元结构"更是矛盾突出（图 3-4）。一方面，其作为上海最繁华的区域之一，高楼大厦云集，商业商务发达；另一方面，

图 3-4 "二元结构"分明的上海主城区，一面高楼云集，一面旧房杂乱

这里又是上海危旧房最密集、旧改任务最重的城区。一片片的历史文化风貌区，往往也是"五乱"灾区，一栋栋的欧美文化遗存间夹杂着一块块的中国元素。这既是"海纳百川"的上海特色，也是城市管理的超级难题。

针对这些特点，黄浦区于 2016 年编制了《黄浦区城市综合管理工作标准》(1.0 版)，通过对城市管理标准的梳理、归类和编补，形成了一般区域综合工作标准、特殊区域综合治理标准、重点行业管控标准三大类的"3+5+5+9"框架。

黄浦区还适时配套出台了《上海市黄浦区城市网格化综合管理标准(试行)》及相应考核办法，形成了成熟的管理网络。为塑造高品质的城市空间，进一步优化、提升区域功能，黄浦区根据《上海城市综合管理标准体系研究报告》，在 1.0 版的基础上，于 2018 年出台了《黄浦区城市管理精细化标准》(2.0 版)(以下简称《标准》2.0)(表 3-2)，将标准框架拓展到了"4"+"4+7+13+1"。其中，"4"是指一般区域综合管理工作标准、特殊区域环境综合治理标准、重点行业治理管控工作标准和特色管理工作标准四大版块。后面的"4+7+13+1"则是在四大板块的基础上又继续细分成 25 小类的管理标准。

《黄浦区城市管理精细化标准》体系框架　　　　　　　　　　　　　　表 3-2

4 大板块	25 个小类
一般区域 综合管理 工作标准 （4 小类）	1. 城市道路综合管理
	2. 住宅小区环境管理
	3. 公园绿地管理
	4. 水域环境管理
特殊区域 环境综合 治理标准 （7 小类）	5. 风景区管理
	6. 老城厢环境综合治理标准（新增）
	7. 工地周边环境管理（增设工地光污染控制标准）
	8. 公共交通站点周边环境管理
	9. 菜场周边环境管理
	10. 医院周边环境管理
	11. 学校周边环境管理

续表

4 大板块	25 个小类
重点行业 治理管控 工作标准 （13 小类）	12. 市政公用设施管护（增设地下空间设施设备维护标准、地下管线安全管理标准）
	13. 房屋（优秀历史建筑）运行养护管理（新增）
	14. 交通运输管理（新增）
	15. 户外广告、店招店牌、景观灯光设施设置管理（增设公益广告设置管理）
	16. 公共厕所管理
	17. 环境保护
	18. 沿街单位责任区管理
	19. 数字化网格化管理标准（新增）
	20. 固定经营场所无证无照经营治理
	21. 违法建筑管控
	22. 暴露垃圾治理
	23. 道路交通违法行为治理（新增）
	24. 车辆停放管理
特色管理 工作标准 （1 小类）	25. 文明城区创建相关工作标准（新增）

例如，黄浦区针对老城厢地区综合治理出台了专门标准和方案。老城厢里路狭弄窄、旧里遍布、人口众多，主要存在的问题可以总结为：违法建筑量大，非机动车乱停、乱放现象严重，无证、无照经营和跨门营业繁多，消防安全隐患突出，公共设施老化严重。对此，黄浦区结合"五违四必"等工作，进行了三类整治，理顺组织架构，重塑工作理念，最终在有效遏制违法建筑、消除安全隐患的同时，提升了居民的生活质量，做到了"老而不破、旧而不脏、小而不乱"。后续出台的《关于老城厢地区联勤联动工作实施方案》精细制定老城厢长效管理的运作机制，细致到"巡逻人需要采用 4 人座电瓶车每天 08：30～17：00 时间段内，由公安、城管、市场监管、特保各派 1 人开展联合巡逻"的明文规定，严

格控制了各类违法现象的反弹与滋生。

《标准》2.0紧密围绕"城市管理应该像绣花一样精细"的主线，将标准分为综合类管理标准和专项类管理标准进行编制，直切市民最关心、反应最强烈的"急、难、愁、盼"等问题，明确相应的要求，并坚持每年对其进行修订、提升、完善。[1]

近年来，上海还出现了一些根据特定事项制定的标准或导则，如《嘉定镇街道社区居家隔离观察工作指南》《金山区城市管理精细化暨"三个美丽"考核评价工作方案》等。这些标准的出台与使用，使得管理不再"一刀切"，可以针对管理对象的本底差异和不同需求，提出更贴切的要求、流程和目标。

3. 街镇层面的标准化建设——以桃浦镇和娄塘村为例

随着城市管理精细化的深入推进，标准需要更接地气，因此许多街镇都编制了因地制宜的标准化文件。与市、区两级的标准不同，街镇级的标准更具区域针对性，可以积极参与各类新标准的试点，探索城市管理的最佳路径，为兄弟单位输出经验和模式。

普陀区桃浦镇对照自身特点，在《桃浦镇城市管理精细化导则》中提出了视觉形象设计要求，对沿街立面的色彩、材质作出了详细的规定（图3-5）。

地处上海市西北部的嘉定区，交通便利，外来人口流动性大，如何抓好人口与房屋租赁的管理一直是让政府头疼的问题。2016年起，嘉定工业区多次开展调研，不断探索村级实有人口管理与服务的综合标准，于2018年汇编成了一本多达500页的《村级实有人口管理与服务标准体系》，配套编写了《社区综合协管员标准化工作手册》，在娄塘村开始试点。

1　张同林. 城市综合管理标准体系研究 [M]. 上海：上海社会科学院出版社，2019.

城市设施视觉形象设计 - 色彩材质

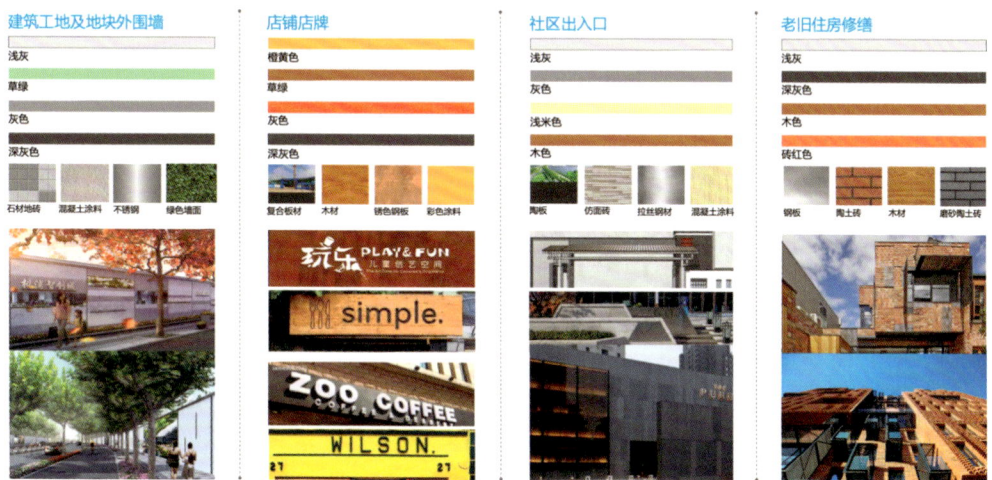

图 3-5　《桃浦镇城市管理精细化导则》中的城市设施视觉形象设计

　　"您好，请出示证件进行登记，谢谢配合。"得知自己管辖的区域来了一位新租客，娄塘村的人口协管员老王赶紧上门了解情况。看到租客不明就里，老王拿出一张《实有人口居住登记表》，一脸笑意说道："小伙子，你刚来，登记一下个人信息，方便日后办理居住证。"老王今年67岁，在人口协管员这个岗位上干了一年多，信息采集登记的准确度达到95% 以上。除了自身勤勉，老王优异的工作表现也离不开《村级实有人口管理与服务标准体系》的指导。

　　这套标准化体系涉及人口管理与服务的方方面面，从人口协管员的礼貌用语，到信息采集的规范要求，都明确了相应标准。娄塘村也因为这套标准体系成为全市农村实有人口管理服务示范点。"以前觉得自己是管理者，现在想法变了，我们应该是服务者，规范管理就是为了让村里的环境、治安变得更好。"一名村干部说。把经验上升到文本，不仅带来了管理的规范，也加深了村干部对人口管理的认识。

"建筑物退让道路规划红线区域"停车管理模式

　　"建筑物退让道路规划红线区域"是指开发商在建设获批地块的建筑小区时，必须要退后红线3米左右的距离。此类退让红线形成的区域极易出现路面破损、井盖缺失、绿化失管、乱停车等情况。古美路街道以古龙路商圈为试点，优化停车管理模式。商铺业主表示，优化后顾客量增多了，小区业主也不用夜间在小区四处兜转找停车位了，大大提高了车位利用率和管理有效性。

优化前　　　　　　　　　　优化后

4．探索闭环式工作模式——以城市体检工作为例

　　习近平总书记曾在不同场合多次强调着力解决"城市病"等突出问题，要建立全生命周期的治理理念，构建"城市体检"评估机制。

　　第七次全国人口普查结果显示，全国居住在城镇的人口占比已大幅提升至63.89%。城市的健康便捷和发展潜力正在被越来越多的人所关注。与人一样，城市在飞速发展的过程中，也需要常做体检，及时发现各式各样的"城市病"，从而通过综合施治补上短板，防止出现重大问题，确保城市能够稳步健康地可持续发展。

　　开展系统性"城市体检"工作，是创新型城市治理手段，也是推进城市高质量发展和精细化管理的有效抓手。2020 年，上海以住房和城乡建设部城市体检指数为基础，制定了体现上海特色的"50+N""城市体检"指数体系，建立了"评估—反馈—治理"的闭环式工作模式，形成了"一年一体检、五年一评估"的评价机制（表 3-3），通过闭环式体检，及时反馈并辅助各部门拟订年度工作计划，提升决策的精准度。同时，纵向与横向指标的比较，有助于准确找到城市规划建设中的短板，客观掌握人民群众感受突出的问题，查找"城市病"，对症下药。

2020 年上海"城市体检"指标汇总表　　　　　　　　　　　　　　　表 3-3

序号	指标		单位	2017 年	2018 年	2019 年	参考值
1	区域开发强度		%	45.2	45.1	—	—
2	城市人口密度		万人 / 平方公里	0.36	0.36	0.37	—
3	城市开发强度		%	—	—	47.8	—
4	城市蓝绿空间占比（河湖水面率）		%	9.79	9.92	9.98	10.1（2020 年目标值）
5	空气质量优良天数		天	275	296	309	
6	城市水环境质量优于五类比例		%	81.9	93	98.8	—
7	公园绿地服务半径覆盖率		%		—	89.35	80（国家园 林城市标准）
8	城市绿道密度		公里 / 平 方公里	0.065	0.098	0.129	0.15（2020 年目标值）
9	新建建筑中绿色建筑占比		%	100	100	100	100
10	社区便民服务设 施覆盖率	单个快递点服务 人口数	人	—	21034	12023	—
		单个社区综合服务 社会服务人口数	人	—	—	11786	—
		单个品牌便利店 服务人口数	人	—	—	3192	—
11	社区养老服务设施覆盖率		%	—	—	100	

续表

序号	指标		单位	2017 年	2018 年	2019 年	参考值
12	接受普惠性学前教育的幼儿比例		%	—	—	86（2020年）	85（2020年目标值）
13	社区卫生服务中心门诊（急诊）分担率		%	—	—	45.72	48.72（2020年实际值）
14	人均体育场地面积		平方米/人	—	—	2.37	2.4（2020年目标值）
15	社区体育场地覆盖率		%	—	—	100	100
16	老旧小区用地面积占比		%	0.43	0.42	0.4	—
17	高层高密度住宅用地占比		%	—	—	9.6	
18	二、三级综合医院配置水平		个	156	155	154	—
19	城市积水内涝点密度		个/平方公里	—	—	0.12	0.04（2020年实际值）
20	城市万车死亡率		人/万车	2.52	2.27	1.84	1.25（2020年实际值）
21	城市每万人年度较大建设事故发生数		人	—	3	1	—
22	人均避难场所面积（等级避难场所人均面积）		平方米/人	—	—	0.062	0.23=0.77×30%（2025年目标）
23	城市二级及以上医院覆盖率		%	—	—	—	—
24	城市医疗废物处理能力负荷		吨/日	234	259	259	—
25	人均城市大型公共设施具备应急改造条件的面积		平方米/人	—	—	0.017	
26	城市传统商贸批发市场聚集程度		%	—	—	—	—
27	中心城区高峰时间平均机动车速度	中心城区高峰时段快速路网（浦西段）平均车速	公里/小时	42.9	42.5	42.1	30
		中心城区高峰时段地面干道平均车速	公里/小时	18.95	17.25	17.9	20
		城区高峰时段机动车平均车速	公里/小时	14.4	15.1	16.9	17.05（2020年实际值）

续表

序号	指标	单位	2017 年	2018 年	2019 年	参考值
28	城市道路网密度	公里 / 平方公里	4.37	4.39	4.49	—
29	城市常住人口平均公交单程通勤时间	小时	0.79	0.79	0.78	—
30	居住区停车泊位与小汽车拥有量的比例	%	—	—	71.5	—
31	公共交通出行分担率	%	65.5	65.6	65.2	—
32	城市历史文化风貌区保存完整率	%	—	—	37	—
33	工业遗产利用率	%	—	—	87	—
34	城市各类保护建筑平均密度	个 / 平方公里	1.21	1.21	1.21	—
35	城市国内外游客吸引力	%	1333.3	1403.8	1475.3	—
N-1	每 10 万人拥有的博物馆、图书馆、演出场所数量	个 /10 万人	0.52/1.0/0.65	0.52/1.0/0.65	0.6/1.06/0.65	0.625/2.0/1.0（2020 年目标值）
36	城市生活垃圾回收利用率	%	30.6	32	34.4	—
37	城镇污水处理率	%	94.5	95.2	96.3	95（2020 年目标）
38	城市化地区公厕设置密度	座 / 平方公里	—	4.31	4.09	
39	城市各类管网普查建档率	%	—	—	46.2	
40	实施专业化物业服务的住宅小区占比	%	95.3	90.7	93.3	
41	常住人口基本公共服务覆盖率（义务教育覆盖率）	%			99.9	
42	公共空间无障碍设施覆盖率	%				
43	城市居民最低生活保障标准占上年度城镇常住居民人均消费支出比例	%	31.1	32.3	32.1	
44	房租收入比	—	—	—	0.012	
45	房价收入比	—	—	—		
46	城市常住人口户籍人口比例	%	1.68	1.7	1.71	—
47	主要劳动年龄人口中受过高等教育的比例	%	35.9	37.3	38.9	—
48	全社会 R&D 支出占 GDP 比重	%	3.66	3.77	4	

续表

序号	指标		单位	2017 年	2018 年	2019 年	参考值
49	非公经济增长率		％	6.8	6.5	5.8	—
50	万人高新技术企业数		个 / 万人	3.11	3.71	5.12	—
N-2	创新研发与孵化平台数量		个	49	49	56	—
N-3	技术合同认定登记数		个	21559	21630	36324	—
N-4	科技小巨人企业及科技型中小企业当年新增数量	科技小巨人（含培育）当年数量	个	160	180	177	—
		科技型中小企业当年入库企业数	个	—	8403	6533	7463（2020 年 1～9 月）

资料来源：上海市住建委　提供

通过这些体检指标，我们能够了解到城市发展的优缺点，看到城市管理中的现实问题，对标高质量发展、高效能治理、高品质生活的总体要求，对未来作出更科学、准确的安排。上海正在把城市体检推广到区和街镇层面，推动以城市体检为重要基础的城市更新行动，确保投资更加精准，效果更加显著。

对标国内外一流水平，
　打造最高管理标准

"新铺的人行道远看还行，走上去才发现，拼缝大大小小的，水平不行啊！""上次去日本玩，他们的横道线走上去就是有质感，脚底板的感觉很明显。马路上真是干净！人家是怎么做到的？"

一座城市的建设管理水平，往往由细节决定，细节则由标准而来。随着改革开放后城镇化进程的不断推进，我国经济水平快速提高，尤其是上海等发展相对较快的大城市，许多既有标准的种类与水平已无法跟上发展步伐与人民需求，亟须尽快补充、提升，逐步与国际接轨。

21世纪以来，在经历了一场漫长的经济危机后，全球经济逐步复苏，国际资本纷纷涌入中国这个新兴、稳定的市场。彼时，上海作为中国最大的门户城市，承接了大量国际资本的引进，也因此产生大量涉外办公服务的需求。然而当时国内的办公楼宇刚刚进入大规模建设初期，办公楼宇物业更是新型产业。回顾21世纪初，只有与居住物业相关的法规和标准，对于非居住物业管理仅是"参照居住物业执行"。由于缺乏专门的政策法规和统一的服务规范、技术标准，办公楼宇物业市场混乱，从业人员素质参差不齐，服务质量与发达国家存在明显差距，直接影响了上海的投资环境、城市功能和城市形象。

为打造国际一流城市，制定、完善上海物业管理乃至相适应的城市管理标准，势在必行。为此，上海一方面请来国内外一流物业公司，引进大量我国香港、新加坡的技术团队；另一方面，加紧学习、研究、出台自己的办公楼宇物业管理标准。2006年，上海出台了国内第一部关于办公楼宇物业的地方标准《办公楼物业服务规范》，参考了多家成熟物业公司在技术、管理、工作标准上的实际执行数据和服务质量的要求，坚持高标准、高要求，注重实用性、操作性（图3-6）。[1]

《办公楼物业服务规范》的出台，不仅弥补了当时政策法规不完善的缺陷，为物业管理企业提供了规范服务行为的衡量依据；同时作为地方标准，其具有一定的统一性和通用性，具有向全国推广的价值和意义。在办公楼呈几何级数式增长的年代，该规范的出台及时稳定并逐步提高了全市办公楼宇服务质量的底线水平，有力推动了物业管理行业的整体提升。由

1　许滢冰，蔡兴发，李凤，等."世界办公室"有了服务标准——上海市诞生国内第一部地方标准《办公楼物业管理服务规范》[J].住宅与房地产，2007（2）.

图 3-6　商务楼宇物业

此可见，标准的完善与提高也是城市管理走向精细化的重要标志之一。

标准的发展相比法律法规更加松散，除了国标、地标和行标外，还有很多零散的标准。为此，市住建委对仍在本市城市管理领域内使用的各种标准进行了完整和深入的研究。研究发现，虽然在市、区县相关单位的共同努力下，上海城市管理的标准化建设取得了一定成绩，但也存在标准"缺、散、低、弱"等突出问题，制约了城市综合管理水平的整体提升。发现问题就有对策，上海坚定地提出以"最高标准、最高要求"全面开启对标、对表工作，借助大型活动提高管理品质，通过高标准引领整区域改善，切实提高城市管理的整体水平。

1. 对标工作——以"世界城市日"为例

世界城市日是联合国设立的首个以城市为主题的国际日，也是首个由中国政府发起的国际日，旨在通过跨国合作的方式，解决全球城市可持续

图 3-7 世界城市日是上海世博会的重要精神遗产

发展问题（图 3-7）。世界城市日是 2010 年上海世博会的精神遗产，传承"城市，让生活更美好"的理念，是一个学习全球先进城市管理经验的窗口。2014 年，首届世界城市日全球主场活动在上海举办（表 3-4）。在住房和城乡建设部支持下，上海与联合国人居署、国际展览局于 2016 年开始共同编修《上海手册》。2020 年正式发布的《上海手册》深度分析了全球 20 个城市的实践案例，深刻诠释了提升社区和城市品质对实现可持续发展的重要作用，为城市管理者、研究者提供了有益的借鉴参考。[1]

1 端木. 世界城市日暨全球城市论坛近日举行 [J]. 中国房地产（上旬刊），2020（11）：17.

世界城市日历年主题 表 3-4

年份	主题
2014	城市转型与发展 为应对人类进入城市时代后增加的资源环境的压力和其他城市问题的挑战，世界各国都加快了城市发展与转型的步伐，相关问题成为经久不息的热点。唤起世界各国政府对城市发展转型问题的共同关注，并借助"城市日"的平台，开展国际性研讨，以共同应对城市转型的压力和挑战
2015	城市设计，共创宜居 在贴合"城市，让生活更美好"理念的基础上，反映了国际社会对城市设计问题的共同关注，也体现了城市管理者、设计者和市民之间的互动关系，表现出城市与居民共生的人文关怀

续表

年份	主题
2016	共建城市，共享发展 顺应全球城市化发展趋势，体现了世界城市日对"联合国住房与可持续发展大会"（简称"人居三"）这一重大历史事件的关注，揭示了实现城市可持续发展的重要路径与终极目标。与"人居三"《新城市议程》中突出强调的"包容性城市"和"包容性目标"相一致，关注经济包容共享、社会保障融合，以及民众参与城市共治等核心内容
2017	城市治理，开放创新 与《2030年可持续发展议程》以及"人居三"通过的《新城市议程》中关于"城市治理"的相关内容相对应
2018	生态城市，绿色发展 推进人与自然和谐共生，建设生态城市，推动绿色发展，已成为全球重要的发展趋势和发展理念。倡导低碳、循环的绿色发展理念及行动，打造一个创新、协调、开放、共享、包容、安全且有韧性的生态城市，是我们人类共同为之奋斗的目标
2019	城市转型，创新发展 推动城市创新，建设美好家园是人类社会共同的梦想。创新是解决城市化快速推进过程中所面临的一系列问题、推动全球城市可持续发展的重要途径之一，也是当今国际社会的重要共识之一
2020	提升社区和城市品质 从社区和城市维度入手，以社区治理、社区更新、社会公平、城市韧性、都市安全和包容增长为核心议题，探索城市更新和城市建设有效路径。研究如何提升社区与城市治理能力，加强城市传统与非传统安全建设，加强社区建设，提升城市品质，完善城乡基础设施建设，提高城市应对气候变化和自然灾害的能力。 人类社会已进入互联互通的新时代，国际社会理应通力合作、携手应对。通过世界城市日这一平台，宣传城市可持续发展理念，共同探讨构建宜居和谐城市

资料来源：上海市住建委　提供

　　作为世界城市日的发源地和全球超级城市，上海始终高度重视、深度参与每一年的世界城市日活动，以此为契机和平台，以建设全球卓越城市为目的，不断接轨国际先进水平、最高标准，发展自己的标准化理论。"全球城市论坛""上海—东京城市管理精细化研讨会"和"沪新城市治理高端对话"都是其中的重要工作。

（1）全球城市论坛

全球城市论坛是世界城市日中的一个重要活动（表3-5），每年都有不同主题。2020年的全球城市论坛在上海交通大学举办，主题为"提升社区和城市品质"，设计了新兴技术与协同治理、宜居城市、未来社区、城市应急管理（图3-8）、城市文化与形象五个专场。

图3-8　2020年11月1日，全球城市论坛开幕

全球城市论坛　　　　　　　　　　　　　　　　　　　　　　　　　　　　表3-5

年份	主题
2014	"上海2050—崛起中的全球城市"
2015	全球城市：创新与设计
2016	协同治理·共享发展
2017	全球城市·精准治理
2018	全球城市·绿色发展
2019	城市转型·创新发展
2020	提升社区和城市品质

（2）上海—东京城市管理精细化研讨会

2018 年起开始的"上海—东京城市管理精细化研讨会"，旨在学习东京的城市管理经验，并组织业务骨干赴日本学习考察，促进了对标成果在提升垃圾分类水平、推动架空线落地、美化"进博会"期间城市环境等领域的转化、应用（图 3-9）。

公共空间治理、工地管理、市政设施维护（2018 年）

城市更新、街面治理（2019 年）

关注安全风险·共享美好生活（2020 年）

图 3-9 上海—东京城市管理精细化研讨会历年主题

（3）沪新城市治理高端对话

沪新城市治理高端对话是世界城市日的专题论坛之一（图3-10），既是新加坡和上海城市治理成果的总结，也是城市治理经验的分享，更是对未来城市治理新思路的探索。通过论坛，上海和新加坡确定了智慧城市建设、城市规划管理、交通管理、住房保障等重点合作领域。

图3-10　沪新城市治理高端对话

2．大型活动保障——以进博会、花博会为例

习近平总书记在总结上合峰会为青岛、为山东的发展带来的新机遇时要求，我们要"认真总结'办好一次会，搞活一座城'的有益经验，推广好的做法，弘扬好的作风，放大办会效应，开拓创新、苦干实干，推动各项工作再上新台阶"。

重大活动是助力城市加速发展的推进器，其筹办、举办和后续效应都会对城市的规划、建设和管理产生深远影响。"永不落幕的世博"就给上海留下了深刻的启示，在城市管理逐步走向精细化的过程中，"城市，让生活更美好"的理念也改变了上海市民对"公共空间"的理解。

重大活动也是快速提升城市建设和管理品质的"样板戏"。重大活动的保障区就是"试验田"，管理者在其中制定严要求、高品质的方案和标准，通过实践形成可复制、可推广的成功经验，并且推广到全城。实现以重大活动为"跳板"，大幅提高城市管理和公共服务水平的真实演绎。

2018年以来，上海已顺利开展的三届中国国际进口博览会（简称"进博会"）以及第十届中国花卉博览会（简称"花博会"），为"上海名片"增光添彩，积累了一批高质量的管理标准。

（1）中国国际进口博览会

2018年，由商务部和上海市政府共同主办的第一届进博会是世界上第一个以进口为主题的国家级展会。习近平总书记在第一届进博会开幕式的主旨演讲中指出，进博会"不仅要年年办下去，而且要办出水平、办出成效、越办越好"（图3-11）。

进博会是上海继"世博会"后的又一国家级大会，能够集中展示出我国改革开放以来快速建设的现代化城市形象和与之相匹配的一流城市管理水平。为此，上海于在2018年印发了《中国国际进口博览会市容环境保障方案》，要求市政设施全面提标提质，要在城市保洁、设施养护、

图3-11　四叶草形状的国家会展中心承办了2018～2020年三届进博会

景观提升、市容管理、工地管理、气象和空气质量保障六个方面全面改善上海的环境品质。

在城市保洁方面,采取洗、冲、喷、扫的标准化作业模式,对区域内道路进行全方位的彻底冲刷、反复冲洗,确保路见本色(图3-12)。

根除区域内的卫生死角,对道路两边的石阶青苔及杂草进行细致清理,对草丛、绿地等死角盲区进行地毯式排摸,集中清扫落叶、漂浮垃圾,全面清除堆积杂物,确保不留卫生死角。

在设施养护方面,对内环高架、延安路高架、南北高架进行了包括涂装、更换眩光板、隔声屏、绿化养护等多个种类的施工项目(图3-13)。针对涂装改造不易长保"靓丽"的问题,明确了高标准的日常养护。对照国际最高标准后,在延安路高架采用了"预防性养护"措施,通过喷涂还原剂,对沥青的三大指标进行还原,不仅使原有沥青乌黑发亮,还延长了沥青路面的使用寿命。全线采用双组分陶瓷玻璃珠新型材料,全面提升标线的感光度和安全系数,使其更耐用,更具夜间辨识度。

根据《道路人行道设计和施工质量验收规范》《城市道路养护维修作业安全技术规程》等有关标准,对重点路段的人行道进行了统一翻新。要求翻新后的人行道平整度(平均值)偏差小于2毫米,纵缝、横缝偏差分别小于5毫米、3毫米,面层无明显色差,色块团拼装正确,砌块稳固,与盲道、树穴的衔接顺畅。[1]

在景观提升方面,对重点路段开展护栏照明整治工程。将已建成的延安高架、南北高架景观灯光整体风格延续到内环高架沿线,全部采用亮度和光色均可灵活控制调节的全彩景观照明灯具,可根据不同季节或节日主题实现全彩联动变化,共同打造了绵延近20公里、气势恢宏的景观灯光廊带。

黄浦江上,杨浦、南浦、卢浦、徐浦四座大桥的景观照明根据两岸夜间景观的不同区间定位,对大桥的主体结构进行涂装,对包括桥梁主塔、拉索、桥侧、桥腹以及大桥主拱在内的整体景观照明系统统一更新,设置了常态、节假日、重大活动和深夜四种控制模式,自

---

1 李蕾,董晖. 对标国际标准! 路政行业将对全市道路人行道逐步开展提升更新 [N/OL]. 上观新闻, 2018-08-09[2021-09-17]. https: //www. shobserver. com/staticsg/res/html/web/newsDetail. html?id=99467&sid=67.

图 3-12　全方位的"大冲洗"

南北高架桥荫绿化　　　　　　　　成都北路大沽路高架桥柱"绿光城市"设计主题

图 3-13　车水马龙间的"诗画山水"

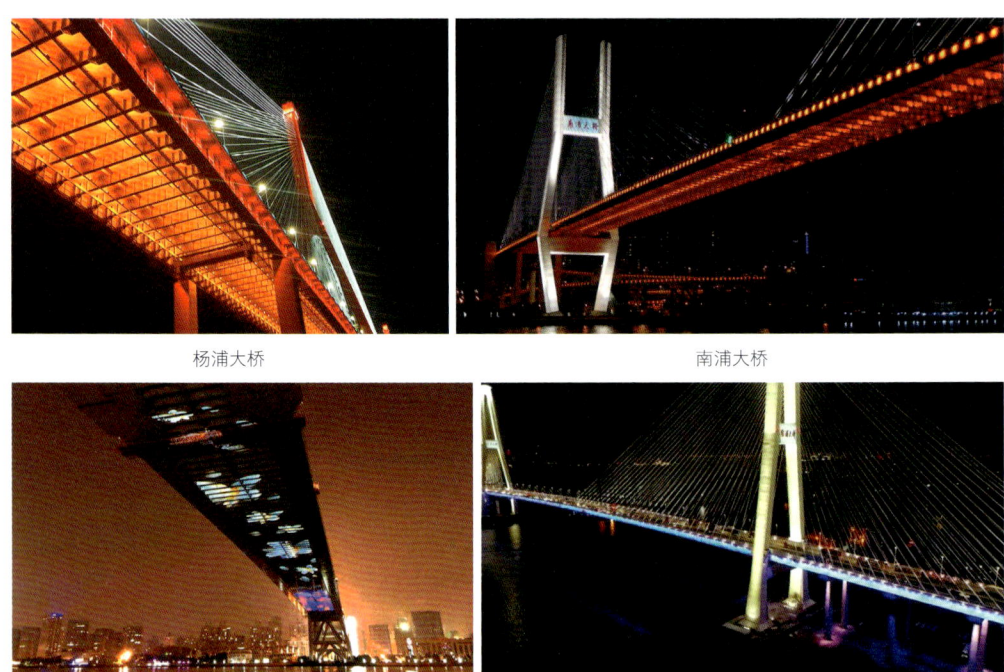

杨浦大桥　　　　　　　　　南浦大桥
卢浦大桥　　　　　　　　　徐浦大桥

图 3-14　浦江四桥"炫丽绽放"

动控制开启时间、亮度、范围、切换频率和呈现方式等。优选节能环保的 LED 光源，延长使用寿命，大幅降低能耗，与周边的景观照明相得益彰。入夜时分，漫步在滨江步道上，美轮美奂的灯光勾勒出四座大桥的身姿，烘托出壮观的建筑之美（图 3-14）。杨浦大桥，红色的主塔配以白色的拉索充满张力，呈现浓浓的工业风；南浦大桥，沉稳大气、蜿蜒雄伟，宛如昂首盘旋的巨龙；卢浦大桥，彩虹飞跨、弧线优美，穿行桥下时抬头仰望，桥腹内藏的各种图案倒映水中，波光粼粼；徐浦大桥，蓝白为主的基调简洁明快，展现了水韵风华的海派特色。[1]

1　李蕾. 先睹为快！申城浦江四桥国庆将"炫丽绽放"[N/OL]. 上观新闻，2018-09-26[2021-10-20]. https://www.shobserver.com/staticsg/res/html/web/newsDetail.html?id=107604&sid=67.

（2）中国花卉博览会

中国花卉博览会是我国规模最大、档次最高、影响最广的国家级花事盛会，被誉为中国花卉界的"奥林匹克"（图3-15）。第十届花博会于2021年在我国第三大岛——上海崇明举办。为成功办好花博会，崇明区于2019年便启动了《崇明迎花博800天行动计划》，以花博会为契机，全力推动"海上花岛"建设。

根据花博会核心区域、重点区域和一般区域的设置，崇明区提出了"三净、三清、三到位"的标准："三净"是指市政道路及主干道周边违法搭建要拆干净，乱堆乱放要理干净，跨门设摊要清干净；"三清"是指建筑立面要清，无乱贴乱画，公共空间要清，无乱悬挂和违规户外广告，背街小巷要清，无市容环境死角；"三到位"是指执法保障及时到位，门责制度落实到位，信访投诉处置到位。围绕"三净、三清、三到位"，崇明安排了多项具体工作，借花博会的"东风"，全面提升了全岛的市容环境。

花博会期间，崇明继续出台多项保障方案，为游客们保驾护航。不少游客感叹："本来担心会被蚊子叮，没想到一天玩下来，身上一个蚊子块也没有。""包里备的风油精、花露水都没拿出来过……"

花博会于2021年5月21日至7月2日举办，正值繁花盛开的最美时节，也是病媒生物孳生、虫害活跃的高峰期。崇明区起草的《第十届中国花卉博览会病媒生物防制保障工作方案》由上海市爱卫会办公室于2021年1月印发。根据市疾控中心为花博会量身定做的病媒生物监测方案，在整个花博园及外围2公里范围内设置多个巡查点位，细分为室内展馆、住宿餐饮、环卫设施、道路水体、草地林地、办公场所、防制设施等，制定巡查标准和规范，开展全覆盖的持续性巡查，严格控制蚊、蝇、鼠等重要病媒生物密度保持在较低水平。[1]

已经落幕的第十届花博会在展区规模、展园数量、国际参展对象等方面均创下历届之最，不仅在花博会历史上留下了浓墨重彩的一笔，也为崇明岛

---

1 陈斯斯."默默无蚊"的花博会背后，有一群"默默无闻"的专业人员 [N/OL]. 澎湃新闻, 2021-07-04[2021-09-18]. https://m.thepaper.cn/newsDetail_forward_13438427.

图 3-15　花博园主场馆之一的世纪馆，从高处俯瞰如同一只五彩斑斓的"大蝴蝶"

带来了深远影响。共建美丽家园、共享绿色发展和生态文明成果的进程，将永不落幕（图 3-16）。

花博会宣誓墙

上海展园"源梦园"

复兴馆上海展区的石库门元素

图 3-16 花开中国梦，绽放生态岛
资料来源：朱伟辉、孙湛 摄

3．高标准保洁——以南京西路为例

上海于 2020 年出台《关于推进"席地可坐"高标准保洁区域（道路）创建工作的实施意见》，提出"四无、一见"（无垃圾、无污迹、无积尘、无积水，见本色）的养护标准，鼓励各属地单位"一区域一特色"地创新保洁模式（表 3-6）。

静安区"席地可坐"高标准保洁区域 　　　　　　　　　　　　　　表 3-6

地区名称	重盖范围	服务功能	备注
延中绿地	北起大沽路，南到延安中路，东起南北高架，西至石门一路范围内的静安区区域（含二大会址纪念馆）	主要休闲服务功能区	美丽街区
静安寺	东起常德路，西至华山路、万航渡路，南起延安西路，北至北京西路范围内的区域	主要休闲服务功能区（示范街区）	美丽街区
铁路上海站	东起大统路西侧人行道，西至恒丰路东侧人行道（含恒丰路立交桥桥洞），南起天目西路北侧人行道，北至铁路北侧围墙的区域（包括上海站站前广场，地下广场、地铁车站）	主要休闲服务功能区	美丽街区
大宁商业中心	共和新路—灵石路—万荣路—大宁路—商场西路—商场南路所围合而成的区域	主要休闲服务功能区	美丽街区
南京西路后街区域	东临成都北路，南沿威海路，西接陕西北路，北至新闸路区域	市民集中居住区（含区级休闲服务功能区）	美丽街区
愚园路	华山路—镇宁路	主要景观道路	美丽街区
南京西路	陕西北路—镇宁路	主要景观道路	美丽街区
大宁郁金香公园（西片）	万荣路—广中西路—运城路—宜川路合围区域		

静安区迅速出台"静安标准"，把谁来做、怎么做、做到什么程度都定性、定量地明确下来。被媒体多次报道的"南西标准"中包括《南京西路商业街精细化管理城运综合管理队伍管理服务标准》《南京西路商业街精细化管理市容环境卫生责任区管理责任人责任标准》《南京西路商业街精细

化管理综合实效测评方案》等内容,将"室内标准"运用到"室外环境",把近 3 公里长的南京西路商业街划分为 12 个区域,在人流密集的白天始终有环卫工人来回巡查,规定动态垃圾必须在 7~10 分钟内得到处置。[1]

要达成高标准保洁,除了人力投入外,设备的更新也很重要。加快推广更便捷、多功能、高效率的新型作业设备,有助于保洁流程规范化。黄浦区在重点保障区域,专门配备了进口哈高坦能扫地机、小旋风分体式扫地机、新型作业小推车等装备,采取"链式"联动机械保洁模式。针对主干道路,在日常保洁期间,采取"链式"三车联动作业,按照"一扫、二吸、三冲洗"工序实施保洁;在重要活动期间,采取"链式"六车联动作业,按照"普扫、吸尘、洒水、精扫、冲洗、洗地"的流程对路面实施精细保洁(图 3-17)。

通过科学组合保洁工艺流程,很多地方都在探索"一路一策""一域一法"的"差别化、精细化、多元化"作业。如青浦区进博会保障重点区域的人机结合"七步法",闵行区"四普扫、四巡回、四冲洗"的作业流程,杨浦区以机械保洁为主、人工保洁为辅的"叠加式保洁法",徐汇区的"链式作业"保洁法等。多种工艺流程齐上阵,全面提升"席地可坐"区域的整体洁净度。

1 唐烨. 上海最时尚的一条路,背后藏着怎样的"绣花心"[N/OL]. 上观新闻, 2019-05-08[2021-08-31]. https://www.shobserver.com/staticsg/res/html/web/newsDetail.html?id=149595&sid=67.

图 3-17 南京路保洁作业

聚焦做减法、全要素、一体化，构建有机更新机制

习近平总书记在 2015 年 12 月的中央城市工作会议上指出，过去很长一段时间，我们城市工作指导思想不太重视人居环境建设，重建设、轻治理，重速度、轻质量，重眼前、轻长远，重发展、轻保护，重地上、轻地下，重新城、轻老城。现在，人民群众对城市宜居生活的期待很高，城市工作要把创造优良人居环境作为中心目标，努力把城市建设成为人与人、人与自然和谐共处的美丽家园。

2017 年，根据总书记要求，上海发文诠释"城市管理精细化"理念，以打造安全有序法治、高效便捷智慧、天蓝地绿水清的城市环境为目标，出台了城市管理精细化"三年行动计划"（2018—2021 年），提出了 14 项重点任务。随着各项工作的不断深入，许多客观问题陆续浮出水面：想要让街区有更多公共空间，可是地方都被违章和亭棚占领了；想要老旧小区全面提升，可是刚养护完的道路又被安装上了脚手架，工作反反复复；虽然路上的架空线下来了，可是地上的箱子反而多了不少……

为理顺各项工作推进过程中的逻辑与顺序、增强部门间的合力、减少工作负担，上海创造性地提出了"做减法、全要素、一体化"理念，希望将街区作为一个整体进行有机更新，做到拆、建、管、养一体化，提升工作效率。

2016 年发布的《上海市街道设计导则》中指出，要通过街道的规划、设计、建设与管理来重塑街道，激发街道特色与活力，加强街道的设计与更新，满足人民群众对公共产品和公共服务的需求。正如美国著名城市规划师简·雅各布斯所说，街道是城市的生命之源。街道的活力可以激发城市的活力，街道的形象展示着城市的形象，人们通过街道来认识城市。然而在城市化的进程中，街道的设计重点由人转向了各类交通工具，变得重车轻人、重量轻质。上海从编制《上海市街道设计导则》到提出"做减法、全要素、一体化"的管理标准，本质是要求街道的设计和使用回归到"以人为本"的基本理念上（图 3-18、图 3-19）。

真正做到"做减法、全要素、一体化"，其实是一项综合性极强的复杂工作。一条优秀街道的塑造，需要城市规划、交通设计、道路工程设计、沿街建筑设计及相关空间与设施的使用管理等各环节的通力合作。

图 3-18　东长沿路绿化特色街区

图 3-19　世博大道的樱花

这其中，编制相关的标准、导则对统筹起各个要素与环节具有极其重要的作用。

1. 做减法——以架空线入地、合杆合箱为例

密密麻麻的架空线以及杂乱无序的立杆、箱体像是上海这位"风情美人"脸上的雀斑，乍一看一两个或许稍添风情，然而"满头满脸"的时候实在有碍美观。如何去除这些负担、提供更多空间，是实现有机更新的第一步。

（1）架空线入地

上海是中国最早使用电灯的城市。1882 年，中国第一批电线杆在外滩到虹口招商局码头一带矗立起来，一时成为城市风尚。然而随着经济、社会快速发展，杂乱无序的架空线及电线杆逐渐变成影响城市安全和景观的重要因素之一。线、杆随意设置，重复建设，各自为政，在挤占有限空间资源的同时，进一步恶化了违法违规行为的发现难、确权难、处置难问题。每年因架空线松散坠落、立杆倒伏等引起的安全事故为数不少，引发市民投诉不断。

2018 年起，上海全面启动架空线入地和合杆整治工作。《关于开展本市架空线入地和合杆整治工作的实施意见》提出，到 2020 年，完成全市重要区域、内环内主次干道、风貌道路以及内、外环间射线主干道约 470 公里道路的架空线入地和合杆整治，完成落线拔杆。建立架空线入地和合杆整治的长效管理机制，全面实现后续的精细化管理，达到道路环境更加整洁、空间视觉更加靓丽的目标，为市民群众提供更有序、安全、干净、美观的高品质城市环境。

客观而言，架空线入地难度很大，不但费用高，而且地下埋设线缆

的空间紧张，特别是中心城区道路下面已在不同时期铺设了各类管线，线位资源非常紧张（图 3-20）。为此，上海陆续出台《上海市架空线入地和合杆整治文明施工标准（试行）》《关于明确架空线入地和合杆整治文明施工高围挡设置要求的通知》《上海市信息通信架空线入地整治工程建设导则》等有关标准，强调架空线入地要考虑多方需求，注重周边居民意见，并逐步建立起"市级统筹、属地推进、部门协同、权属实施、社会参与"的推进模式，依靠"一路一方案"制度，协调电力、信息、合杆、市政修复等单位的共同参与。

位于宋庆龄故居对面的武康大楼是著名建筑大师拉斯洛·邬达克（Laszlo Hudec）的经典作品。武康大楼不仅是一幢历史悠久的保护建筑，也是上海著名地标。2019 年之前，大楼被巨大的"黑色蜘蛛网"包裹着，周边线杆密集。不少慕名而来的摄影家抱怨："怎么就拍不到一张无遮挡的武康大楼呢？无论站着、坐着、趴着，还是正面、侧面、背面，从哪个角度都避不开乱七八糟的线啊、杆啊！"

由于路幅有限、情况复杂，2018 年进行的武康大楼周边架空线入地工程是全市架空线入地工作中难度最大的路段之一，具备特殊的"样板"属性。在充分排摸既有条件和周围环境的基础上，实施单位会同交通管

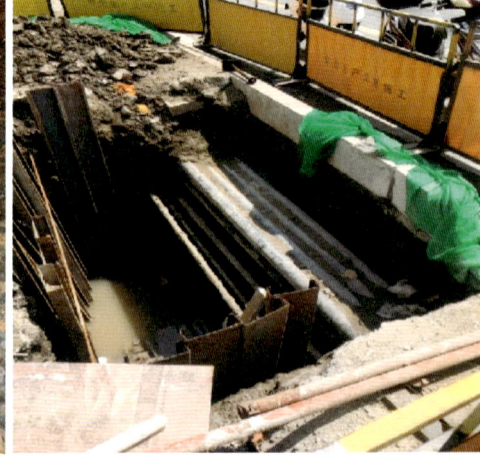

图 3-20　地下埋设线缆的空间非常紧张

理部门与周围居民充分沟通，听取居民们的意见、建议，结合城市公共设施和绿化的建设情况，最终"磨"出了一份既保证施工面最大限度展开，又把对各方影响降到最低的分时段施工方案。

现场施工涉及多家公司和权责单位，任何一个环节出错都会引发连锁反应。为平衡设施布局，工程在"一路一方案"的基础上不断进行动态修正，建立应急反应小组，制定应急预案，实施标准化管理。有几个特别困难的点位还制定了更为细致的局部性方案。比如，当道路开挖遇到树木根系时，施工组会请专业人员到现场指导，保障树木健康。

由于前期已经把各项工作标准说得清清楚楚，后面施工时各方面执行得也明明白白，所以施工期间属地居委会没有收到一起关于工程扰民的投诉。如今，整个风貌区的架空线都已入地，不仅根治了安全隐患，优雅的老建筑、清爽的天际线也越来越散发出历史街区的丰厚底蕴，吸引着各方游客驻足留念（图 3-21）。

不过，架空线入地后依然面临着"回潮"的风险。有记者发现，已完成架空线入地的天虹路两旁，整洁的现代都市景观最近又被一条"绑"在路杆上的黑色缆线划成两半，异常突兀。经有关部门排摸，该区域共有 26 公里的违规架空线"死灰复燃"。2019 年 3 月 3 日，在天虹路、天宝路交叉口，两台作业车分别驶向人行道两头的路杆，搭载施工人员的

整治前　　　　　　　　　　　　　　　整治后

图 3-21 架空线整治前后的武康大楼

图 3-22　正在清理"飞线"的作业车

升降机缓缓抬起，逐渐靠近黑色缆线。缆线随即机被胶带固定，一刀剪下（图 3-22）。[1]

架空线"回潮"并非个案，上海有不少已实施过架空线入地的路段存在着"回潮"现象。为防止"飞线"乱象再现，上海进一步对地上杆建立了一套完善的标准体系和管理机制，出台了《道路综合杆设施技术标准》《上海市城市道路综合杆设施管理办法》等文件，统一了道路综合杆的管理与养护要求，明确各区都要建立起排摸、清理、整改、核查的架空线巡查清理机制，相关信息都要录入数据库，纳入网格化管理，防止反弹"回潮"。

截至 2020 年底，内环内道路架空线入地率由 29% 提高到 45%，主次干道入地率由 41% 提高到 63%。进博会场馆周边、南外滩、人民广场、新天地、张江等重点区域，以及肇嘉浜路、华山路、江苏路、虹桥路、四平路等主干道基本实现全线入地。累计拔除各类立杆 4 万余根，平均减杆率达到 60%（图 3-23）。

1　戚颖璞. 架空线"回潮"咋办? 上海启动今年 100 公里架空线整治、236 公里路段"飞线"清理 [N/OL]. 上观新闻, 2019-03-03[2021-10-20]. https://www.shobserver.com/staticsg/res/html/web/newsDetail.html?id=136136&sid=67.

整治前 整治后

图 3-23 老市政府大楼架空线入地

（2）合杆合箱

文化底蕴厚重的华山路穿越了静安、长宁、徐汇三区，全长4.3公里。近来，在淮海中路与华山路交叉口的东南角，悄然多出一处近100平方米的小花园。各色观赏花草、高低灌木、花境小景参差其中。凑近一看，小小花园里竟藏着许多市政设施。这些道路设施控制箱，从以前的灰色变成了棕色，犹如树干，与周边绿植融为一体（图3-24）。

图 3-24 藏进小花园里的市政设施

整治前　　　　　　　　　　　　　　　　　　　　　　整治后

图 3-25　华山路全要素整治工程前后对比

通过华山路架空线入地与全要素整治工程，道路上许多尺寸色彩各异、位置欠佳的箱体被"拆、并、移、涂"。在首段完成的 1.4 公里沿线的 124 台各类箱体中，拆除了 49 台，整合了 11 台，迁移进绿化、墙角的为 11 台，更换后统一规格的为 52 台。随着箱体的改善，马路井盖的隐形化工作也在根据"横平竖直、严丝合缝、井井有条"的标准推进，管理部门对井盖施工的工艺标准是"让踩上来的脚底板完全感受不到"（图 3-25）。

按照"线清、杆合、箱隐、景美"的管理标准，影响街道风貌的箱体、路杆、井盖都要被"隐形"（图 3-26），结合美丽街区建设，全面提升街道两侧的环境品质。"隐形"不代表全部去除，更不会影响使用功能，"拆、并、移、涂"绝不只是"一拔了之"，而是要"一路一策"地研究出精密方案，立新废旧，提升功能，不断完善。[1]

上海于 2019 年出台的《市政道路建设及整治工程全要素技术规定》中着重强调了功能与品质并重、安全与舒适并重、形态与环境协调，提出道路全要素提升的理念，为所有"看得见"和"看不见"的市政设施提供了实实在在的建设与设计指南。该技术规定力求打破原有的行业及条线壁垒，一体化建设管理目标范围内的所有要素，以达到最佳效果。

为配合《上海市生活垃圾管理条例》，该技术规定提出了"道路废物箱设置应在设施带内，中心距人行道路边缘 0.45 米""公交站台、过街横道线进出口应设置废物箱，与综合杆相距至少 1 米"等

1　戚颖璞. 上海中心城区主要道路将按全要素标准整治，看 4.3 公里华山路这样树样板 [N/OL]. 上观新闻，2019-10-31[2021-09-21]. https://www.shobserver. com/staticsg/res/html/web/newsDetail. html?id=185374&sid=67.

整治前　　　　　　　　　　　　　　　　　　　整治后

图 3-26　杆合箱隐，优化城市空间，道路焕然一新

标准。对于整治工作的设计方案，该技术规定也明确了"合杆箱能合则合，按照进场所、进绿化、隐蔽化、设施带的顺序优先选择，如没办法一定要放置在设施带，电力箱单侧 150 米同一功能不超过 1 个，光交箱单侧小于 300 米不超过 1 个"等要求。[1]

　　该技术规定里对城市家具的设计和摆放要求是实现多杆合一、多箱合一，设施的一体化还要与街区氛围和景观协调一致。全面推动道路立杆由"自建、自管、自用"向"共建、共治、共享"的转变，打造综合杆、综合设备箱、综合电源箱、综合管道等可全方位提供搭载、供电、控制、布线等服务的新型基础设施。根据该技术规定里的集约化建设原则，合杆整治技术团队统一了各类路

1　李攀. 全要素只为更精细[J]. 质量与标准化，2019（12）：9-11.

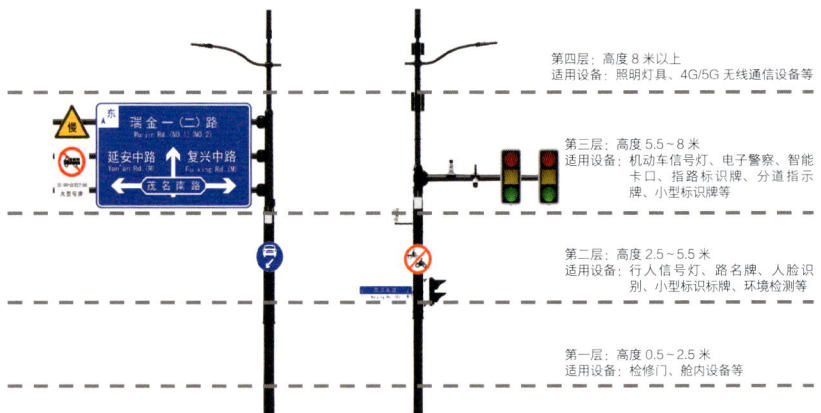

第四层：高度 8 米以上
适用设备：照明灯具、4G/5G 无线通信设备等

第三层：高度 5.5～8 米
适用设备：机动车信号灯、电子警察、智能卡口、指路标识牌、分道指示牌、小型标识牌等

第二层：高度 2.5～5.5 米
适用设备：行人信号灯、路名牌、人脸识别、小型标识牌、环境检测等

第一层：高度 0.5～2.5 米
适用设备：检修门、舱内设备等

图 3-27　综合杆示意图

杆的技术标准，提出建设以道路照明灯杆为载体的综合杆，拔除其余废弃立杆。综合杆统一形式，颜色为黑色亚光，采用高强度钢材或高强度铝合金型材，实现分层设计。每根综合杆必须"身兼多职"：检修门、舱内设备设置在 0.5～2.5 米处；路名牌、小型标识标牌、行人信号灯等设置在 2.5～5.5 米处；机动车信号灯、视频监控、指路标识牌、分道指示标识牌、小型标识牌等设置在 5.5～8 米处；8 米以上则是照明灯具、通信基站等设施（图 3-27）。

　　黄陂北路（武胜路—威海路段）整治前，短短 125 米内竟林立着 17 根路杆，其中不少早已荒废。整治后，不仅原先的功能一个都不少，还做了"加法"。崭新的 12 米高黑色哑光综合杆，替代了之前五花八门的各式路杆，把信号灯、监控、照明、标识牌全部纳入其中。而且，使用特殊钢材制造的综合杆还可以抵抗 12 级风力（图 3-28）。[1]

　　之后的《杆上设施设置标准与设置流程》《道路综合杆设施技术标准》《上海市城市道路综合杆设施管理办法》等标准，进一步统一了综合杆的设计、施工、验收和养护标准，保障了综合杆的建设质量和建成后的运行性能，确保了后期的管理维护正常有序。

1　戚颖璞. 今年上海已完成架空线入地及合杆整治 99 公里！看人民广场这样做"加减法" [N/OL]. 上观新闻，2018-10-29[2021-09-18]. https://www.shobserver.com/staticsg/res/html/web/newsDetail.html?id=113027&sid=67.

整治前

整治后

整治前

整治后

图 3-28 黄陂北路整治前后对比

2．全要素——以精品示范路创建、美丽街区为例

"减法"完成后，如果腾出来的空间没有有效利用，一段时间过后，原来去除的部分又会悄然出现。拆除工作只是第一步基础"治疗"，要实现闲置土地的再利用，城市更新是必然之路。

城市更新中，需要从使用者的角度对区域内各个要素进行全面的人性化考量，譬如垃圾箱、休憩长凳、步行高差等，都会影响到公共空间能否得到充分利用。因此，在涉及街区品质提升时，我们需要对包括周边在内的整个地块进行系统性考量，特别是一些色彩、声音和城市家具等容易被忽略的要素。[1]

（1）精品示范路创建

2019 年，市道路运输管理局为顺利开展精品示范路创建工作而编制的《上海市城市道路精细化管理导则》是《上海市街道设计导则》中关于道路设计理念和要求的细化落地，深入诠释了全要素、人性化和微改造三大基本理念，对车行道、人行道、桥梁结构、附属设施、标志标线、停车管理、道路绿化与周边环境等提出了相应的管理、养护标准，要求各创建单位制定方案，尽快实施。每年由市交通委根据考评细则，开展路况检测与现场检查，成果向社会公示。

该精细化管理导则要求，各单位围绕精品示范路创建工作开展的整治项目，要以《上海市街道设计导则》为指引，从设计到施工充分贯彻全要素理念，统一整治与建设标准，综合考虑道路与城市家具、绿化、建筑立面等整体环境的和谐统一，特别是市政设施色彩与建筑色彩、绿化色彩之间的相互关系，充分展现出国际化都市的"简约不简单"。

静安区根据地域历史文化特征，对苏州河沿线的防汛墙、绿化、道路、建筑等进行整体提升，局部道路禁止机动车通行，全线增设亲河健身步道，

1　蒋应红，方雪丽. 基于精细化背景下城市闲置空地的更新应用研究：以上海区域为例 [J]. 世界建筑，2021（4）：40-45, 129.

图 3-29 静安区"银杏大道"

建成的骑行、漫步、休闲一体的慢行交通堪称经典。结合滨河景观提升，静安区还改造了华侨城商业地块门口 5600 平方米的公共绿地，由 5 排银杏勾勒出的"银杏大道"（图 3-29）直抵河滨，使整体氛围更加和谐统一。

该精细化管理导则还要求精品示范路将道路交通设施品质提升的着眼点从设施本身转移到使用者的需求上来，实现从"面向车"到"面向人"的转变。慢行交通体系、交通标志线、停车泊位设置等都要满足市民的使用和安全需求，提高便捷度和舒适性，体现人性化。

花溪路是一条南北向的城市支路，既有医院、中小学校、幼托机构、政府机关、养老院等诸多单位沿路开门，又有环浜河并驾齐驱，车虽不多，人却不少。2020 年花溪路进行了品质提升工作，新铺装的人行道选用灰色透水钢渣砖，路侧是红叶石楠，配以地被石竹、鹅卵石的景观装饰，不仅有了舒适的脚感，更有了怡人的观感。经过一年多的治理，环浜河的水质已经稳定在了Ⅲ类以上，在滨水区域新增的多处休憩停留设施取代了原先的铸铁栏杆，拉近了水面、绿化与人的距离。人行道侧增加的休息座椅，既分流了行人与周边住户的动线，也增加了绿化带的功

图 3-30 改造后的花溪路

能性和趣味性。如今的花溪路（梅岭北路—桐柏路），有水景、绿地、慢跑道、休憩座椅，红枫、海棠迎风摇曳，阳光洒下，舒适怡人。市民纷纷表示，"路上的景色不错，人走着心情也蛮好"（图 3-30）。[1]

道路并不是孤立的存在，它必将与周边环境一道，构成一个个区域的人文基础。通过不破坏大格局的"微改造"，让市民走得舒心、看得赏心，是更务实的长久之计。该精细化管理导则提出，要活用微改提升，通过慢行系统优化、交叉口改造、增设港湾式公交站、完善行人二次过街、优化路段护栏设置、规范非机动车停放点等一系列小改动，以经济务实的态度，持续提升道路交通设施的服务品质（图 3-31）。

另外，艺术点缀也在为道路"加分"。以往，陆家嘴环路两侧大部分设备箱外观比较单一，日晒雨淋下破损、锈蚀难免。现在都被喷上了具有艺术感的 logo，与周边环境融为一体。道路上的地砖也按照二十四节气主题排列，散发出人文气息，道路环境更立体、更具艺术感。

图 3-31　世博大道已是"四季如春"的风景线

（2）美丽街区

　　美丽街区建设是第一轮上海城市管理精细化"三年行动计划"的重头戏。针对休闲服务功能区、主要道路及两侧区域、市民集中居住区这三类街区，各出台了一个创建导则（表 3-7），强调从日常保洁、设施管理、立面维护、景观品质、动态管控等多方位、全要素提升市容环境品质。

上海市"美丽街区"创建导则（试行）　　　　　　　　　　　　　　　表 3-7

项目	具体要求
	休闲服务功能区域
城市保洁	1. 道路路面保持整洁干净，无污渍和扬尘，没有暴露垃圾，道路见本色； 2. 交通标杆、路灯杆、电杆、变电箱、公共交通站牌、信号灯、路名牌指示标识、人行道栏和杆、道路防护隔离等公共设施完好无损，整洁干净，无拴吊杂物； 3. 消火栓、邮筒（箱）、信息栏、各类岗亭、废物箱等服务类设施宜集约布局在街道的设施带内，设置整齐，外观整洁； 4. 各类人行天桥、跨线桥、高架桥荫、桥孔、地下隧道、人行地下通道等设施应与周边环境相协调，完好整洁，无堆物设摊等现象； 5. 水域环境整洁，无漂浮垃圾，两岸无违法建筑，无堆放垃圾、杂物
设施管理	1. 城市道路的车行道和人行道平整完好，无破损病害。地面交通标识、标线清晰； 2. 各类道路公共设施设置合理，完好无损，与周边环境相协调。注重各类街面公共设施的形态、材料、外观和品质，体现所在地区的风貌特色，各类标识、标牌清晰醒目； 3. 亭棚管理规范，东方书报亭、彩票亭、早餐车等经营性亭棚入场入室，治安亭、电话亭等公共服务类亭棚设置规范； 4. 无乱拉乱接架空线，无乱设指示牌，多杆合一，空间视觉整洁美观； 5. 合理设置和减量道路隔离护栏设施，严格自行车停放区域划分标准，无固定停放车架设施； 6. 无障碍设施安全和畅通，注重无障碍设施人性化； 7. 在区域内设置的公共座椅、休憩场所等设施更加人性化，保持完好、整洁，与周边环境相协调
立面维护	1. 建（构）筑物外立面保持完好、整洁，无明显脱落和污迹，历史保护建筑风貌保持完好； 2. 临街建（构）筑物外立面的附属设施设置规范，完好无损，整洁美观，确保安全； 3. 户外广告和店招店牌设置规范，完好无损，体现区域特色和景观品质； 4. 各类围墙完好、整洁、美观，体现文化、艺术、生态特色； 5. 沿街店铺门面和橱窗整洁美观，布置精美； 6. 第五立面（屋顶）无违法建筑，无暴露垃圾、杂物，注重屋顶美化
景观品质	1. 绿化植物品种体现多样性，绿化景观层次色彩丰富，提倡立体绿化和阳台绿化； 2. 行道树的树穴无黄土裸露，树穴盖板平整完好； 3. 花境、花坛、花柱、城市雕塑和主题小品的设置要与区域的功能风貌相协调融合，布局体现文化底蕴； 4. 城市夜景照明设置规范，完好无损，与区域整体性和周边环境相协调，灯光融合美感、动感和时尚感； 5. 规范设置屋顶广告、店招、铭牌、通信基站等各类设施，清理违规设置的设施，保持城市天际线优美靓丽； 6. 景观水域环境整洁优美，有设计感，水生植物与周边环境自然和谐
动态管控	1. 网格化管理机制完善，实现全覆盖、全过程、全天候管理要求； 2. 责任区制度落实，各类责任主体自觉履行法律责任； 3. 充分运用智能化管理手段，管理数据实现互联共享； 4. 街面各类问题及时发现、快速处置，确保管理实效

续表

项目	具体要求
主要道路及两侧区域	
城市保洁	1．地面道路和高架道路路面保持整洁干净，无污渍和扬尘，没有暴露垃圾，道路见本色； 2．交通标杆、路灯杆、电杆、变电箱、公共交通站牌、信号灯、路名牌指示标识、人行道栏和杆、道路防护隔离等公共设施完好无损，整洁干净，无拴吊杂物； 3．消火栓、邮筒（箱）、信息栏、各类岗亭、废物箱等服务类设施宜集约布局在街道的设施带内，设置整齐，外观整洁； 4．各类人行天桥、跨线桥、高架桥荫、桥孔、地下隧道、人行地下通道等设施与周边环境相协调，完好整洁，无堆物设摊等现象； 5．水域环境整洁，无漂浮垃圾，两岸无违法建筑，无堆放垃圾、杂物
设施管理	1．城市道路的车行道和人行道平整完好，无破损病害，地面交通标识、标线清晰； 2．各类道路公共设施设置合理，完好无损，与周边环境相协调； 3．亭棚管理规范，东方书报亭、彩票亭、早餐车等经营性亭棚入场入室，治安亭、电话亭等公共服务类亭棚设置规范； 4．无乱拉乱接架空线，无乱设指示牌，多杆合一，空间视觉整洁美观； 5．合理设置和减量道路隔离护栏设施，严格非机动车停放区域划分标准，无固定停放车架设施； 6．无障碍设施安全和畅通； 7．各类城市家具和设施外观、材质、色彩总体协调、和谐、美观
立面维护	1．建（构）筑物外立面保持完好、整洁，无明显脱落和污迹，历史保护建筑风貌保持完好； 2．临街建（构）筑物外立面的附属设施设置规范，完好无损，整洁美观，确保安全； 3．户外广告和店招店牌设置规范，完好无损，体现区域特色和景观品质； 4．各类围墙完好、整洁、美观，体现文化、艺术、生态特色； 5．沿街店铺门面和橱窗整洁美观； 6．第五立面（屋顶）无违法建筑，无暴露垃圾、杂物，注重屋顶美化
景观品质	1．绿化植物品种体现多样性，绿化景观层次色彩丰富，提倡立体绿化和阳台绿化； 2．行道树的树穴无黄土裸露，树穴盖板平整完好； 3．花境、花坛、花杜、城市雕塑和主题小品的设置要与区域的功能风貌相协调融合； 4．城市夜景照明设置规范，完好无损，区域整体性和周边环境相协调； 5．规范设置屋顶广告、店招、铭牌、通信基站等各类设施，清理违规设置的设施，保持城市天际线优美靓丽
动态管控	1．网格化管理机制完善，实现全覆盖、全过程、全天候管理要求； 2．责任区制度落实，各类责任主体自觉履行法律责任； 3．充分运用智能化管理手段，管理数据实现互联共享； 4．街面各类问题及时发现、快速处置，确保管理实效
市民集中居住区域	
城市保洁	1．地面道路和高架道路路面保持整洁干净，无污渍和扬尘，没有暴露垃圾，道路见本色； 2．交通标杆、路灯杆、电杆、变电箱、公共交通站牌、信号灯、路名牌指示标识、人行道栏和杆、道路防护隔离等公共设施完好无损，整洁干净，无拴吊杂物； 3．消火栓、邮筒（箱）、信息栏、各类岗亭、废物箱等服务类设施宜集约布局在街道的设施带内，设置整齐，外观整洁； 4．各类人行天桥、跨线桥、高架桥荫、桥孔、地下隧道、人行地下通道等设施与周边环境相协调，无堆物设摊等现象； 5．水域环境整洁，无漂浮垃圾，两岸无违法建筑，无堆放垃圾、杂物

续表

项目	具体要求
设施管理	1. 城市道路的车行道和人行道平整完好，无破损病害，地面交通标识、标线清晰； 2. 各类道路公共设施设置合理，完好无损，与周边环境相协调； 3. 亭棚管理规范，东方书报亭、彩票亭、早餐车等经营性亭棚入场入室，治安亭、电话亭公共服务类亭棚设置规范； 4. 梳理零乱架空线，无乱设指示牌，空间视觉整洁美观； 5. 合理设置和减量道路隔离护栏设施，严格自行车停放区域划分标准，无固定停放车架设施； 6. 无障碍设施安全和畅通； 7. 在区域内设置的公共座椅、休憩场所等设施更加人性化，保持完好、整洁，与周边环境相协调
立面维护	1. 建（构）筑物外立面保持完好、整洁，无明显脱落和污迹。历史保护建筑风貌保持完好； 2. 临街建（构）筑物外立面的附属设施设置规范，完好无损，整洁美观，确保安全； 3. 户外广告和店招店牌设置规范，完好无损，体现区域特色和景观品质； 4. 各类围墙完好、整洁、美观，体现文化、艺术、生态特色； 5. 整治"居改非"，严禁破墙开店。调整优化经营业态，沿街店铺门面和橱窗整洁美观； 6. 第五立面（屋顶）无违法建筑，无暴露垃圾、杂物，注重屋顶美化； 7. 建（构）筑物"背面"环境整洁，无堆放垃圾、杂物
景观品质	1. 绿化植物品种体现多样性，绿化景观层次色彩丰富，提倡立体绿化和阳台绿化； 2. 行道树的树穴无黄土裸露，树穴盖板平整完好； 3. 花境、花坛、城市雕塑、景观小品等的设置要与区域的功能风貌相协调融合； 4. 城市夜景照明设置规范，完好无损，区域整体性和周边环境相协调； 5. 规范设置屋顶广告、店招、铭牌、通信基站等各类设施，清理违规设置的设施，保持城市天际线优美靓丽； 6. 水域景观环境优美整洁，水生植物与周边环境自然和谐
动态管控	1. 网格化管理机制完善，实现全覆盖、全过程、全天候管理要求； 2. 责任区制度落实，各类责任主体自觉履行法律责任； 3. 充分运用智能化管理手段，管理数据实现互联共享； 4. 街面各类问题及时发现、快速处置，确保管理实效

资料来源：上海市住建委　提供

衡山路—复兴路历史文化风貌区（简称"衡复风貌区"）（图 3-32、图 3-33）是上海规模最大的成片风貌保护区，占地 7.66 平方公里，其中有 4.4 平方公里位于徐汇区。2019 年，徐汇区提出以"高质量发展、高品质生活、高水平管理"为目标，打造精细化治理的"衡复样本"。

要实现全要素、精细化的城市街道设计，规划师必须从整区域到分街道再到一个个建筑单体，分别给出更具体的、更有针对性的实施方案。

图 3-32 衡复风貌区手绘图

上海宋庆龄故居

中国船舶重工集团公司第七〇四研究所

图 3-33 衡复风貌区优秀历史建筑

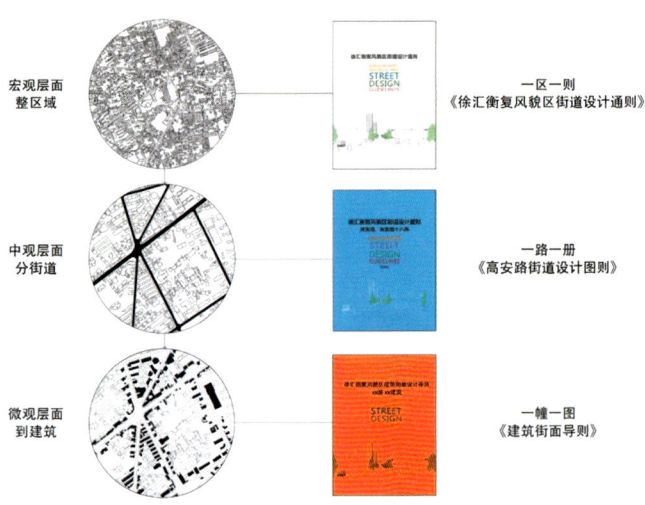

图 3-34　街道城市设计三个层面递进导则

这种递进式的引导包括三个层面（图 3-34）。首先，规划师应当先从道路所在区域展开全局性的思考，以整个区域为研究对象，制定"设计通则"，为区域中所有道路提供一个共同的指导和基准；其次，允许各条道路在此基础上，根据各自风貌特征，编制"一路一册"的个体导则；最后，对沿街建筑划分类型，进行全要素研判，形成"一幢一图"的建筑立面导则。完成三个层次的设计导则后，再对街区各界面现有问题进行全覆盖、无死角的梳理，包括空间、交通、功能、建筑保护情况、景观环境、城市家具、设备设施等内容，罗列出当前存在的问题和难点，制定相应的任务清单。

以衡复风貌区的重要道路之一——高安路为例，徐汇区对现状进行全面深入的分析，包括现状功能分析、现状风貌分析、数字化历史建筑全景信息、绘制道路典型剖面等。再选取西向视角，通过影像技术拼合出高安路沿街的长界面。对现有问题分类梳理出负面清单：沿街建筑立面外露管线问题较为严重，部分门窗存在违规改建情况，围墙绿化缺失，设备箱需要转移或拆除……

根据负面清单，规划设计师们对高安路要素进行了更为全面、细致的分析。将全部要素划分为 7 大类、40 项，包括店招店牌、建筑立面、窨井盖、照明路灯、围墙、出入口等在城市设计中常见的控制要素，也包括电表箱、牛奶箱、架空线、设备箱、行道树等容易被忽视的控制要素。分别对每一大类、每一小项进行整体和局部的研究，逐一判断控制引导方向，制定出每一类、每一项的总体控制原则和分项控制细则。

在高安路 49～57 号，沿街建筑的现状主要为居住、商业功能，包括便利店、鲜果屋、地产经纪等。通过研究现状和历史图纸，规划设计师对这部分建筑的店招、外立面、门窗和外墙附属物分别给出了相应的整改对策：店招应设于门楣上方规定位置，文字高度不得大于 300 毫米，色彩不得过于鲜艳；门窗样式宜采用分格玻璃，材质采用哑光金属材质，色彩宜为墨绿色；外墙应采用涂料拉毛、水泥踢脚，色彩应为米黄色，踢脚应为水泥色；管线设备应隐藏于米黄色格栅内，可增设墨绿色雨篷和壁灯。[1]

总体而言，衡复风貌区内已形成的设计导则均遵循精细化、全要素的根本原则，针对不同类型的建筑，保留且丰富了其相应的内容内涵，对于历史建筑，尽可能做到原材料、原工艺，追求修缮品质；对于现代建筑，也对包括外墙、门窗、空调外机、雨篷等立面控制要素的色彩、材质、形式等逐一提出整改建议，力求与区域整体风貌协调统一（图 3-35）。

1 王林，薛鸣华. 基于精细化治理的街道城市设计——以上海徐汇衡山路—复兴路历史文化风貌区为例[J]. 时代建筑，2021（1）：56-61.

爱庐　　　　　　　　　　　　　　　上海工艺美术博物馆

图 3-35　修复一新的历史建筑

3．一体化——以保洁养护、小区管理为例

制定好管养细则实现可持续管控，让运动型管理转向长效型管理，是完成有机更新的最后一步。就像改装一辆车，首先是清洗车辆，其次是更换零件，而要让它能稳定地跑起来，后续保养必不可少。

（1）养护保洁一体化

青浦区在 2017 年首届进博会筹备期间，就开始在国家展览中心周边尝试一体化管理模式，在道路保洁、绿化养护、河道保洁等责任归口管理方面取得了良好成效。2019 年，青浦区明确将一体化管理模式列入区政府年度重点工作，要求在辖区内的所有城市化地区复制、推广养护保洁作业一体化模式，在试点基础上，提标升级的"五定"（定岗、定员、定时、定职、定量）成为一种标准化的新示范。2020 年，青浦进一步向农村地区推行一体化养护保洁，出台了《道路（路段）和区域"席地可坐"精细化保洁评估办法（试行）》，将区内道路分为三类，提出了阶梯式的作业标准（表 3-8）。

一体化保洁标准 表 3-8

道路等级	保洁标准
一类道路	1．每天保洁作业时间不少于 16 小时（中心城区不少于 18 小时）； 2．机械化清扫、冲洗覆盖率 100%； 3．路面、非机动车道、人行道机械清扫每天不少于 4 次； 4．路面冲洗不少于 4 次； 5．道路巡回保洁机械化作业全覆盖，一类道路地面散在性垃圾落地 20 分钟内清除
二类道路	1．每天保洁时间不少于 12 小时（中心城区不少于 16 小时）； 2．机械化清扫、冲洗覆盖率 100%； 3．路面、非机动车道、人行道机械清扫每天不少于 3 次； 4．路面冲洗不少于 3 次； 5．道路巡回保洁机械化作业全覆盖，二类道路地面散在性垃圾落地 30 分钟内清除

续表

道路等级	保洁标准
三类道路	1. 每天保洁作业时间不少于 8 小时（中心城区不少于 12 小时）； 2. 机械化清扫、冲洗覆盖率 100%； 3. 路面、非机动车道、人行道机械清扫每天不少于 2 次； 4. 路面冲洗不少于 2 次； 5. 道路巡回保洁机械化作业全覆盖，三类道路地面散在性垃圾落地 45 分钟内清除

　　对于外来人口占了七八成的塘郁村，社区治理与卫生环境问题曾经是历任村委会深感头疼的"老大难"。家门口的环境是否干净，绿化是否优美，公厕是否有异味……这些"眼皮子底下的事儿"，老百姓个个心里明镜似的。推行一体化养护保洁一年后，村里环境大变样。路上垃圾鲜见，连带路边影响交通的横枝枯干也被修剪干净，往日里只能掩鼻而过的垃圾桶和公厕都变成了"小清新"。看到村里的变化，喜欢运动的郭先生很是骄傲，"最近我们村的卫生环境又上了一层楼，我围着河边跑了好几圈了，一个瓶子、一个烟头都没瞧见"（图 3-36）。

　　更令郭先生津津乐道的是一旁的公厕："以前我晨跑如果肚子痛了，再急也不愿意在这里'救急'，味儿实在有点大，现在变化太明显了，和

图 3-36　施行一体化保洁后的塘郁村

家里一样干净，没有味道。"村委会工作人员介绍说："以前有许多犄角旮旯的盲区，一体化后就全都覆盖了，道路、绿化、河道，甚至村民们的宅前屋后，只要是公共区域就有专人负责。村容村貌越变越好，都有游客了，大家都说住在这样的村里很幸福。"

一体化养护保洁作业有较强的适用性，可以因地制宜地整合环卫、绿化、河道保洁等多方面的资源，实行责任统一的区域化管理，避免以往不同作业单位间的相互推诿、扯皮问题。配备"五定"的标准化加持，令规定时间段内作业人员、工作责任全面落实，在不加重作业人员个体责任的前提下，全面提高了作业的标准化、专业性和覆盖面，提升了实效。

（2）小区一体化管理

不止于街面上的公共空间，上海正在积极推进老旧小区的综合治理，就是要从解决房屋安全问题出发，全面提升小区环境品质，建设高质量的宜居空间。

相邻的辽源西路190弄、打虎山路1弄、铁路工房，曾经是江浦路街道五环居民区里的三个独立小区，虽一墙之隔，却互不往来。"辽源西路190弄没有物业。铁路工房物业费入不敷出，公共配套不足。打虎山路1弄仅有两幢住宅楼，住着90户人家，唯一的主干道晚上停了车子后，人要侧着身才能进去，平时连晒太阳的空间都没有……"在这里住了30年的张阿姨细数着每个小区的问题。

"能否把三个小区合为一体，集中改造？""美丽家园"建设的东风吹到了辽源西路，这个大胆的构想被提上了日程。对此，居民区成立了一支专门的团队，挨家挨户征询意见，总结阿姨、爷叔们提出的包括打通生命通道、增加停车位、扩大活动空间等13条意见后，最终确立了"打破围墙，整合公共资源；调整绿化，优化外部环境；房屋整修，美化楼道环境；统一管理，提升服务能力"的建设和管理标准，以及"立面、平面、通道、管理"四个方面的全要素改造方案。

方案对小区内暴露的管道、电线（包括架空线等）进行了重新布局，管网全部入地，消除黑色污染；对房屋外立面进行粉刷，雨篷更新，使立面整洁美观。在居民楼内部，对居民污水管、油烟管等进行统一布局改造。拆除违法建筑和分隔围墙后，三个小区彻底融合。优化绿化、车棚等设施、设备的布局，尽可能解决居民停车问题。重新规划小区内的动线，形成了贯通的循环通道，统一铺设沥青路面。调整出入口，加装智能门禁，提高治安水平……改造完成后，又将小区内的设施管理、公益组织进行合并，形成了一家物业公司、一个业委会的统一管理，提升了整体秩序（图 3-37）。

　　从一体化考虑到一体化推动，最后一体化管理，"一体化"这三个字已成了管理者们在思考和实施管理行为时，必须秉持的标准动作。

改造前通道狭窄，设施老旧

打破围墙

新的小区名

小区道路上的创意手绘窨井盖

图 3-37　由三个小区合为一体的"辽源花苑"

"片区一体化"治理让老旧小区"旧貌换新颜"

417街区由凌云新村、梅苑一、梅苑二等7个小区组成，涉及3个居委、4个物业，街区内有住宅、铁路、河道等多种空间类型。凌云路街道于2017年提出将若干个居民区"打包"成"片区"，改变以往的零散施工、反复施工、长期施工现象，一揽子推进解决整个片区的难点、痛点问题。

梅陇港改造前后

凌云路街道417街区　　　　　　　火车头改造成的党群服务阵地"初心老站"

"417"入口处曾是1909年建成的沪杭铁路梅陇站，为了纪念百年车站，凌云路街道将火车头改建成党群服务阵地"初心老站"。

数量做"减法"，服务做"加法"

　　石泉路街道从"法理、物理、管理、治理"四个维度，试点小微小区合并管理。"法理"先行，党建引领完成业委会合并、新物业选聘等工作。"物理"跟进，围绕行车动线、出入口设置等形成小区修缮方案，小区出入口从 10 个归并为 2 个。"管理"提级，初步形成物业费"质价相符"的理性关系。"治理"赋能，依托"红色议事厅"自治平台，形成多元化主体共治新局面。并将石泉路 180 弄内一处碉堡遗迹景观进行了改造。

碉堡遗迹景观改造前后

坚持多样性、普及性，
破解基本民生难题

显然许多标准化的文件不具备法律上的强制性，但也正因为其灵活、多样的表达和运用方式，才能够对管理过程中的细微处给出详尽的解释与规范。一些不成文的经验、做法在形成广泛共识后，也成了具象化的标准，服务于城市管理的各个领域。

无论是由机关或机构颁布的成文内容，如《徐家汇街道户外招牌设计导则》《殷行街道既有多层住宅加装电梯可行性地图》，还是由一些口口相传的工作经验形成的公认"标准"，如宝山路街道的"1平方米卫生间"、黄浦区为防控人群密集风险自创的"三化融合"平安治理体系等，标准化建设的出发点都是人民。

1. 保障底线需求——以"1平方米卫生间"改造工程为例

习近平总书记在2020年秋季学期中央党校（国家行政学院）中青年干部培训班开班式上指出，在基层工作中，最重要的内容之一就是针对居民生活中的"急、难、愁、盼"问题提出解决路径。现实生活中，确实有许多受技术和标准制约而无法解决的民生问题。比如，按照我们规划建设方面的技术标准，仅一个"面积要求"就卡死了老城厢、老旧楼里解决独立卫生间的可能性。中央提出的"厕所革命"如何在不改变现有技术规划和标准的情况下，惠及条件艰苦的老百姓，让他们也能有尊严地生活，就需要在管理标准的层面作出一些突破。

属于上海老城厢的宝山路街道内，有相当部分居民还住在20世纪30~40年代建造的砖木结构的老房子里，扣除将被成片拆除的区域外，还有701户"手拎马桶"，散落在8个居民区的9个零星地块中。困扰居民日常生活的最大问题就是没有卫生设施，解决如厕问题只能靠路边的公共厕所和痰盂罐，苦不堪言。在这些轮不到拆迁的701户居民中，有的房屋空间小，有的分隔设计难，有的具体施工难，有的房屋出租多年，

图 3-38　改造后的"1 平方米卫生间"

户主难寻，有的担心"装了马桶就不会再动迁了"……

　　为此，街道成立了由党政主要领导负责的改造工作领导小组，将具有丰富群众工作经验的部门负责同志调入主责部门，专司"1 平方米卫生间"改造的一线指挥工作。街道首先选择了设计和施工难度最大的 12 户家庭，打造了 12 处"样板厕所"供居民参观，打消了居民对施工质量问题的担忧。面对户数多、空间小、设计难、施工难等多重困难，街道实行一户一方案。比如，有的设计安装在原来放痰盂的空间，有的设计安装在楼梯间，有的设计安装在经志愿者们调整室内家具摆放位置后腾出的空间（有的人家居住面积实在太小，施工队就帮助安装一个墙面收纳柜，收纳地面杂物，腾出空间）。即便是 358 户"人户分离"家庭，也在 550 余次面对面工作后，完成了改造（图 3-38）。2019 年 11 月，随着"1 平方米卫生间"改造工程圆满完成，被"如厕难"问题困扰多年的 701 户居民全体告别了"拎马桶"生活，辖区居民一致叫好。媒体争相报道，兄弟街道也来学习取经。

　　习近平总书记多次指出，"让老百姓过上好日子是我们一切工作的出发点和落脚点"。"1 平方米卫生间"改造工程的工作机制与流程，切实改善了居民的生活品质。"哪怕只有 1 平方米，也要让老百姓生活得有温度！"这又何尝不是一条衡量我们旧改工作的管理标准。

2. 回应弹性需求——以《徐家汇街道户外招牌设计导则》为例

　　在现实管理中，一直存在一个值得探讨的情况，即如何在保障城市管理约束力的基础上，增加管理弹性，更好地适应城市发展的需要，提升城市品质。比如店招店牌，在商业街发展的初级阶段，很多店家不考虑建筑的特色，一味追求夸张效果以博人眼球。意识到这个问题之后，有的管理部门对招牌进行统一设计，结果却事与愿违，变成了另一种统一的"丑"。观察巴黎、纽约等国际大都市的历史街区，现代化的店招店牌却可以和建筑浑然一体，同时让街区景观保持协调的美感。

　　就在几年前，上海也曾出现过因为审美缺失造成街面"毁容"的舆情事件（图3-39）。但差不多同一时间，也出现了一家老包子铺，通过简单更新门口装潢和店招店牌而一夜"网红"的真实事件（图3-40），足见店招店牌切不可"一刀而切"。

　　"一刀切"的整治手段在有些工作中固然效果显著，但当城市发展到一定水平后，这种手段越显力不从心。上海各级政府针对管理中的弹性

图3-39　被戏称"殡葬风"的店招店牌

图3-40　通过更新店招店牌而成为"网红"的包子铺

图 3-41　徐家汇街道户外招牌设计导则、管理导则和服务导则

需求作出多样性尝试，例如徐家汇街道为寻求店招店牌设置的最优路径，于 2019 年发布了《徐家汇街道户外招牌设计导则》（图 3-41）。导则强调，商铺店招并不是"统一"设计，而要"整体"设计，鼓励商家在符合导则要求的基础上，大胆设计富有个性化的店招店牌，无须"式样一致"，尤其是历史风貌道路，更是鼓励每个招牌都要结合所在建筑的特点"尽情发挥"。

导则将徐家汇地区分为 6 大区域，以商业商务综合体为核心，环绕文教、历史风貌、家居创意、体育休闲、居住生活 5 个特色片区，对不同区域的店招分类施策。在历史风貌区的天平路，引导店招风格"应小巧、雅致，鼓励个性化和富有文艺气息的设计"，建议店招底板色彩"不宜采用大面积的底板色和过于鲜艳的色彩，以米黄色为主"。在商业服务类的天钥桥路中北段，"鼓励商家使用多元化的色彩""建议使用低饱和度的色彩"。

导则对店招设置中矛盾比较集中的色彩问题进行了指导：同一店招尽量避免出现两个以上的高饱和色彩，鲜艳的高彩度色彩不宜超过招牌总面积的十分之一。导则还尝试采用"负面清单"制度，将涉及店招安全、位置、形式、内容、色彩、灯光、附属物的七大类问题明确为"不能做的事"，并附上不同类型商户的正确店招示范。[1]

1　舒抒. 上海首个街道层面户外招牌导则发布，商圈"大红大绿"店招是留是改有答案 [N/OL]. 上观新闻，2019-05-24[2021-09-25]. https://www. shobserver. com/staticsg/res/html/web/newsDetail. html?id=152938&sid=67.

位于斜土路、宛平南路的一家美容美发店被划入了行政文化类道路街区，其店招店牌的风格宜简约，符合庄重、典雅的风格；底板样式宜采用镂空化；色彩宜以雅灰、雅棕色为主。可该美容美发店是一家美容美发连锁店，总店对于店招也有统一的标准——大红色底纹、规定字体字号、霓虹灯等，都与街区的整体风格不相符。街道充分考虑了企业的需求，没有"一刀切"，将店招改成了采用红棕色的底纹和适宜的字体，虽然字看上去小了很多，但和周边的整体风格统一起来，既保留了自己的特色，又符合了整体需求。

道路的整体提升和商业品质的提升是互惠互利的，随着文化审美一点点深入人心，潜移默化中也提升了整个街区的氛围感和精致度。《徐家汇街道户外招牌设计导则》改变了以前一味寻求统一的原则，让商家在整体设计的基础上进行个性化处理，真正做到了"街区是赏心悦目的，管理是充满温度的"。

3．满足多元需求——以《殷行街道既有多层住宅加装电梯可行性地图》为例

如何通过标准来引导市民参与城市管理，也是近些年来上海城市管理标准建设的重要探索之一。以前，我们经常提到的城市管理标准，往往被默认为是一种出公认机构批准，共同使用和重复使用的规范性文件，主要针对的是城市"管理者"，即实际参与城市管理的作业人员。随着标准化理念的发展，以及社会化观念的深入人心，陆续出现了诸如《上海市15分钟社区生活圈规划导则（公众版）》《殷行街道既有多层住宅加装电梯可行性地图》等针对城市"使用者"——居民的标准和导则。这些标准、导则在为市民科普城市规划、建设和管理相关理念的基础上，鼓励、引导居民参与城市管理。

夏日，郁郁葱葱的居民区里，殷行街道国和二村66、67号楼"玻

图 3-42　加梯现场图

璃电梯"折射着太阳光，成了这个老小区里最靓的建筑（图 3-42）。"这是 20 多年的老房子，居民以七八十岁的老人为主，上下楼梯不便是大难题。"家住 502 室的刘先生在加装电梯初期就挨家挨户地上门做工作。居民征询同意率达到了 100%，一楼和二楼居民也欣然签约。"我们是幸运的！街道在上面做'手术'，我们居民在下面做工作，电梯从去年底开始施工，经过 7 个多月建设终于完工了。"

竣工仪式上，《殷行街道既有多层住宅加装电梯可行性地图》（图 3-43）正式发布。这是街道委托专业机构，根据居民实际需求，对 200

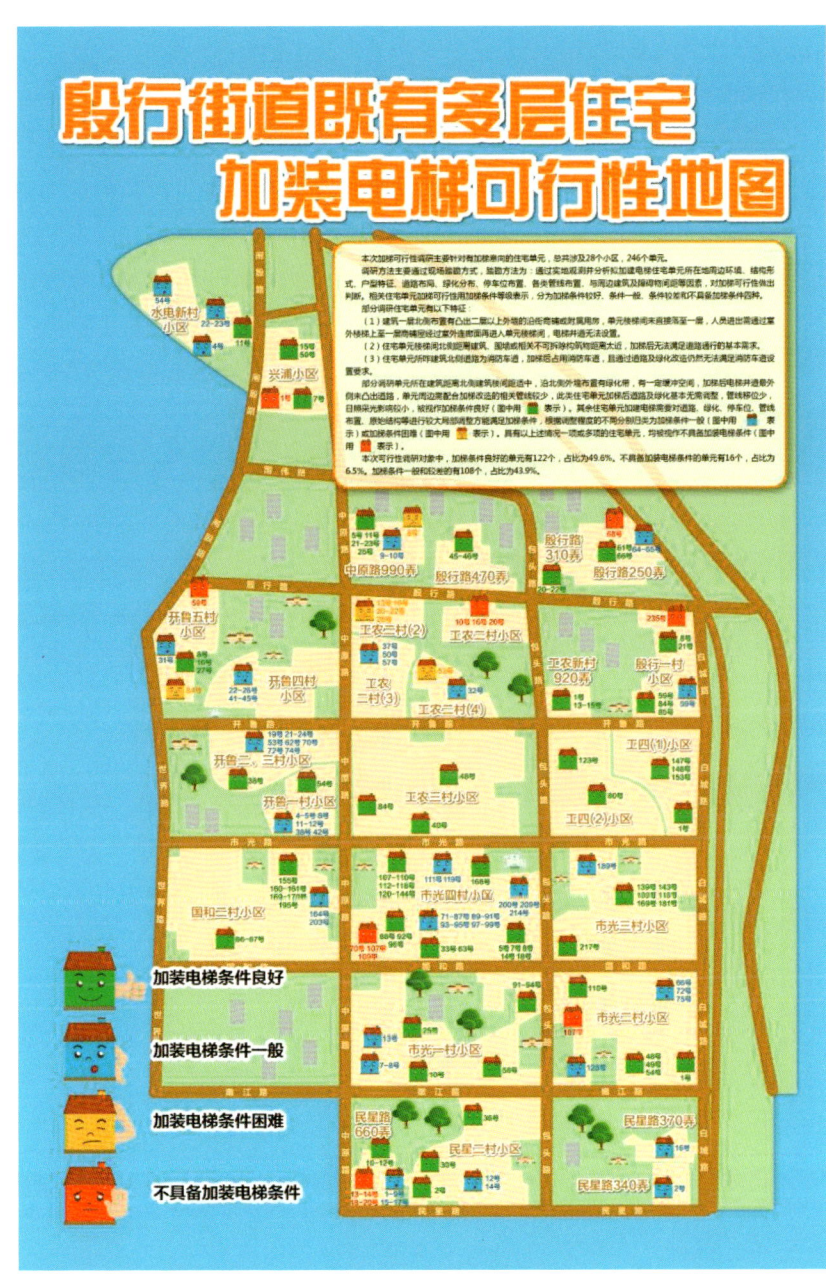

图 3-43 《殷行街道既有多层住宅加装电梯可行性地图》

余幢老楼逐一开展实地勘测后，分类标识绘制而成。

殷行街道内大部分老旧小区都有加装电梯的需求，但不是每幢楼都具备加装条件。有些居民可能好不容易做通了邻居们的工作，走完了申请、审批的程序，却在开工后施工单位把地面挖开了，才发现下面埋有电缆管道，原先的加装方案行不通。而去电力部门申请管道移位的价格不菲，办理流程也长。这让居民感到进退两难：装吧，要每家每户再出一笔钱，还要延长施工时间；不装吧，工程动工已经产生成本，现在放弃得不偿失。"可行性地图"的目的就是让居民可以"摸清家底"，按图索骥地申请加装电梯。

街道相关职能部门联手专业机构，走遍辖区有加梯意向的住宅单元，对其所在地周边环境、结构形式、户型特征、道路布局、绿化分布、管线条件等因素进行全面踏勘分析，按照具备加装条件、可设法创造加装条件、完全不具备加装条件进行分类标识，绘制成《殷行街道既有多层住宅加装电梯可行性地图》，以绿、蓝、黄、红等色块直观表达每栋楼的加梯可能性，覆盖了 28 个小区内的 246 个单元，让居民的加梯意愿有据可循。后续，为方便居民了解加装电梯流程，又出台了《殷行街道加装电梯自治指南》。2020 年，街道又编制了自治指南 2.0 版，根据加梯工作中碰到的难点问题，整理出《殷行街道影响加装电梯的十大因素及处理对策》。这些标准化文件的出台，一方面帮助基层工作人员梳理清楚了加装电梯的需求清单，另一方面给市民提供了一份详尽、完整的"操作指南"，让每个居民都清楚自己家是否适合加装电梯，如何才能加装电梯。[1]

1　黄尖尖. 老公房加装电梯，没想到装上的是两座"玻璃电梯"？[N/OL]. 上观新闻, 2019-08-21[2021-10-20]. https://www. shobserver. com/staticsg/res/html/web/newsDetail. html?id=149595&sid=67.

对标双最"绣"出城市管理精细化的品牌

精细化管理评价标准：做减法、全要素、一体化

"做减法"，即注重依法，强调减量，让城市更方便、干净、整洁。在保证城市运行安全的前提下，能减则减、能少则少，严格控制设施增量。减掉违法的，如拆除违法搭建、违法广告，整治违法排污等；减掉多余的，如架空线入地、多杆合一、城市家具集中等；减掉占用公共空间的，如整治占道亭棚、占道经营、不必要的围栏、护栏等。

"全要素"，即注重品质，强调整体，让城市更美观、舒适、精致。在一个区域内，不是将单个要素简单累加，而是把区域内的道路、绿化、城市家具、建筑立面等要素作为整体一并考虑，系统地进行规划、建设和管理，解决从地上到地下、从景观到功能、从畅通到安全的一揽子问题，全方位提升公共空间品质，做一片，成一片。

"一体化"，即注重闭环，强调全周期，让城市更协调、有序、高效。增强"后端前置"意识，将管理、执法、养护需求提前纳入规划和建设环节考虑，形成"规划—建设—管理—执法—作业"管理闭环。同时依托"多格合一"，集成规划、建设、管理、执法、作业、服务力量，将区域性较强的设施打包实施、综合管理，解决跨区域、跨部门、跨层级问题。

第四章

智能化打造城市管理『神算子』

Exploration and Practice of Intelligence

2015 年 12 月，习近平总书记在中央城市工作会议上指出，"要加快智慧城市建设，打破信息孤岛和数据分割，促进大数据、物联网、云计算等新一代信息技术与城市管理服务融合，提升城市治理和服务水平。要加强城市管理数字化平台建设和功能整合，建设综合性城市管理数据库，发展民生服务智慧应用，实现'科技让生活更美好'的目标。"2019年 10 月，十九届四中全会再次明确，"建立健全运用互联网、大数据、人工智能等技术手段进行行政管理的制度规则。推进数字政府建设，加强数据有序共享"。推进数字政府建设成为党和国家制定的重要战略。2021 年 1 月，上海发布了《关于全面推进上海城市数字化转型的意见》。该意见指出，上海将坚持整体性转变、全方位赋能，从经济、生活、治理三方面全面推进城市数字化转型；在治理方面，要打造科学化、精细化、智能化的超大城市"数治"新范式，提高现代化治理效能。长期以来，上海一直在充分运用技术力量，打造"一网统管""一网通办"新模式，重塑治理理念和治理流程的道路上探索前进，为国家和地方政府推动治理现代化、管理精细化的探索实践提供思路和借鉴。

In December 2015, General Secretary Xi Jinping pointed out at the Central Urban Work Conference, "We should speed up the construction of smart cities, break information isolated islands and data segmentation, promote the integration of big data, Internet of Things, cloud computing and other new-generation information technologies with urban management services, and improve urban governance and service levels. We should strengthen the construction and functional integration of the digital platforms for urban management, build a comprehensive urban management database, develop the intelligent application of people's livelihood services, and achieve the goal of 'technology makes life better'". In October 2019, the Fourth Plenary Session of the 19th CPC Central Committee once again made it clear that "establish and improve the system and rules for administrative management by using the Internet, big data, artificial intelligence and other technical means. Promote the construction of digital government and strengthen the orderly sharing of data". Promoting the construction of digital government is an important strategy formulated by the Party and the nation. In January 2021, Shanghai issued the *Opinions on Comprehensively Promoting the Urban Digital Transformation in Shanghai,* which states that Shanghai will stick to the overall transformation and all-dimension empowerment, and comprehensively promote the urban digital transformation from the three aspects of economy, life and governance. In terms of governance, Shanghai should create a new paradigm of scientific, refined and intelligent megacity with "digital governance" to improve the efficiency of modern governance. For a long time, Shanghai has been making full use of its technical force to create a new model of "Unified Management in One Network" and "Government Online-Offline Shanghai", exploring and moving forward on the road of reshaping the governance concept and governance process, which has provided ideas and reference for the exploration and practice of nation and local governments to promote governance modernization and management refinement.

The 2014 Shanghai Stampede caused 36 deaths. The grievous stampede has once again reminded citizens and managers that the vulnerability of cities, especially megacities, is far beyond our imagination.

Looking back at this major incident, we cannot but wonder whether the city managers have more effective ways to ensure the basic public safety. Today, with the rapid development of science and technology, can we further improve and perfect intelligent means to reduce the occurrence of such incidents, and even if they do occur, can we minimize the loss? In fact, there have been successful experiments to sensor the behavioral pattern of traffic, people flow and public opinion in specific areas through intelligent means. During the Expo 2010 Shanghai China, Shanghai World Expo Park with an area of 5.28 square kilometers experienced 24 times of large passenger flows of more than 500,000 person times on single days. With the help of comprehensive real-time sensors and massive data integration processing, not only the real-time passenger flow in the park was accurately presented, but also the subsequent peak passenger flow was accurately predicted to help the smooth running of the Expo. If, before the stampede incident, similar real-time data had gathered in the monitoring room of the command center and timely transmitted the dangerous omen, would the tragedy be prevented?

The painful lessons of similar incidents have exposed various problems, all of which remind urban managers to try new methods more tirelessly to ensure the most basic safety needs of the public, and to solve the problems encountered by citizens more sensitively, transparently and resoundingly. Especially for megacities, individuals, details and parts are increasingly having a systematic impact. Only by focusing on minute points and accurately controlling trivial, fragmented and scattered social facts can we respond to possible problems sensitively, timely and effectively.

As General Secretary Xi Jinping pointed out, "Promoting urban management means, modes and concept innovation from digital to intelligence and then to wisdom and making the city more intelligent and smarter with the application of big data, cloud computing, chain blocks, and artificial intelligence and other cutting-edge technologies is the only way for the modernization of urban governance system and capacity, and it has broad prospects". This important statement has pointed out the direction for promoting the modernization of governance, and also inspired us that there is great potential and a lot can be done with intelligent technology to optimize the efficiency and effectiveness of urban management. From the perspective of managers, it is to try to prevent the city from "diseases", or help it get recovered quickly after getting sick, so as to ensure the healthy operation and harmonious development of the city; from the perspective of the people, it is to enable the people to enjoy the "convenience" "advantages" and "benefits" brought by intelligent management means, and exercise effective oversight over the government. In terms of management means, it is to continuously and accurately monitor the city operation, coordinate and deal with the relationship between different elements, and make the governance process visible, participatory and computable. In terms of management mode, it is to simplify the complicated urban system and turn it from dynamic to relatively static through the combination of grid management and intelligent technology. In terms of management mode, it is to simplify the complicated urban system and turn it from dynamic to relatively static through the combination of digital management for a matrix of urban communities (which means relying on a Unified Platform for Digital Urban Management and dividing areas under jurisdiction into unit grids according to certain standards for inspection and management) and intelligent technology. It is to form closed loops for all-day management through sensing, computation, execution and feedback. With a larger number of more precise closed loops for management, urban management will become more refined and better people's needs. From the perspective of management concept, it is to integrate new concepts such as intensiveness, low-carbon, green and humanistic care into the whole process of urban management with intelligent system.

With the exponential development of the new generation of information technology, Shanghai continued to explore the comprehensive application of cutting-edge technologies such as big data, cloud computing, blockchain and artificial intelligence, and began to deeply plough the road of intelligent urban management in 2018. Upgrading urban management and service level in a more accurate and dynamic way by embedding and integrating intelligent means and grid management mode has become one of the important breakthroughs in the meticulous governance of megacities. Under the top-level design of the system, accessing such new urban management mode to multidimensional data around the smallest urban management units is a revolutionary innovation of intelligent urban management and services.

On the one hand, the advanced ICT technology can help analyze, develop and utilize all kinds of data in the city to better understand its changes, especially the changes of the needs of myriads of people living in the city. It is to empower the city and serve people. on the other hand, the grid-based management mode can decompose the city into the smallest management units for seamless management with full coverage of every aspect, so as to release the greatest technology advantages and overcome the practitioners' inertia, managers' sluggishness and operators' instability and other limitations.

With the large-scale promotion of intelligent construction, various new situations, new phenomena and new challenges are also emerging. Various departments, districts, sub-districts and towns contend with each other in the construction of system platforms, forming a messy and scattered scene. In view of various problems occurred in the initial stage of construction, Shanghai did not follow the convention and remove all from the top-level design to start all over again. Instead, it directly faced the difficulties in management and practice by starting from micro and even trivial problems, flexibly and dynamically sought solutions and continuously improved the exploration and practice of intelligent urban management through unifying standards, improving the overall environment, taking an application-driven method and re-engineering processes.

Firstly, in order to give full play to the aggregation effect of intelligent construction, the business data, video data, IOT data and map data of the whole city have been effectively integrated to gather various elements of urban governance, including urban basic geographic information, building models and various infrastructure into a whole. It has laid a solid foundation for future collaborative integration through systematic operation and full data sharing, as well as the unified terminal platforms.

Secondly, in order to effectively manage, dispatch and utilize the data resources of the whole city, through establishing an ecology for development on cloud and integrated deployments, the Shanghai urban integrated operation management platform has connected cities, districts, sub-districts and towns in a complete system via a distributed structure, opened a systematic, holistic and omni-bearing urban digital transformation. It has also solved the communication problems between data and between systems, achieved a major breakthrough from data fusion to system collaboration, and completed the accurate matching of information supply and demand.

Thirdly, based on the improvement of the underlying structure, Shanghai developed and promoted a number of practical and efficient application scenarios for concentrated, recurring problems, and problems involving urban operation safety, cross departments, cross levels and cross regions, and problems that are difficult to coordinate by targeting the problem orientation and demand orientation. These scenarios include a strong sensory scenario with the application of IoT technology as a typical example, a strong prediction scenario with the application of AI technology as a typical example, a strong intervention scenario with the application of big data technology as a typical example, and a strong control scenario with technology composite applications (which means integrating different technologies to achieve better results and higher efficiency).

Finally, the application of new technology provides possibilities for the transformation of working modes. Shanghai forced business process reengineering by upgrading service platforms, forced overall optimization and management innovation of offline business processes through online information flow and data flow, reconstructed cross departmental, cross regional and cross level business processes and operation mechanism, and deepened departmental coordination and joint logistics linkage by focusing on the three links of internal management, department collaborative management and grass-roots joint services management driven by application scenarios.

智能化
是精细化管理的重要手段

2014 年 12 月 31 日晚,上海发生了一起灾难性事故,36 个鲜活的生命消失在松散的安全链条上。当时,正值跨年夜活动,游客和市民聚集在上海外滩迎接新年,在外滩陈毅广场东南角,通往沿江观景平台的人行通道阶梯处底部有人失衡跌倒,随即在人群里引发了多米诺骨牌似的摔倒、叠压。在这次踩踏事件中,共有 36 人死亡,49 人受伤。[1] 消息一出,立即引起了强烈反响,人们不禁要问:上海不是已经实行城市网格化管理,怎么会忽略这个特定区域、特定时间的实时管理呢?马路上安装的探头、各类监测设备,历年的管理经验都没有派上用场吗?

外滩踩踏事故,再次警醒市民和管理者们,城市具有脆弱的一面,尤其是超大城市,其脆弱性远远超过我们的想象。

回看这起重大事故,城市管理者是否有更有效的办法保证市民的基本安全?在科技高速发展的今天,能否通过进一步健全和完善智能化手段,来减少此类事件的发生?即便发生,又能否将损失减少到最低限度?其实,通过智能化手段来感知具体区域的交通、人流和舆情的方式,已经有过较为成功的实验。上海世博会期间,5.28 平方公里的世博园区经历了 24 次单日超过 50 万人次的大客流,在全面实时感知和海量数据集成处理的辅助之下,不仅园区的实时客流准确无误地呈现出来,还实现了对后续客流峰值的精准预测,帮助世博会运转井然。[2] 如果踩踏事故发生前,指挥中心的监控室里就有类似的实时数据汇聚并及时传递了险情,悲剧是否可以预防?

外滩踩踏事件的惨痛教训,以及无锡桥面侧翻、郑州特大暴雨等事件暴露出来的种种问题,无一不在提醒着城市管理者要更加孜孜不倦地尝试新方法保证市民最基本的安全需求,要更灵敏、更透明、更具响应力地解决市民遇到的问题。特别是对于超大城市而言,个体、细节和局部日益增加的系统性影响,只有专注细微点,精准地掌控细小、零碎和分散的社会事实,才能够敏感、及时和有效地响应可能出现的问题。

正如习近平总书记指出的,"运用大数据、云计算、区块链、人工智能等前沿技术推动城市管理手段、管

1 上海公布"12·31"外滩拥挤踩踏事件调查 [EB/OL]. 人民网, 2015-01-22[2021-10-11].http://politics.people.com.cn/n/2015/0122/c70731-26428583.html.
2 缓解踩踏事件 物联网部署把关"安全门" [N/OL]. 中国安防展览网, 2015-01-05[2021-10-21]. https://www.afzhan.com/news/detail/34950.html.

理模式、管理理念创新，从数字化到智能化再到智慧化，让城市更聪明一些、更智慧一些，是推动城市治理体系和治理能力现代化的必由之路，前景广阔"。这一重要论述为推进治理现代化指明了方向，也启示我们，优化城市管理效率效能，智能化技术大有可为、大有作为。从管理者角度讲，就是促使城市"不得病""少得病"或者得了病之后"快治病""快治愈"，保障城市运转健康、和谐发展；从百姓角度讲，就是让民众感受到智能化管理手段带来的"便民""利民""惠民"，同时也对政府进行有效监督。[1] 从管理手段上说，可以持续而精准地监测城市的运行，协调和处理不同元素之间的关系，使得治理过程变得可见、可参与和可计算。[2] 从管理模式上说，通过网格化管理和智能化技术的结合，能把城市系统化复杂为简单、化动态为相对静态。通过感知、运算、执行和反馈，构成一个个全天候管理闭环，这些闭环越多、越精密，城市的管理就越精细，越能匹配民众需求。从管理理念上看，以智能系统为"粘合剂"，可以将集约、低碳、绿色、人文等新理念融入城市管理全过程。[3]

随着新一代信息技术的指数式发展，上海不断探索大数据、云计算、区块链、人工智能等前沿技术的综合应用，于 2018 年开始深耕城市管理智能化之路。通过智能化手段和网格化管理模式的互嵌与融合，以更精准、更动态的方式提升城市管理和服务水平，成为超大城市精细化治理的重要突破口之一。这种崭新的城市管理模式在系统的顶层设计之下，围绕城市最小管理单元接入多维数据，是智能化城市管理和服务的革命性创新。

一方面，借助越来越先进的信息通讯技术（ICT），分析和开发利用城市中的各类数据，更好地了解这座城市的变化，特别是生活在这座城市中千千万万市民的需求变化，赋能城市，服务于人；另一方面，基于网格化管理模式，将城市分解为最小管理单元，进行全覆盖、无死角和无缝隙的管理，释放技术的最大优势，克服从业者的惯性、管理者的惰性、作业人员的不稳定性等人的局限，能人之所不能。

随着智能化建设的大举推进，各种新情况、新现象

1　仇保兴. 智慧城市建设的背景、内容和途径 [J]. 社会治理，2016（4）：5.
2　韩志明. 规模驱动的精细化管理——超大城市生命体的治理转型之路 [J]. 山西大学学报：（哲学社会科学版），2021，44（3）：9.
3　仇保兴. 智慧城市要有"四梁八柱" [J/OL]. 电子期刊网，2019-12-20[2021-10-19].http://www.e-gov.org.cn/article-170175.html.

图 4-1　上海城市综合运行管理平台

与新挑战也不断涌现，各部门、各区、各街镇在系统平台建设中百家争鸣，呈现出"小散乱"等局面。针对种种建设初期出现的问题，上海并没有遵循惯例，从顶层设计开始按部就班地从头来过，而是直接面向管理和实践中的困难，从微观甚至琐碎的问题出发，柔性地、动态地寻找解决方案，从统一基础、完善生态、应用牵引和流程再造四个方面，不断完善城市管理智能化的探索和实践。

本章中我们将从以上海城市综合运行管理平台为重要载体的智能化建设出发（图 4-1），观察智能化手段助力城市管理精细化的完善过程，并通过一系列贴近市民生活的应用场景，从市、区、街镇、社区多个层面分析智能化在城市管理精细化中的关键作用。

统一基础，全方位打破数据孤岛

——以上海关于智慧城市建设的顶层设计为例

2016 年 10 月，习近平总书记在主持中央政治局第三十六次集体学习时指出："要深刻认识互联网在国家管理和社会治理中的作用，以推行电子政务、建设新型智慧城市等为抓手，以数据集中和共享为途径，建设全国一体化的国家大数据中心，推进技术融合、业务融合、数据融合，实现跨层级、跨地域、跨系统、跨部门、跨业务的协同管理和服务。"由此，党中央正式提出全国一体化国家大数据中心建设的构想，将大数据发展提升到前所未有的战略高度。上海高度重视、积极响应，成立大数据中心，牵头建设一体化大数据资源平台，聚焦技术支撑体系建设，强化数据中心、数据资源的顶层统筹和要素流通，推动城市管理由分散管理向系统治理转变，为城市治理保驾护航，并按照国务院统一部署，全方位打破"数据孤岛"，实现国家、市、区三级的互联互通。

"政务 App 太多了，有时连账号和密码都弄混了。每天围着这些 App 转，哪还有时间走街串巷。"随着互联网、人脸识别、人工智能（AI）等新技术的运用，各单位、各部门的政务 App 如雨后春笋般出现。然而，分散的 App 入口不仅无法给老百姓带去便利，更成为基层工作人员新的负担。据统计，2017 年上海曾同时运行 31 个政务 App[1]，品类繁多，互不通用。

在智慧城市建设初期，一度出现了建设零散、功能割裂等问题。各个区甚至各个街镇和社区，分别都自主规划设计和选择技术服务商，导致平台林立和资金浪费，给数据共享和业务协同带来新的困扰。

对此，中共上海市委曾于 2018、2019 年连续两年在全市范围内开展深度调研，形成了关于《充分运用现代科技，提高社会治理智能化水平》《加快推进城市运行"一网统管"建设》等调研报告。报告显示，单市级层面就有 1600 多个政务信息系统，不少功能相似、具有协同需求的系统分散在多个委、办、局的业务系统中。2016～2018 年，全市各类信息化新建及改造项目有 7622 个，且年均增长 4.7%，其中资金 100 万元以下的占比超过八成，平均每个项目约 26 万元，创新度、覆盖面、功能性都较为单薄。

究其原因，是数据统筹与交换机制尚未真正建立，即使

1　移动政务服务报告（2017）——创新与挑战 [J/OL]. 电子期刊网，2018-05-23[2021-10-18]. http://www.e-gov.org.cn/article-166393.html.

在职能部门内部，数据责任主体不明确、采集不规范、标准不统一、共享机制不协调等问题也非常突出。在这种情况下，垂直业务部门的数据集中在国家部委，仅单向向上汇总，而不向下共享，导致市、区及下属单位、基层很难实现与条线数据共享。种种原因的催化下，技术不仅没有解决因部门壁垒形成的"数据孤岛"，反而新制造了一批相互独立的"系统烟囱"，给基层工作人员带来新的负担，也给老百姓带去麻烦。

为充分发挥现有智能化建设的聚合效应，上海依托市、区两级大数据资源平台，整合了全市上下的业务数据、视频数据、物联数据及地图数据，实现了"治理要素一张图、互联互通一张网、数据汇聚一个湖、城市大脑一朵云、城运系统一平台、移动应用一门户"的"六个一"的基础规范。

上海正在着力推进包括城市基础地理信息、建筑物模型和各类基础设施等城市治理各要素在内的"一图汇聚"，将城市治理的客体、主体和内容全域、全量数字化，并加载于地理信息系统之上。依托融为一体的公安感知网和市级政务外网，进一步整合各类专网，扩容延伸至各区、街镇，全面"互联互通"。在统一的城市三维空间底图上，市住建委已经通过城市综合运行管理平台集成了 1500 多万个城市部件、逾 2.6 万公里地下管线、4000 多个建设工地、逾 1.4 万个住宅小区、3000 多处历史保护建筑、近 1.3 万栋玻璃幕墙建筑和实时的执法车辆、巡逻人员、物联网设备等数据，并实现了可视化、标准化的共享和交互，构建起了多维度基础数据池和主题数据库的雏形（图 4-2）。在市、区两级形成统一的云架构和云资源，有序推动重要系统整合上云，基于"统一资源平台"开发新建系统，加快部署统一终端平台。在成体系运作和全量数据共享的推动下，全市基础基本统一，为未来的协同融合筑牢根基。

在这些工作基础上，上海首个云上开发、一体化部署的城市综合运行管理平台为各区、各街镇提供了统一的标准化基础平台。各属地也可以在底层贯通的环境下，叠加各自的风格特色和功能应用。同时，该系统为所有从事城市运行和管理的工作人员提供了统一的手机入口——"政务微信"。

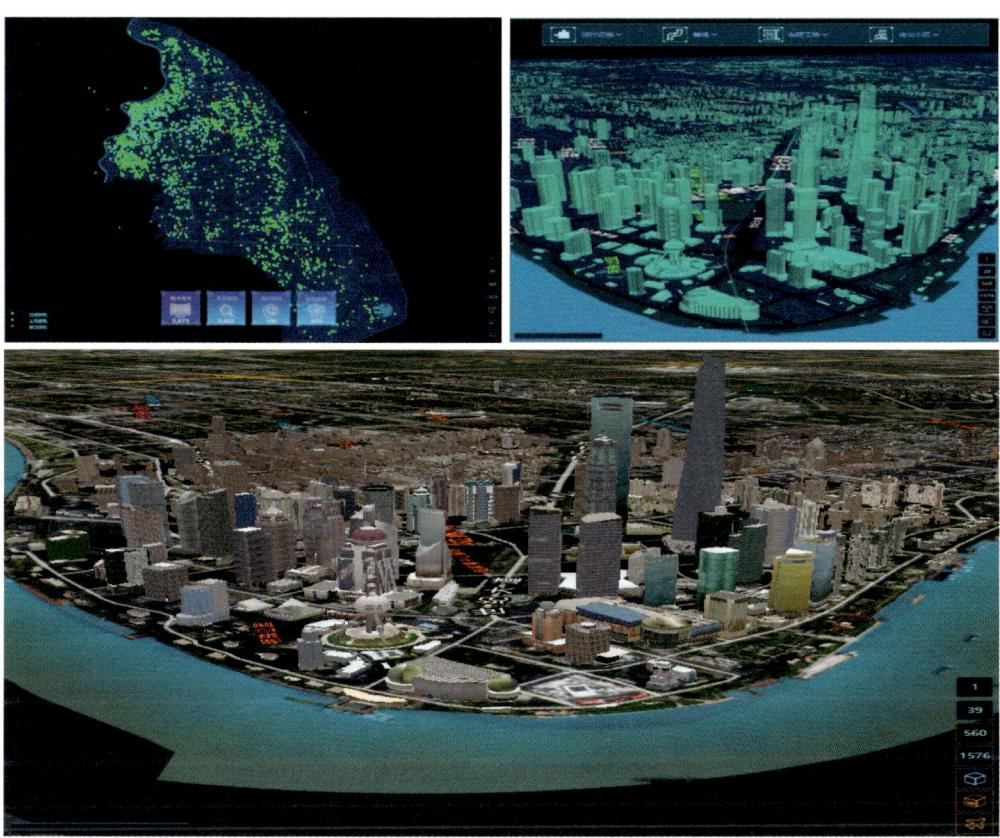

图 4-2　城市治理各要素一图汇聚

　　市大数据中心也适时推出了面向市民的移动应用统一入口——"随申办",作为联系政府与公众的唯一"桥梁"(图 4-3)。截至 2021 年 6 月 18 日,"随申办"移动端实名用户超过 5240 万,累计服务人次超过 79.3 亿,当月活跃用户最高达到 1517 万,实现了 1594 个政务服务事项"一网通办"。无论是医疗、车管局排队领免检标志,还是出入境手续,甚至跨域立案,市民都可通过移动终端随时办理业务,实现"零跑动"。"随申办"好评率高达 99.96%,为市民带来幸福感的同时,真正打破"信息孤岛",为城市治理护航。

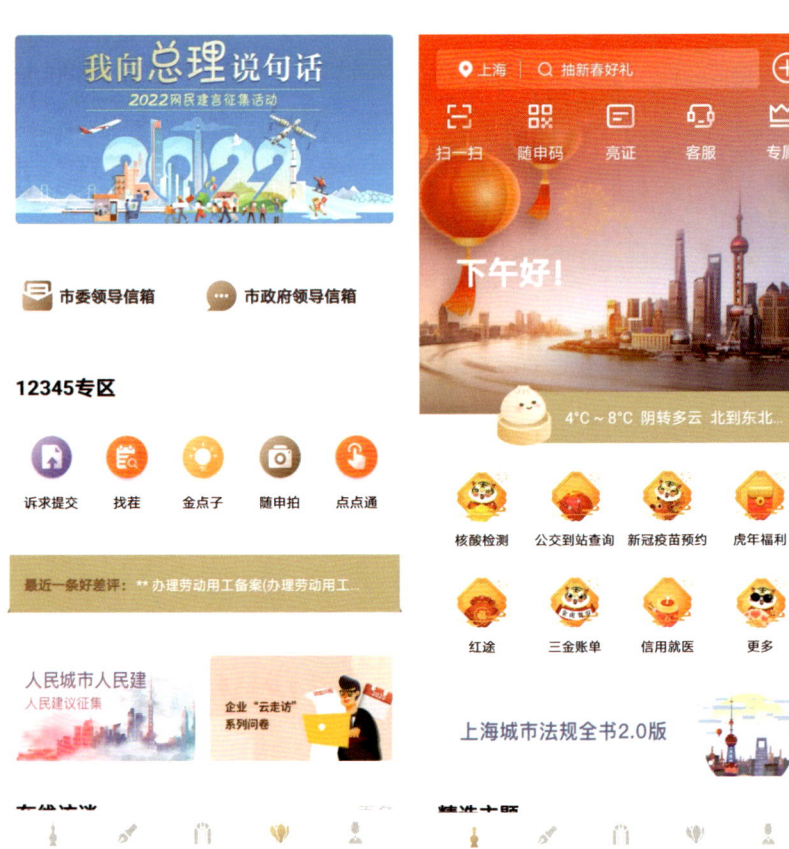

图 4-3 "随申办"主页面

建立生态，
全过程融合三级平台

——以上海城市综合运行
管理平台为例

随着散落在城市各个角落的数据逐渐汇聚，市、区两个层面的信息丰富程度远非过去可比。但仅仅汇集数据而不作治理融合，即使打破了"孤岛"，也只是一个"死岛"，数据还没有进一步转变成鲜活的资源，为管理者所用。如何盘活这些海量的数据资源，有组织、有系统地支撑城市管理和服务的供需平衡呢？

回到外滩踩踏事件中来看，当危险发生时，现场依然采取的是传统的应急方案，由警方手拉手筑成人墙，"强行分流"疏散人群。由于警力不足，警戒线最终还是被冲破了，逆行和顺行人员僵持不下后对冲形成"浪涌"，酿成惨案。然而在当时，管理部门实际上已经具备了监测活动事态的重要数据，只是这些数据分别散落在公安部门、交通部门、通信公司、地铁运营企业等多个主体当中。尽管根据指挥中心要求，每半小时上报一次人流量[1]，却似乎没有帮助到决策者和执行者在面对最终的突发情况时形成正确的判断和更加有效的应急行动。

这样的困境很大一部分原因来自城市系统纵向运作和横向协调的脱钩。[2]举办大型活动不仅横向上涉及预警、宣传、技术支持、专业救援、后勤保障等多个环节，纵向上还牵涉到各个层级的任务传达，尽管有了车流、人流等数据的支持，仅靠信息的单维度流动最终还是导致错过了最佳的救援时间。

管理一座城市不仅仅要应对一个突发事件，更面临着成千上万有关联的、需要协同的、有共性、有交叉的业务和需求。包括威胁公共安全事件等在内的各类复杂多元的城市问题，已经不是仅靠施政经验或少数人智慧就足以应对的，必须全方位激活城市生态中的需求响应能力、资源联结能力、服务供给能力才可能应对。因此，承载这些信息有效流动的网络与机制，是建构最敏捷强大的城市资源配置与公共服务能力的"城市中枢系统"，促使传统城市管理演进为现代城市治理。

为了有效调配资源，修正城市运行中不断产生的问题和缺陷，我们亟须构建一个完整、灵活的生态系统，对整座城市的数据资源进行管理、调度和使用，使得这些数据被参与各方交互使用，在数据的反复协同和配合

1　祝哲，彭宗超. 共享危机情景认知与突发事件应对的多主体协调绩效——以上海外滩踩踏事件为例 [J]. 风险灾害危机研究，2017（3）：152-172.
2　刘泓志. 城市共治：从信息到信任，从管理到治理 [J/OL]. 中国周刊网，2020-04-15[2021-10-22].http://www.chinaweekly.cn/html/yaowen/7219.html.

中真正创造价值。上海城市综合运行管理平台的建设，再一次实现了机制上的重大转变，通过云上开发、一体化部署的生态建立，以"分布式连接"的方式将市、区、街镇连接在一个完整的系统中，开启了系统性、整体性和全方位的城市数字化转型，解决了数据与数据之间、系统与系统之间的沟通问题，实现了从数据融合到系统协同的重大突破，完成信息供给与需求的精准匹配。

生态建设的立足点是在不改变各政府部门原有业务系统运行逻辑的前提下，以"关联资源共享、相关应用协同"为主旨，纵向贯通城市各类、不同层级的信息资源与上层智慧应用之间的垂直通道，构建高效、实时、共享、准确的信息流；横向通过各类业务组件的装配，满足跨部门、跨领域的信息共享和协同应用，最终达成资源共享、协同管理、应用聚合的总体目标（图4-4）。在降低成本的同时，渐进式地提升城市管理效率效能，达到高效匹配公共资源的目的。

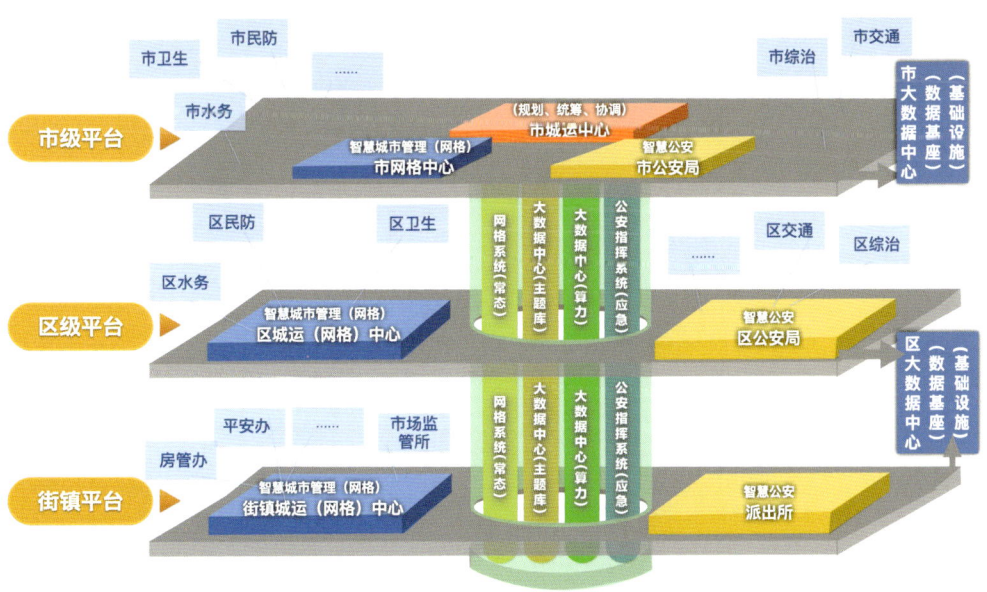

图4-4 三级平台横向协同、纵向贯通

1. 数据价值充分体现，决策、执行、监督三高效

数据生态建立的一个出发点就是改变我们对城市的认识，通过提高信息共享和业务协同能力，将城市作为一个有机的整体来达到高效运行的目的（表4-1）。

过去和现在的决策、执行、监督对比　　　　　　　　　　　　　　　表4-1

	过去	现在
决策	"文山会海"；在一定程度上遗漏或瞒报信息；经验判断型决策	自动记录实时数据并直接传送，指令自动下达；数据分析型决策
执行	各业务流程封闭运行，遇到业务内容或业务管理流程交叉时，执行不通畅	以问题为导向，实现"自动发现、立案、派遣、处理、自动核查、结案"闭环管理
监督	缺乏客观评价标准，监督主观性、随意性和选择性较大；外部意见反馈渠道少	内部监督可追溯、可留痕；社会监督广开言路

（1）决策高效化

获取和传递信息需要花费大量时间、精力，上级要不断向下传达，下级要不断向上汇报，平级要不断沟通，"文山会海"的大众印象由此得来。[1] 通过将跨层级、跨地域、跨部门的业务和数据资源以特定的方式、模型、标准汇集，数据生态凭借其横向到边、纵向到底、互联互通的强大功能，逐步成为上海各级政府部门决策指挥的得力助手，实现从"经验判断型"向"数据分析型"的转变。

例如，在上海防汛防台工作中，基层防汛责任人可以通过城市综合运行管理平台在第一时间将一线汛情（险情、灾情）以照片或视频形式上传至系统，动态更新汛情发展情况。不同区域的连续动态更新为指挥中心还原了一线现场，令市级

1　兰小欢. 置身事内：中国政府与经济发展 [M]. 上海：上海人民出版社，2021：58.

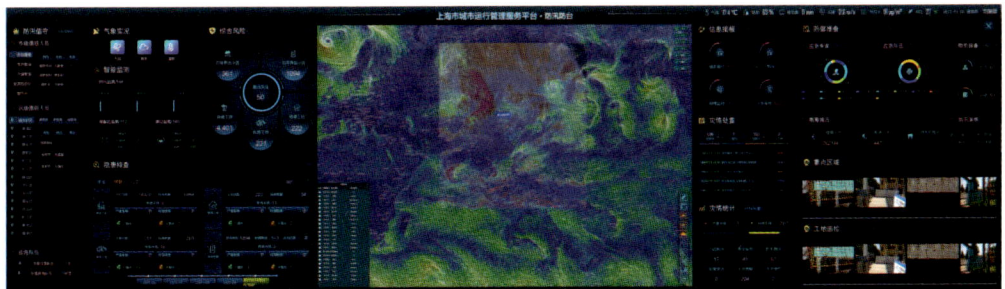

图 4-5　上海防汛防台指挥系统 2.0 版

部门真正实现了"观全域",直视现场的同时,快速对不同部门进行协调和支持。还可以通过收集历年来影响较大的台风情况,分析近年来主要灾害事件的影响要素,在台风来临时观察对比,为指挥决策提供规律性参考。另外,决策者还能够通过交互系统,直接完成决策指令的下达与分发,在突发事件中争取宝贵时间(图 4-5)。

　　另外,当上、下层级有冲突的时候,信息的动态聚合在一定程度上可以限制数据造假,加强监管效果。例如,在防疫工作中,不足、不实的信息和不当、不良的信息流动,不仅会造成城市免疫系统的高风险运作和额外成本负担,还有可能破坏捍卫城市公共健康的生态环境。疫情防控场景研发后,实时数据能够直接传送到统一指挥网络,哪个居民区排查进度慢了、哪座楼返沪人员增加了,各部门都能第一时间知晓,及时优化自己的工作安排。

(2)执行高效化

　　线下业务是管理工作的落脚点,也是完善线上业务流程的发力点。上海网格化系统中"高效处置一件事"的运行流程非常典型,可以让我们深刻领会协同与分工的合作逻辑,让市民感受到"整体政府"体现出的运行效率。

　　在上海的一些街道,如果路侧立杆出现歪斜时会发生什么?上海城市综合运行管理平台通过街面探头的自动发现，会在客户端触发报警信息并自动派单，接单员前往现场处置，高效维护市容市貌。这些街面"智能巡兵"将线上的智能发现和线下的及时处置有机联系在了一起。这一应用的技术原理是通过视频结构化的人工智能处理，把发现问题的视频信息提取成文本或文字信息，直接推入作业系统，形成自动识别、提醒、处理、结果比对的工作闭环。

这类"自动发现、立案、派遣、处理、自动核查、结案"的闭环管理，同样还应用于玻璃幕墙安全监管、违法建筑治理、群租综合治理、电梯安全监管、历史建筑保护等众多场景。通过将每件事项拆分成"最优颗粒度"的"零部件"后，再组装为系统集成的"一件事"，真正向及时主动发现、快速解决的道路上大踏步迈进。

（3）监督高效化

监督问责是推动政府部门不断改进工作、提高管理和服务水平的重要环节。政府部门一方面需要接受社会的监督、对社会公众负责，另一方面还需要提高自身内部监督能力，打造廉洁高效的行政队伍。[1] 基于数字生态的"可查询、可追溯"特征，全过程链条式驱动的智能平台可以在内、外监督方面扮演重要角色。

以往社会监督主要以电话、写信等方式开展，既难以有效地收集意见和建议，也难以对公务人员产生民意压力。自2013年"12345"市民服务热线在上海推广以来，真正实现了民有所呼、政有所应。市民投诉类似于购物下单，不仅可以随时跟踪，查询问题解决的进展，还可以对办事过程作出评价，以满意度的方式表达意见。这种由全体市民给政府工作打分的数字化方式公开透明，有利于拓宽督查视野、放大督考效应（图4-6）。

另外，城市综合运行管理平台探索采用了区块链技术，可以随时随地对各级的网格化管理实效进行实时考核。在统一的监督评价体系下，实现重点工作任务分解、

1 黄璜.平台驱动的数字政府：能力转型与现代化 [J/OL].电子期刊网，2020-07-29[2021-10-24].http://www.e-gov.org.cn/article-173870.html.

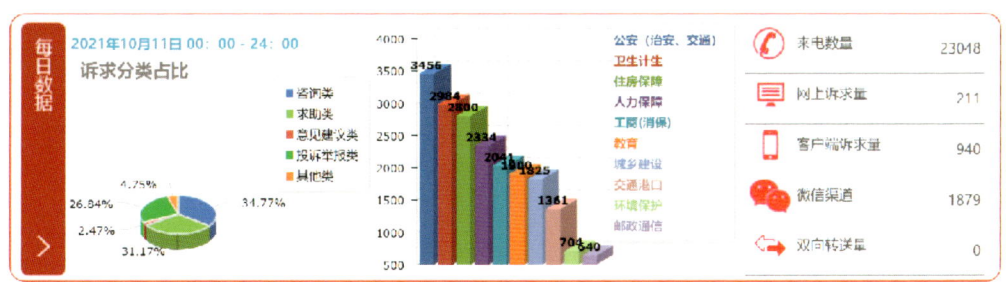

图4-6　"12345"市民服务热线每日数据

监督过程和结果动态跟踪、绩效评估及时反馈等功能，把原来节点性的考核工作变成实时评价，通过每个环节责任与行为的自动留痕，对工作失职、不作为和乱作为等行为形成警示作用与监督功能，强化政府内部的相互监督，起到对日常工作的鞭策指引效果。数字化监督以客观数据作为衡量标准，在一定程度上能够避免传统监督的主观性、随意性和选择性，增强监督的科学性和完整性。

2．技术优势充分发挥，管理、开发成本双降低

成本和效率一直以来都是城市运行的核心命题，精细化不是不计成本、不讲效率地一味追求把城市的方方面面都管起来，而是最大限度地利用技术手段优势，发挥协同效应，降低管理成本，引入市场机制，降低开发成本，实现资源的投入产出平衡。

（1）管理轻量化

传统上，政府组织内部协同多依赖电话、会议等形式实现，沟通协调成本高，协同效果差。传统电子政务实现了内部办公系统、网站和即时通信工具的普及应用，但也只能在一定程度上提高内部沟通的效率，

依然无法完全满足现实管理需要。只有在构建起系统生态后，才可能实现多层纵向贯通、多面横向联通，让业务信息实时共享，通过数据共享代替重复录入，减少基层工作人员工作量，简化办事流程，降低各层次的管理成本。

从上海城市综合运行管理平台中，我们可以看到，在 AI 技术的辅助下，街镇平台可以将自动捕捉的案件按照预先设定好的自动化规则作出最优派单决策。根据案件类型和网格区域划分，自动将案件发送到具体处置人员的移动应用端中，为不同类型的事件设定有针对性的处置时间（如处置暴露垃圾为 30 分钟，处置窨井盖为 2 小时）。还可以通过监控摄像在规定时间内前后照片的对比，以智能图像识别取代人工复核。[1]不仅压缩结案流程、减少人力成本，也实现了"机器管人"的自动化闭环管理。

新冠肺炎疫情暴发初期，上海的基层工作者们每天需要填写数十张表格、打上千个电话，24 小时不间断地排摸每一位返沪人员的登记信息，从航班号到抵达时间、在沪住址等，事无巨细。

用于社区防疫的应用场景上线后，返沪居民的信息采集无须纸质填报，通常只需 5 分钟就可以在线完成，其他诸如收集、归纳和分析的系统工具也实现了数据全城实时共享，让基层的填报压力大大降低。[2]信息汇总后，哪些居民正在居家观察、哪座楼返沪人员增加了、哪些重点区域完成了楼道消毒等，都一目了然。通过分类对比，很快就能分析出调整方案，帮助街道调配驻守力量，避免人力分配上的遗漏和浪费。

上海还提供了面向各级基层应用单位和应用市场的开发者综合服务，解决基层单位需求响应慢、缺乏技术经验、应用集约化不足等问题，帮助基层快速将轻应用工具上线投用并发挥效能。

1　上海这个街道用 AI 为"一网统管"赋能，解决城市中心"小马路大问题"[N/OL]. 上观新闻，2021-05-25[2021-10-28]. https://export.shobserver.com/baijiahao/html/251606.html.
2　十天接回 530 名重点国家人员，虹桥街道扎紧上海口岸防疫战闭环 [N/OL]. 上观新闻，2020-03-18[2021-10-28]. https://www.shobserver.com/baijiahao/html/225722.html.

（2）开发轻量化

围绕城市运行、管理和服务目标，在网格化基础上升级建设的城市综合运行管理平台，具有自适应性的智慧应用与整合能力，是一个模块化、松耦合、可扩展、易升级、开放式的集成软件系统。在这一生态内，区、街镇可以根据自身特点引入特色化轻应用，满足自身需求的同时，大幅降低智能化建设和开发的投入成本。

共享开放方面，平台开发之初就为街镇增加具体应用预留好了空间和接口。版面设计上采用模块化、组件式安装布局，各区街镇可以根据自身实际进行个性化、定制化开发，叠加应用场景、调用接口服务、调整版面布局。基层单位可在平台发布自己的应用需求，多家入驻平台的开发企业都可积极响应，以项目组、企业联盟等多种形式共同参与，实现服务资源共享。最早站上云端的是静安区临汾路街道，充分借力战"疫"期间研发的社区服务微信小程序，启用老公房加装电梯"云协商"新模式。在轻便化的开发模式下，反复叠加需求和应用场景，大幅降低了开发成本。

上海的城市管理智能化生态不是简单的"中心化"或"去中心化"模式，而是在全市的统一部署下，赋予不同层级政府、企业和个人多元发展、多点发力的技术话语权，在发挥整体政府协同效应的同时，使自下而上广泛参与的城市数字创新具备技术条件。

应用牵引，全视域服务市民感受

——以各类场景开发应用为例

"数据因场景而生，场景因数据而立"。在底层架构完善的基础上，上海坚持问题导向和需求导向，针对市民群众反映集中、反复发生、涉及城市运行安全，以及跨部门、跨层级、跨区域、协调难的问题，研发和推广了一批实用高效的应用场景。应用场景的研发和推广持续推动数据的汇聚与融合，滚雪球式的数据积累又支撑了应用场景的迭代升级，逐渐探索出一条以应用为驱动的数据与场景深度互动、良性循环的数字化转型之路。

1.强感知：物联网技术的应用

物联网作为全球重点推动的战略型新兴产业之一，不仅引领和推动产业结构转型升级，更是城市实现精细化治理和智慧化服务的重要依托。近年来，随着低功耗广域网、边缘计算和宽窄带融合等物联网技术与产品的不断升级和演进，以及建设成本的持续下降，物联网逐渐地渗透到城市的各个领域，扩大了建筑、桥梁、道路、管网、灯杆和电梯等城市设施的智慧化范围，自动、精准地捕捉运行状态，强化对城市时空全域的感知能力，进而提升管理和服务水平。

（1）及时感知：规范电梯维保与救援

"现在一想到要乘电梯，我就心慌。"曾经遭遇过电梯困人故障的陈小姐回忆道，"之前乘电梯下楼，到了12层电梯就一动不动了，电梯里的人都慌'死'了。但没有办法呀，揿呼叫铃也不管用，打物管电话也打不出去。"因为不懂维修，楼道内的居民虽然听到呼救声，也是束手无策。终于，半个小时后，物管和维修人员匆匆赶来，在被困了近一小时后，陈小姐才获救。

陈小姐的经历不是个案。据中国电梯协会统计，上海电梯的保有量约 27 万台，居全球之首。[1] 上海市每年仅 110 接警的电梯困人事件就达 4000 起，每年至少要处置与电梯相关的突发事件和投诉举报 20000 起以上。电梯行业经历了十多年快速发展后，积累了大量顽疾，加上安全监管上的漏洞，部分电梯管理和维护不到位，困人等故障时有发生，部分电梯维保单位"小、散、乱"，不能按规定时限到达现场实施救援，造成乘客被困电梯时间较长。电梯的安全使用问题越来越受到广大市民的关注。

上海研发上线的电梯安全监管场景，重点运用物联网技术，将传统的电话求救、人工派单的应急处置方式转变为全天候自动监测、主动发现、即刻调度的智能化方式，大幅缩短电梯应急救援时间，提升应急救援的效率。

例如虹口区某大厦一部电梯突发故障，电梯静止不动，人员被困。静止超过 1 分钟后，电梯轿厢内的传感装置触发警报，电梯内扬声器同时间播放被困时的安全常识，并安慰乘客不要紧张，救援人员已经出发，正在前来救援的路上。

为何被困乘客还没有求救，电梯就自动报警了呢？这得益于该部电梯密切配合的前端感知装置。上海智慧电梯工作专班深度调研电梯工作原理，将传感设备分别安置在电梯的卷扬机（牵引装置）、按键板和电梯门上。卷扬机为牵引装置，当电梯停止运行时，传感器 A 报送"状态 1"；按键板负责输入电梯楼层，当电梯停止楼层与输入不符时，传感器 B 也报送"状态 1"；电梯门仅表示开合状态，当电梯保持关门时，传感器 C 继续报送"状态 1"。因此，当电梯停止在错误楼层，并保持关门状态时，即三个传感器同步报送"状态 1"时，就会触发报警装置，并自动将信息指令推送给维保单位和电梯轿厢内的扬声器。

也就是说，一旦电梯发生停梯困人故障，传感装置将直接报送事故信息。智慧电梯应用场景的后台将第一时间通过全市电梯基础数据库及地理信息系统（GIS）锁定故障电梯，自动生成应急救援工单，将电梯困人信息通知到故障电梯的维保单位，同步告知相对应的维保人员，实现点对点通知（图 4-7）。维保人员接到困人信息后，可以通过手机查看智慧电梯终端采集的电

1　2020 年上海建成电梯大数据中心，智慧电梯网初具规模 [N/OL]．上观新闻，2017-01-29[2021-10-28]．https://www.jfdaily.com/news/detail?id=42779.

图 4-7　主动发现电梯困人占比 99.91%

梯轿厢信息，立即出发赶赴现场。整个流程既保证了最迅捷的营救速度，也及时安抚了被困人员。

维保单位负责人张先生说道："以前发生电梯困人后，主要靠乘客按应急按钮，和小区物业、保安实现三方通话报警，再由物业通知维保单位；而现在发生困人情况后，报警信息会直接发到我们手机上。这个技术实在是高，乘客不害怕了，我们也少了投诉。"

目前，上海全市已有 4 万余台电梯加装了远程传感装置，进而推出了电梯"按需维保"政策，取消了原来 15 天一次的例行维保，将电梯维保从原本每 15 天一次的例行维保，转变为"全天候监测 + 针对性维保"，是国内首个省级层面发布的电梯维保模式改革政策。乘客最关心的故障率、停梯时间、救援时间问题均得到了有效的回应，安全感大幅提升。[1]

1　智慧电梯应用场景上线"一网统管"平台：困人超 1 分钟，电梯自动报警[N/OL]. 新闻晨报，2020-07-08[2021-10-28]. http://epaper.zhoudaosh.com/images/2020-07/08/05/050708.pdf.

（2）精准感知：提高道路养护效率

每到寒潮天气，上海各大医院急症室都忙碌起来，120 救护车的出车也在增多。这不仅是因道路结冰导致外伤和骨折的病人明显增加，有时寒冷天气还会引发脑溢血和心梗等疾病突发。周医生说："昨天一早，我们急诊来了一位张女士。因为一下子穿得多了，早班路上又走得急，一不小心在公交车站滑了一跤，桡骨远端粉碎性骨折。这个年末，她得带着伤手跨年了。"严寒天气里的滴水成冰，会给过往行人造成很大的安全隐患，也考验着城市管理者的智慧和能力。

武宁路桥和曹杨路桥作为进出普陀区的主要通道，是每年寒潮来袭时防止冰冻的重要节点。这两座桥一旦出现结冰，路面就会变得湿滑，加上车流量大，对道路交通影响比较大。2020 年，桥面上安装了两只形似白色插座的装置，让这段寒潮里的险路成了市民心中的安心路。

这个装置就是路面温感识别设备，可实时感知桥面温度和桥面积水情况。当积水深度超过 2 厘米或温度低于 2℃时，传感设备便能感知到结冰趋势，立即通知养护单位赶到现场，采取洒工业盐或铺设草垫等措施预防事故发生，保障市民出行。[1]

20：28，政务微信"物联处置"向市政建设养护应急力量自动发送了"武宁路桥北坡发生路面结冰预警，当前路面温度 1.9℃，请关注并安排力量巡视处置"。

20：50，消息再次发送，"武宁路桥北坡发生路面结冰预警，当前路面温度 1.8℃，路面结冰趋势明显！请关注并安排力量巡视处置"。

21：30，路政养护人员赶到武宁路桥现场。2 部作业车、12 名养护人员立刻开展作业，在武宁路桥人行道、爬梯等处撒工业盐 6 包，桥面"冰点"消除。

由路面温感识别设备实时获得的道路结冰积雪情况、温湿度等数据，还为应急力量合理安排除雪、融雪等养护作业提供了技术支持，大幅提升了作业效率。

1　智慧大脑"神器"感知路面温度化解治理"冰点" [N/OL]. 新民晚报，2020-12-30[2021-10-28]. https://baijiahao.baidu.com/s?id=16874701957768422
29&wfr=spider&for=pc.

2．强预测：人工智能技术的应用

人工智能的迅速发展正在深刻改变人类社会生活，特别是在电子政务、公共服务领域已得到广泛应用，不仅提升了政务决策的科学性，也改善了服务的主动性和针对性。正如习近平总书记指出的，"要开发适用于政府服务和决策的人工智能系统，加强政务信息资源整合和公共需求精准预测，提高决策科学性。要促进人工智能在公共安全领域的深度应用，利用人工智能提升公共安全保障能力"。

提前预警：落实玻璃幕墙安全监管。20 世纪中叶以来，外形精美、透光性好的玻璃幕墙开始受到开发商青睐，在超高层建筑中更是成为许多建筑师的"不二选择"。但危险也随之而来，框架变形、房屋下沉、温差变化、本身质量都可能导致玻璃幕墙的爆裂和坠落，还有随着时间推移必然会发生的五金件松动、磨损甚至断裂等问题，其安全隐患显而易见。

上海自 1984 年第一幢玻璃幕墙建筑——联谊大厦落成以来，三十多年间，玻璃幕墙建筑总数已超过 1.2 万栋，成为当今世界拥有玻璃幕墙建筑最多的城市，其中高 100 米以上的超高层玻璃建筑有近 500 栋。幕墙玻璃的设计使用年限一般为 25 年，截至 2019 年，上海 10～25 年楼龄的玻璃幕墙建筑已超过了 60%，意味着整个城市的玻璃幕墙体系已步入中年期，风险系数逐年递增。

曾有新闻报道了马女士在浦东一家餐厅突遇玻璃幕墙碎裂的情况。马女士说："正好我们是一个卡座，突然有一声很响的爆炸声，旁边的玻璃幕墙就直接泻下来，地上的碎玻璃最起码有几公分厚，桌上一片狼藉，我们包里面都是玻璃。"幸好在座几人都没有受伤，但马女士发现自己的手机屏幕碎裂了。马女士是幸运的，近年来世界各地因幕墙事故伤及性命的报道不胜枚举。玻璃幕墙作为悬在城市上空的"不定时炸弹"，隐患无法预见，事故无法估量。

虽然上海在 2011 年发布的《上海市建筑玻璃幕墙管理办法》中已经规定，玻璃幕墙工程竣工验收 1 年后，应每 5 年进行一次检查。但过去

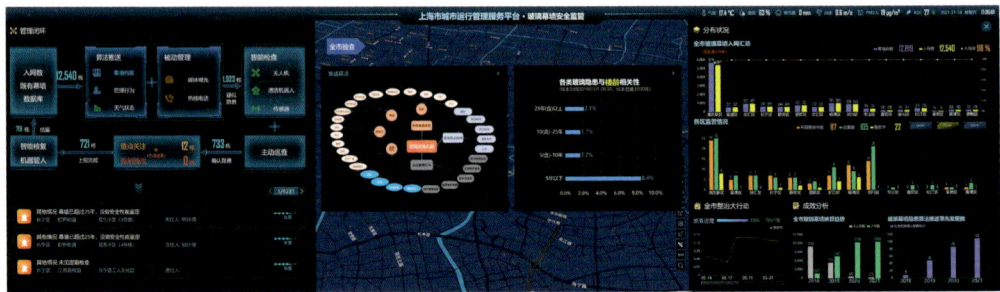

图 4-8　玻璃幕墙安全监管算法模型

的实际工作证明检测起来并不容易，基本依靠人工作业。"蜘蛛人"要悬停在大楼外侧，通过绳索从顶楼一层一层下降检查，既危险低效，还有视觉死角。为切实保障市民"头顶上的安全"，市住建委于 2016 年开始，委托本地专业从事玻璃幕墙制造和养护的主流企业研发应用场景，从预警和检测两个方面提升管理能力。

在预警环节，研发团队将近 3 年约 1 万多个幕墙安全事故的 7 万多条数据（包括业主基础档案、动态管理行为、周边气候数据），输入计算机进行深度学习，归类提取出楼龄、材质、温度、湿度、风速等 30 个风险因子，形成人工智能辅助安全管控体系的算法模型（图 4-8）。有了算法模型之后，通过后台演算数据，计算机可以及时、自动提示存在隐患的楼宇，推送需要现场核查的预警信息，提升了风险预判精准性。

在检测环节，肉眼不易发现的细裂缝、五金件老化、硅胶缺损等问题，都可以通过悬挂搭载智能算法的高清摄像头和红外探头的无人机、加装微距的摄像头清洗机器人等具备自动识别能力的装备来发现和确认。

该应用场景于 2018 年上线测试，到 2019 年全市已有 57% 的玻璃幕墙建筑入网纳管，共及时发现并排除隐患 312 处。特别是在超强台风"利奇马"过境期间，在台风登陆前三天内，通过对计算出的 30 个风险点维护加固，使 7331 座已纳管玻璃幕墙建筑全部安然过关，首次实现台风天气的玻璃幕墙零掉落。

3．强干预：大数据技术的应用

大数据技术因多样性、规模化、真实性等特点，可以帮助城市管理者挖掘出更有价值的信息资源，为感知、预测和防范城市中的各类不确定性因素提供科学分析的依据。当下，大数据的普及率越来越高，在城市管理中的应用优势也逾发明显。习近平总书记曾指出："要充分利用大数据平台，综合分析风险因素，提高对风险因素的感知、预测、防范能力。要加强政企合作、多方参与，加快公共服务领域数据集中和共享，推进同企业积累的社会数据进行平台对接，形成社会治理强大合力。"

（1）精准分析：高效助力疫情防控

2020 年，新冠肺炎在全球范围内暴发，疫情的传播不仅是对全球公共卫生系统的一场考验，也是对上海公共安全和城市治理的一场巨大考验。作为超大城市，人多、车多、楼多、企多让上海在特殊时期的运行承载着更为巨大的压力。

2020 年 2 月份，防疫应用场景开始在江苏路街道试点。在这场没有硝烟的抗疫大考中，面对大规模的人员流动，开发团队综合运用人数据分析，促进不同数据的交叉协同，成为抗击疫情的重要支撑。

负责人介绍："我们在搜集疫情防控数据时发现，各部门、各居民区之间并不清楚对方究竟搜集了多少数据，很多信息都重复提交，需要从纸质表单导到 Excel 表格，在讲求时效性的疫情防控中不仅耽误时间，而且错误率高。有时候为了找到表格上的最后一个人，让前面一大批已完成统计的数据都耽搁在手里。防疫场景通过手机端和 PC 端联动，实现随时随地的单条上传；以身份证、护照号等唯一编码为线索，通过后台关联，自动整合并显示在不同入口填报过的各类数据，提高效率，减少重复劳动和人为误差。这让各部门、各居民区之间的信息始终对称，哪个居民区排查进度慢了、哪座楼返沪人员增加了，大家都能第一时间知

图 4-9　疫情场景中的实时播报

晓，及时优化自己的工作安排。"

　　防疫应用场景共分为四个部分（图 4-9）。一是疫情发展，主要显示全国、本市、本区、本社区病例数，分为确诊、疑似、密切接触、居家观察和解除观察人员；二是实时播报，主要是各类信息的实时滚动；三是区域地图和重要点位，即通过地理位置汇总各类工作信息，实现挂图作战；四是重要工作，主要包括地毯式人员排摸、地毯式消毒、口罩购买发放、重点人员管控，以及小区封闭式管理、小型工地、沿街商铺、养老机构等重点关注对象。相当于将辖区内的数据统一汇总、实现比对，工作进度、所在位置一目了然，各种新增、累计情况全部即时动态更新。[1]

　　有了这些准确、鲜活的数据底板，把握住下一步防控的重点才有了底气。譬如说一个居民区，如果来沪人员居家隔离的比较多，而消毒站的消毒记录并没有随之增加，小区出入口也没有做到一岗一人，说明这里容易出现短板。过去，这三个数据分别存在于综管中心、物业、消毒站等多个环节，需要有经验的"老法师"来分析。现在，由系统汇总、机器分析，不仅可以帮助基层减轻填报压力，还可以快速完成数据梳理工作，支撑起科学、迅捷的决策机制。

　　在抗疫前线，有白衣天使在作战；在社区，有基层干部、群众在忘我工作；而在智慧平台上，开发团队也在昼夜奋战，守护着上海这座超大型城市，书写着城市管理的精细化成果。面对疫情，没有旁观者，没有局外人。

[1]　上海首个"一网统管"防疫专页上线：一屏观防控"全数据"[N/OL].澎湃新闻，2020-02-08[2021-10-28].https://www.thepaper.cn/newsDetail_forward_5862825.

（2）自动发现：提升群租乱象治理效率

群租一直是住宅小区管理中的老大难问题，消防隐患随处可见。在某个容易发生火灾的房间里，一张靠墙摆放的高低床上铺靠墙堆满了个人杂物，杂物中埋着一只插线板，上面还插着手机充电器，被褥则铺在一旁。屋内过道狭窄，行李箱等物品随处堆放，房门无法开全，一旦发生意外人员逃生都困难。

群租房与社区其他安全隐患相比有着更强的隐蔽性。一是"进门难"，群租的调查取证需要执法人员进入住宅内部，但由于城管执法部门并不能采取强制措施进入室内，当事人便有了种种理由阻碍执法。二是"取证难"，群租行为涉及租客、物业、房东及各类"二房东""三房东"，相关利益链较为复杂，谋利方有利可图的时候，往往会采取非正常手段息事宁人。例如，"二房东"经常会采取"威逼利诱"等方式对物业和周边居民的举报行为进行阻拦。长此以往，群租问题成为困扰管理部门的堵点，执法人员对小区内部情况的掌握主要来自市民投诉和主管部门反映，掌握线索的渠道单一，执法困难。加上各方利益的驱使，线索经常还没调查完毕就已经被切断。群租乱象只能是"摁下葫芦起了瓢"，昨天刚整治干净，明天又死灰复燃。

张江镇[1]深谋大数据技术，拓展发现渠道，开发群租治理场景，整个区域地根治群租问题（图4-10）。除过去监管部门巡查、市民投诉等主、被动发现渠道之外，还采集了水、电、气数据，实有人口数据，房屋数据，以及快递数据、外卖数据。通过自主研发的水、电、气分析模型，实有人口模型，快递和外卖分析模型等算法模型，推算出疑似群租的信息。[2]在大数据发现的辅助下，管理和执法部门直接获取了整片区域内的相关数据，一旦出现超过区域平均正常范围（例如用水量超过每户3人的合理值）的情况，直接报警提示执法人员上门取证查处。既实现了群租乱象的精准发现，还避免了市民、物业方，甚至是执法人员"视而不见"的问题，解决了发现难的问题，提升了处置效率与执法精

1 张江镇是上海科创中心的核心承载区，引入了大量科创人才和建设者，住房租赁市场庞大：截至 2020 年，共有租赁住房 20428 套，其中合租房 14604 套，占比 71.5%，外来人口 15万左右。
2 群租也能智能监管了：上海拟用数据建模精准发现疑似群租案例 [N/OL].澎湃新闻，2020-06-08[2021-10-28]. https://www.thepaper.cn/newsDetail_forward_7754451.

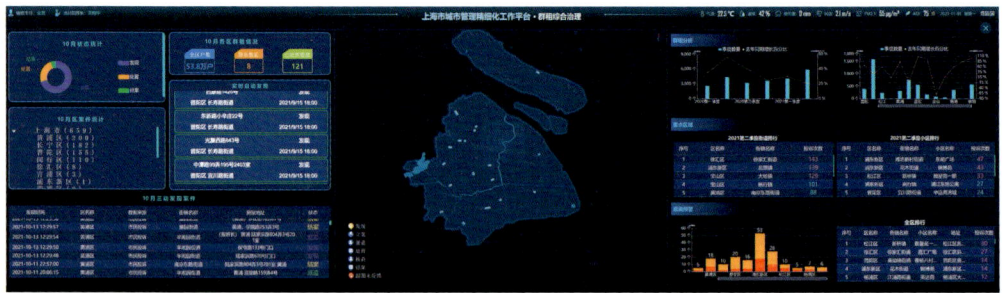

图 4-10　群租综合治理场景

准度。据统计，浦东新区 2019 年全年确认群租数据 7868 条，其中超过六成为智能预警。

另外，为降低群租问题"回潮率"，张江镇还使用了烟感探测、燃气探测、视频对话、远程监控等"免入户"管控、"非现场"执法模式。

（3）双向流动：盘活老旧小区停车资源

随着生活水平的提升，私家汽车已经成为很多市民家庭的标配出行工具，但对于老旧小区而言，停车泊位普遍严重不足。"老旧小区停车难"已经成为百姓生活的大烦恼，也给城市管理带来很多安全隐患。

截至 2019 年底，上海全市小汽车总量达到 541.9 万辆，其中私人小汽车 491.1 万辆，全市各类停车泊位合计约 400.9 万个，全市各类停车需求 659.3 万个，居住小区停车需求 497.3 万辆，居住小区停车泊位停车缺口约 119.3 万个。在老旧小区，停车矛盾更是突出。2000 年前建成的小区配建车位基本为 0.1 个 / 户，2001～2010 年期间建成小区的配建车位基本为 0.5 个 / 户。上海在 1990～2000 年之间建成住宅面积达 1.3 亿平方米，涉及约 220 万户，这些小区多在中环以内，以及郊区新城的核心区，停车难、安全隐患集中成为这些老旧小区的一个突出特征。运用新技术探索出整体解决方案已经迫在眉睫。

控江路街道是中心城区内典型的老旧小区集中片区，占地 2.15 平方公里，共有 60 个小区，常住人口约 10.5 万。辖区内多为 20 世纪 90 年代前建造的售后公房，有效配建的停车位十分有限。小区内乱停乱靠、占用消防应急通道问题十分突出。

为深度挖潜、盘活资源，控江路街道在智慧化管理方面进行了大量探索，为车位共享搭建了"数据库"。通过各小区出入口监控和区建管委的数据，将辖区内 25 个小区、13 个场库、8 条路侧、3 个园区的停车数据接入了应用场景。[1]

在该应用场景的前期建设阶段，摸清停车"家底"并不容易。控江路街道相关负责人说道："摸清小区业主停车以及临时停车情况，需要统计业主车辆信息，一些居民出于隐私的考虑，开始不是很理解。"最终，在各方配合下，数据得以慢慢沉淀，与市级停车平台、"上海停车"App 进行了数据对接，实现居住小区专用停车资源与经营性停车场（库）、道路停车场等各类公共停车资源的共享利用。

控江路街道在此基础上开发设计了停车诱导小程序。微信登录"智慧停车"小程序后，可以查看周边小区车辆保有情况，选择想要停靠的小区，就会显示小区的实时停车情况，包括有多少空余车位、向社会车辆开放的时间、停车收费标准等。[2] 据市民反映，按照小程序导航的指引，顺利找到车位，将车辆安全停靠，耗时不会超过 10 分钟。"以前从进入小区到停下车，一大半时间都在兜圈子找车位，现在直接就能知道附近哪些地方可以停车。"小程序还能实时更新剩余车位数，方便其他车主查询和使用，大大缓解了停车难问题。

过去采集数据是从基层向上层流动的单向过程，而停车场景的开发引导了数据自下而上，又自上而下的双向循环流动，既能为顶层决策使用，也能被设计成应用场景回馈给基层。

1 "车位上云"盘活老旧小区沉睡资源 [N/OL]. 经济参考报，2021-09-10[2021-10-28].http://dz.jjckb.cn/www/pages/webpage2009/html/2021-09/10/content_77399.htm.
2 治理停车难，上海正全面打通"最后一公里"[N/OL]. 上观新闻，2021-07-21[2021-10-28].https://export.shobserver.com/baijiahao/html/388072.html.

4．强控制：技术的复合应用

（1）全程管控：引导垃圾分类新时尚

上海自 2019 年开始实施垃圾分类，在取得优异成绩的同时，市民的疑虑也逐渐多了起来。做得好与做得差归谁评判，分得细与分得粗谁监督，前端分得好、后端一车装谁监管等问题，直接关系到市民参与垃圾分类工作的积极性。例如，有市民反映："原来也搞过垃圾分类，辛辛苦苦将垃圾分类好，但最后垃圾收运车将分好类的垃圾又一锅端了。"面对市民的质疑，高东镇政府将智能化技术运用于垃圾分类工作各个环节，研发了垃圾分类智能应用场景。

在全镇各道路、小区的 83 个垃圾回收点安装监控设备，读取定时定点投放点位、两网融合[1] 以及驳运车辆等信息，实时监控垃圾分类投放实效。通过智能投放柜两侧的高清监控设备，监督分类投放过程及非定时定点时间段的乱投放现象，追查各类乱投放现象。另外，在垃圾驳运车辆中安装定位装置，记录车辆行驶路线，随时都能回溯路线，从机制上确保干、湿垃圾运输不同车、不同路，杜绝了干、湿垃圾混装问题的发生。当以上所有内容清楚无误地呈现时，居民们"我辛辛苦苦分老半天，你一车混走了"的抱怨也销声匿迹了。

该场景还建立了全流程的分析体系。在源头上，垃圾分类智能投放信息系统绑定全镇近 3 万户家庭，通过智能 IC 卡对镇域内所有住户的垃圾投放类别、频次、峰值等数据进行录入统计，自动生成对应到户的垃圾分类、投放综合信息。在投放点，智能投放柜内部安装红外监控设备及温度感应系统，对垃圾桶的满溢、温度及离线等异常情况作实时监控，若发生垃圾满溢、温度过高等异常反应，可直接通过短信告知小区物业负责人。系统通过对居民区的总体投放类别、频次及环卫所清运车辆的智能识别、定位、称重数据的整合分析，查看各居民区每天的各类垃圾重量及占比，做到整体数

1　两网融合指的是融合城市环卫系统和再生资源系统，可以对生活垃圾进行投放、收集、清运、中转，在两网融合终端对垃圾进行统筹规划、统一管理，实现垃圾处理的减量化和资源化。

据可分析，历史情况可同比，小区之间可环比。

在服务输出方面，该系统对居民投放垃圾的实效、准确率进行评分，按月对每户家庭及整个楼道的投放次数、评价总分、评价均分进行分析并反馈给居委会，作为垃圾分类红灰榜的参考数据之一，对红榜的居民发放实物奖励，灰榜的予以警告。针对个别无法在小区规定时间段内投放垃圾的上班族，根据其选择的时间段，调整智能投放 IC 卡信息，保证每户居民都有合适的投放时段。针对独居老人、卧病在床人员等确实存在投放不便及大件垃圾搬运不动的情况，通过智能投放 IC 卡，将信息传送到楼组长、志愿者，由他们上门协助投放。

在监督实施方面，智能投放柜两侧的高清监控设备 24 小时开启，对混投、混放实时记录，视频监控连接各小区监控大屏及镇城运中心的应用场景大屏，做到及时发现、及时处理。根据居民的投放记录，对持续一周无投放记录的居民进行未投放预警提醒，抄送至各居委会，由居委会工作人员上门了解未投放原因，及时发现，防止其他意外情况发生。智能柜每组投放的刷卡端都装有小型的显示器，可对各类违规、违法投放进行滚动播放。智能柜安装的语音系统可以直接对投放人员进行提醒，有效阻止各类乱投放行为的发生。

（2）过程感知：工程管理与施工的整合与交互

我国建筑行业大而不优，多数企业还停留在"搬砖头、扎钢筋、浇混凝土、装模板"的水平，先进的工艺技术和工程技术整体应用程度偏低。生产现场里一线工人"老龄化"问题日益加剧。

上海目前有在建工地 4100 余个，现场作业人员 42 万余人。建筑工地里人员多、流动性大，露天和高空作业多，安全生产风险高，各类事故频发。加上后疫情时期的持续性影响，各类工地人员愈发集中，工地管理的风险隐患进一步加重。

奉贤区借助物联网、智能感知、大数据等智能化技术，打造出由智慧工地展示、微信小程序运用及工地硬件配置三个部分组成的上海首个智慧工地监管系统，集成了在线视频监控、人员实名制管理、安全隐患报送、大型机械管理、危大工程监管、工地环境监测等功能。

2020 年 12 月 21 日，奉贤区城运中心的指挥大屏上，跳出一条今日突发事件的预警信息。信息显示，当天中午在富力万达广场施工现场的出入口，有一起未佩戴安全帽的行为。现场探头抓拍到的图片上显示，一名记者与一位摄像师正在工地大门口采访拍摄。

在施工现场门口，进出人员除了要佩戴好安全帽，还需要正面通过工地的第一道大门——人脸识别闸门。系统会自动比对之前已录入的基本信息，包括班组、工种、健康状况等，核验无误后方可进入。疫情发生后，门闸上还加载了自动测温功能。通过这道大门，奉贤区实现了施工现场人员全覆盖、全天候、全过程的实名制管理。

记者进入施工现场后，看到有无人机在高空巡查。技术工程师介绍："我们的无人机一天会飞两次，分上午和下午。通过无人机可以观察现场的进度情况，也可以提前发现一些安全隐患。"除了无人机，工地里还有一个智慧大屏，显示当前工地内人员、水电、扬尘、重大器械等工作状态。"我们在塔吊等大型机械上安装摄像头、位移传感器等设备，收集到的数据都会传到后台，通过监控机械的安全参数，如高度、风速、倾斜等参数情况，确保塔吊安全运转。"工程师解释道。

"奉贤建设行业监管"微信小程序已于 2019 年 4 月正式上线，作为智慧工地系统的移动客户端，已推出了公告通知、人员考勤、危大工程预报、安全日报、深基坑监测、大型机械维保管理、突发事件信息等功能，让项目监管更便捷。小程序上线以来，已成为上海研究智慧工地的理论沙盘和实践模型。对于没有佩戴安全帽这样的预警，小程序可直接将信息推送给项目负责人，由其进行处置，处置结果也会第一时间通过小程序反馈至监管部门。正是通过这些数据的同步推送，系统不断学习、计算、分析，实时判定每个项目的风险等级，实现对全区项目的差异化管理。

2020 年 6 月以来，奉贤区已有 36 个项目应用了智慧工地系统，实现了 24 小时 4K 高清监控的全链条监管。一旦工地出现应急突发事件，可以通过城运中心，迅速联动其他委、办、局的资源，起到辅助决策和应急保障的作用。

　　智慧工地将更多人工智能、传感技术、虚拟现实等高新技术植入到建筑、机械、穿戴设备、进出关口等环节中，形成的"物联网"再与"互联网"整合起来，实现工程管理关系人与工程施工现场的粘合。这一场景的核心是以一种"更智慧"的方法来改进工程各关系组织和岗位人员的交互方式，大大提高了交互的明确性、灵活性和响应速度。

数字化助推工地智慧化

　　上海建工二建集团结合智能无人机航拍等技术，建立信息化管理平台，实现施工一线与公司本部信息的无缝对接，打造全面覆盖公司 300 余个工地的"天网"系统。上海第一人民医院改扩建工程施工期间，未发生一起患者及周边居民投诉，成为医疗建筑改扩建的范本，被誉为"微创施工"。

AR 用工管理实名制管理巡检仪进行人脸识别

高层住宅无脚手架施工技术

流程再造，新技术的应用为工作方式的变革提供可能

——以多类场景协同整合为例

传统的行政业务流程严格地按官僚制的专业化、等级制和规则化原则运转，部门间按职能领域和职能关系编织成一条严密的、先后有序的管理链条。[1] 随着计算机技术、通信技术和互联网技术的不断更新，职责领域、决策权和管理程序等多种组织元素有了重新配置的可能。通信技术方便了政府部门间信息沟通，打破了沟通的时间和空间限制；云计算和云存储技术推进了政府部门间信息共享，解决了信息孤岛问题；大数据分析技术提升了政府部门的分析能力，辅助政府决策。智能化技术对于数据和信息的传递、整合和分析能力，提升了政府跨越更多传统界限进行整合的可能，进而以更加高效的方式解决城市中大大小小的问题。这些整合并不一定改变了实体政府的组织结构和管辖范围，而是通过"虚拟"整合，使得组织结构由传统的金字塔式走向扁平化。上海以平台的服务升级，倒逼业务的流程再造，以线上信息流、数据流倒逼线下业务流程全面优化和管理创新，重构跨部门、跨区域、跨层级的业务流程与运行机制，抓住内部管理、部门协同管理、基层联勤管理三个环节，以应用场景为驱动，深化部门协同和联勤联动。

1. 内部管理流程再造：智慧城管建设

正如罗伯特·莫顿（Robert Merton）所言："固守程序会导致效率降低等不可预见的结果，固守规则开始只是作为一种手段而出现，但最终却转化为目的本身，从而出现了人们所熟悉的目标移位现象，也就是工具价值变成了终极价值。"[2] 为了降低业务过程中的组织损耗，提升内部流程管理效率，上海借助智能化技术，从传统人工处理向"自动发现、机器派单、智能管理"转变，构成了一个事件发生、处置响应、结束处置的管理闭环。

以城市管理行政执法局为例。过去，一提到"城管"，人们脑海中首先浮现出的是小摊小贩夹缝中生存

1 刘晓洋. 思维与技术：大数据支持下的政府流程再造 [J]. 新疆师范大学学报（哲学社会科学版），2016, 37（2）：8.
2 MERTON R. Social Theory and Social Structure[M]. New York：Free Press, 1968：260.

的画面，长期以来的互不理解始终横亘在市民和城管队员之间。然而，近年来，城管执法在市民们心中的形象越来越人性化，苦口婆心、嘘寒问暖。这背后的原因不只是执法方式的转变，还离不开智慧城管流程再造的强大支撑。

2015年起，虹口区利用大数据开展"互联网+"智慧城管执法试点工作，以期改变过去粗放式、被动式的工作模式，从反复不间断的执法消耗中突围，探索城市管理新模式。

在以往的城管执法过程中，有很多需要现场执法取证的事项，不仅管理成本高，也容易引发矛盾。为破解难题，虹口区城管局创造性地探索"非现场执法"手段。例如，运用无人机空中巡逻，抓拍违法行为；运用"智能可视门铃"，破解损坏房屋承重结构、群租、改变房屋使用性质等物业类执法事项"进门难"问题；运用智慧城管系统，以视频方式实现远程制作询问笔录，解决当事人不在本地的情况下难以调查取证的问题等；辖区内在建工地全覆盖部署智能视频探头，全天候收集文明施工方面的违法行为；运用视频监控，对违法行为整改情况进行动态管理，最大限度地防止反弹回潮。

除此之外，虹口区城管局还实现了执法作业的线上、线下全闭环。区城管局为每位执法队员配备了"勤务通"终端，加载了"智慧城管勤务通"软件。通过人员、车辆轨迹管理，实时记录队员每天的工作轨迹，按"时间轴"自动生成队员们的勤务工作日志。在GIS地图上，整合了车辆、人员、视频监控点定位及处罚案件、勤务、投诉、督察等各类业务数据，实现城管执法的全过程可视化。办案方面，队员通过执法终端可当场固化违法证据，作出处罚，并通过随身携带的蓝牙热敏打印机，当场出具处罚决定书，还可以通过执法终端上的法律法规电子库获得支持，实现"执法全过程记录"。督查方面，督察人员对发现的问题，直接通过"智慧城管"点对点发送到责任岗段队员的执法终端，责令限时改正。责任队员从接收督察单、现场处理到整改回复，全程留痕。督察人员也可以根据队员轨迹及位置信息直奔现场，对执勤队员开展仪容、着装等行为规范督察。诉件处置方面，系统对诉件办理流程实施过程管控，实行 7×24 小时运作。通过程序设置，将接单、派单、处置、评价、回复、督办等规定动作"流程化"，将办理规定分解到各环节匹配落实，并通过照片、录音、视频等实施全程管控，确保任务到人、办理到位、自动纠错、自动分析。在考核方面，"智慧城管"系统建立了一套科学智能的"一线队员个人绩效考核机制"，分为勤务督察、法制办案、队伍建设、装备管理及组织评价五部分，结合"鼓励多干""失职追责"的加、减分原则，将"任务处理"根据违规类型和难易程度，设置为三个档次的目标分值，鼓励队员主动作为、多劳多得。

"智慧城管"推行以来，虹口区的街面管事率全面提升，群众信访投诉量逐年下降。不仅完成了业务过程全量数字化转型，实现了队伍管理从经验到数据的变革，还通过业务流程梳理，实现了数据流转、任务推送、结果反馈、考核评价等内部流程的高效联动。

2．外部管理流程再造：跨部门协调管理

跨部门的协同治理是国家治理体系和治理能力现代化的重要内容，也被学术界视为解决诸如跨域环境污染、应急管理等"老大难"问题的良方。在城市治理中，治理主体是以部门分工为基础的，部门化运作是常态，作为治理对象的事件却往往横跨多个部门、多个层级的职责范围。但是协同治理在现实中常常难以实现，"九龙治水"的难题始终存在。

面对这一难题，首先要改变过去"供给导向"的管理与服务模式，从被动走向主动，服务于市民的真实需求。譬如，精准救助一直以来都是一个社会治理难题，最困难的人群往往是我们"看不见"、他们也很难发出声音的"沉默少数"。针对这种情况，上海将实有人口数据库和地理信息系统作为底层数据，叠加民政、社保、残联、退役军人事务、房管、卫生、司法等职能部门数据信息，形成个人和家庭的属性标签，为社区建档，为家庭画像。再基于大数据民生信息，精准识别、主动救助"沉

默的极少数困难群众",通过平台自动派单给社区工作者,把救助政策主动送到困难群众家里。[1]

其次是以事件为中心对"事权"进行界定,变串联模式为并联模式。在城市的快速发展过程中,部、事件的失管是常有之事,职责界限不清、划分依据不充分的事项,经常成为居民投诉无门的难点。在上海,有这样一批"无名道路",既不属于市政道路,也不属于企业和社区内部道路,处于"三不管"状态——条线部门管不到,街镇无权管,企业、个人各行其是,出了问题老百姓自然没处说理。"无名"不仅使这些道路无法在各类地图、导航系统中被标注显示,给居民、商户对外联系和出行带来不便,还给日常维护带来困难。道路一旦拥堵,消防车和救护车难以通行,道路设施年久失修,时常出现污水外溢,周边居民叫苦不迭。

面对种种问题,相关部门均表示"无法可依":乱停车,交警无法管,因为不在其执法范围内;道路设施坏了,路政部门不能管,因为不属于其管理范畴,也缺乏财政预算;物业公司管不到,因为不在小区里;所在街镇即便愿意主动上前,但由于其不拥有道路权属,缺乏管理依据,也只能通过志愿者劝阻、加装栏杆等方式勉强为之,实际效果有限。

"几乎所有部门都在找理由",居民投诉道。"无名道路"的形成有各种原因,比如两个相邻地块,建筑退界后形成公共通道;开发商代建未移交接管的公共通道;承担公共通行功能的弄堂路;大型居民区开放或厂区、园区开发后,内部道路成为公共通道等。所以"无名道路"有时也称为"内部道路"。这不是上海这座城市独有的问题,其他城市也存在类似的治理困境,甚至出现过个人自行给"无名道路"命名造成严重后果和恶劣影响的现实案例。为此,上海市住建、公安、规划、交通、绿化市容、城管执法、房管以及道路运输等部门协同配合,按照"定点、编名、落图、纳管、治理"五步工作法(图4-11),与各区联合推进"无名道路"的治理工作。

为了维持整治成效,防治回潮反弹,上海开发了内部道路数据在线标绘系统,实现了其与网格化管理系统的对接。在这一智能化应用上,内部道路根据治理的完

[1] 用数字技术破解"九龙治水"难题 [N/OL]. 光明网, 2021-07-13 [2021-10-28]. https://epaper.gmw.cn/gmrb/html/2021-07/13/nw.D110000gmrb_20210713_6-02.htm.

图 4-11 被赋予路名后的"内部道路"

成情况，分为红、橙、绿三色。在地图上点击某一条内部道路后，这条道路的区划信息、编名、长度、宽度、起讫点等信息都能显示出来。点击道路旁边的视频图标，道路的实时监控画面即可显示。此外，道路周边凡是曾被群众举报或基层人员巡查过程中发现的问题，也均被一一记录列示，实现了从发现到人员派遣，再到问题解决的全流程可追溯。

> **从"三不管"的"无名道路"，到社区的"金边银角"**
>
> 　　国定支路全长约 400 米，平均宽度约 14 米，是一条服务于周边小区的街坊道路。五角场街道通过修补人行道、梳理绿化、增添文化墙，使整个街道环境干净、舒适、明亮。同时将沿线原先空置的门岗改造成"吾老""心享""向阳""党群"四个微空间服务亭，进一步丰富了通行、休闲体验。

固定支路改造前　　　　　　　　　　固定支路改造后

"向阳"微空间服务亭　　　　　　　　"党群"微空间服务亭

3．基层勤务模式再造：高效处置一件事

　　落实到基层作业和执法时，要做到"第一时间发现问题，第一时间控制风险，第一时间解决问题"，离不开全天候响应处置的一线队伍。例如在社区安全管理中，一方面要在重要场所布局烟感报警、燃气泄漏报警、窗磁、电弧灭弧装置等物联感知设备；另一方面要整合街道、公安、市场监管、城管、房管等部门，将易产生安全隐患的"三合一"沿街商铺、老式居民小区、地下空间等作为日常监管的重点。

　　上海通过"多格合一、人进网格"，组建了一支以公安、城管、市场监管为主体，整合司法行政、市政养护、市容绿化、环卫作业、物业管理、第三方公司等组成的综合工作力量。这支队伍不同于日常巡逻的网格力量,也不需要集中化办公,关键是接受指令后,能根据职责分工,快速响应并处置各类管理事项和突发事件。同时,系统里的"案件装配中心"和"一键建群"功能,帮助基层各类业务得到有效应用和联勤联动,全天候承接一般事件的全程处置和风险预警的先期处置。

在玻璃幕墙监管场景中,街镇的各方处置力量在市、区的部署下,配合有序,从隐患的排查到整改都实现了快速响应和处置。

在长宁区江苏路街道城运中心监控大屏上,一条立案记录红灯闪烁,工作人员接到的是城市网格化综合管理平台发出的江苏路街道辖区某楼宇玻璃幕墙应急避险催告单。案件显示该楼宇在市级抽检中被发现有幕墙玻璃破损,存在高坠隐患,须立即采取拆除、围封、警示等措施。其间,房管部门工作人员通过手机端接案,赶往现场督促业主和物业采取应急避险措施,并通过"云幕墙"业主端上传措施照片和维修前保持避险状态的承诺。[1]

这套流程涉及以下三个核心环节。

隐患排查与应急避险环节。前文已经提到,市级层面通过智能算法对玻璃幕墙楼宇建筑进行安全分类,对于疑似存在高风险隐患的玻璃幕墙建筑,通知区建委委托的第三方巡查机构进行现场排查。经排查确实存在破损或其他高空坠落风险的,巡查人员通过平台上报区建筑行政管理部门,由区级层面确认并开具整改单,交至楼宇业主和物业,采取应急避险措施,放置围封、警示标志,防止二次事故发生,并及时上报措施落实情况。

事项催告与处置管控环节。如楼宇物业未能按时上报避险措施,系统将在城市网格化综合管理平台触发报警,向楼宇所在街道城运中心推送应急避险措施催告单,街道城运中心立即派遣至房管行政部门的政务微信端,相关人员根据单据内容提示前往问题建筑进行现场催告并拍照取证,完成应急避险措施后上传到平台。

整改措施与固本落地环节。应急避险措施及时到位后,城市网格化综合管理平台会在楼宇玻璃幕墙整改期

1 上海上线玻璃幕墙管理2.0版系统"一网统管"防范高坠安全事故[N/OL].新民晚报,2020-08-04[2021-10-28].https://baijiahao.baidu.com/s?id=1674096361561746360&wfr=spider&for=pc.

内每周生成任务单发至街道，要求网格员巡逻时对应急避险措施的有效性进行拍照取证，并催告物业尽快按照整改要求完成维修，直至问题修复，隐患排除。

基层勤务模式的再造落实了市级部门对存在高坠隐患的楼宇的管理职责，实时跟踪、了解全域玻璃幕墙的风险情况，充分发挥市级部门抓总体、区级部门促协调、街镇层面重落实的职能，打通了条块间的信息瓶颈，经济、实惠地解决了市、区管理部门人手不足、基层工作力量不懂专业的两难问题。

联勤工作站守护古镇平安

枫泾镇在"枫泾古镇旅游景区"成立城市运行管理联勤工作站。联勤工作站由"一室六区"（联勤指挥室和综合办公区、群众接待区、纠纷调解区、宣传展示区、自助服务区）组成，包括14家单位、100余名工作人员，另有140余名网格成员、60名平安志愿者等群防群治力量，实行"7×24"全天候勤务运作模式。

枫泾镇城市运行管理联勤工作站

打造超大城市"数治"新范式

2021 年首个工作日，上海发布《关于全面推进上海城市数字化转型的意见》。该意见指出，数字化正以不可逆转的趋势改变人类社会，特别是新冠肺炎疫情进一步加速推动数字时代的全面到来。全面推进数字化转型是超大城市治理体系和治理能力现代化的必然要求，作为超大城市，上海人口多、流量大、功能密，具有复杂巨系统的特征，城市建设、发展、运行、治理各方面情形交织、错综复杂，必须充分运用数字化方式探索超大城市社会治理新路子，回应人民对美好生活的新期待。

第五章

社会化奏响城市管理『协奏曲』

Exploration and Practice in Socialization

　　"十九大"报告中关于"提高保障和改善民生水平，加强和创新社会治理"的章节写道："打造共建共治共享的社会治理格局。加强社会治理制度建设，完善党委领导、政府负责、社会协同、公众参与、法治保障的社会治理体制，提高社会治理社会化、法治化、智能化、专业化水平……保护人民人身权、财产权、人格权。加强社会心理服务体系建设，培育自尊自信、理性平和、积极向上的社会心态。加强社区治理体系建设，推动社会治理重心向基层下移，发挥社会组织作用，实现政府治理和社会调节、居民自治良性互动。"

　　2019 年 11 月，习近平总书记在上海杨浦滨江公共空间考察时提出，"人民城市人民建，人民城市为人民"，为在新时代推进人民城市建设指明了前进方向。人民，不仅是城市的居民、游客，也是城市的建设者、参与者。践行习近平总书记对"人民城市"理念的诠释，就是要不断去落实以"精细化"为导向的基层治理基本思路，将城市管理与社会建设相结合，与基层自治共建、共享相结合，与公众参与相结合，与社会需求与社会评价相结合（图 5-1）。

图 5-1 杨浦滨江人民城市建设规划展示馆

The chapter of "Growing Better at Ensuring and Improving People's Wellbeing and Strengthening and Developing New Approaches to Social Governance" in the report at the 19th National Congress of the Communist Party of China proposes that we will establish a social governance model based on collaboration, participation, and common interests. We will step up institution building in social governance and improve the law-based social governance model under which Party committees exercise leadership, government assumes responsibility, non-governmental actors provide assistance, and the public get involved. We will strengthen public participation and rule of law in social governance, and make such governance smarter and more specialized... We will protect people's personal rights, property rights, and right to dignity. We will improve the system of public psychological services, and cultivate self-esteem, self-confidence, rationality, composure, and optimism among our people. We will strengthen the system for community governance, shift the focus of social governance to the community level, leverage the role of social organizations, and see that government's governance efforts on the one hand and society's self-regulation and residents' self-governance on the other to reinforce each other.

In November 2019, General Secretary Xi Jinping proposed, "A people's city is built by the people and for the people", pointing out the direction for advancing the construction of "people's city" in the new era. People are not only residents and tourists of the city, but also builders and participants. Practicing General Secretary Xi Jinping's interpretation of the concept of "people's city" requires us to continuously implement the basic idea of community governance based on "refined management". We need to combine urban management with social construction, with community-level self-governance, joint construction and sharing benefits, with public participation, and with social needs and public evaluation.

In recent years, with the development and changes of urban environment, new problems have emerged one after another in the practice of urban management, and public opinions and hot spots have appeared continuously. The complex structure of management institutions and overlapping of power and responsibilities lead to low-efficiency administration; lack of management at the end and insufficient administrative capacity result in "great enthusiasm in the beginning but neglecting the end". All these phenomena show that the urban management model dominated by the government craves for immediate changes.

As one of the effective measures to address various thorny issues in urban management, socialization is reflected in many aspects in the process of promoting the development and implementation of refined urban management. First, it puts forward targeted high requirements for community governance, and smooths the neural network of urban management through elaboration on minor details, making it possible to implement the "top-down" design and idea. Second, it fully mobilizes the enthusiasm at the community level, stimulates the public's activity, and promotes self-cycling at the end of management. Third, it helps transform the role of grassroots governments' functions from the executor who implements decisions to the leader of organization and mobilization, and strives to stimulate and coordinate several relevant parties, so as to deepen urban management from extensive management to detailed management, and from "primary governance" to "self-governance" "co-governance" and "refined governance".

As an international metropolis, after the holding of the World Expo, Shanghai has proceeded from establishing a long-term mechanism for high-quality development and created the objective conditions and actual needs to vigorously promote public participation in environmental protection, public health, urban planning and urban management. The urban management department made it clear that we should introduce a public participation mechanism across the board. We will further enhance the enthusiasm of all parties of society in participating in urban management, advocate collaborative management of all parties, and guide citizens to actively participate in urban management. Article 23 of the *Advice of the CPC Shanghai Municipal Committee on Formulating the Twelfth Five-Year Plan for Shanghai's Economic and Social Development* issued at the end of 2010 proposes to accelerate the transformation of World Expo experience into a long-term urban management mechanism, and requires higher level of public participation. In 2014, the No.1 project of the CPC Shanghai Municipal Committee — Shanghai Social Development and Management, officially proposed after a thorough investigation that it is necessary to closely integrate social construction with urban management, lay the focus of social Development and urban management on communities and vigorously develop social organizations.

The main idea of socialization of urban management truly reflects the core of "putting people first", emphasizing that we should focus on people's interests and take people's satisfaction as the criterion to assess urban management. When improving the urban management evaluation system, we should continuously absorb the masses' opinions, give full play to the role of grassroots organizations, and try our best to call for and mobilize all social organizations and social forces to participate in the process.

"Socialization" is the only way to practice the concept of "people's city", as well as the starting point and ultimate goal of refined management. Government departments organize people, listen to their opinions, pool their strength, address their worries, and bring benefits to them, which are concrete manifestations of socialization.

Chapter 5 first introduces Shanghai's community governance system. Through the governance model of "one core and multiple parties", namely, leading multi-polarized development of social organizations in multiple aspects and towards multiple directions with Party organizations at the core. A mechanism is established for neighborhood committees, owner committees and property management companies to jointly participate in community construction and management. Residents are encouraged to participate in urban governance through self-governance organizations such as lane management committees (which are launched by the sub-district office and composed of representatives elected by residents as managers of the lanes) and road management committees (which are responsible for the management of street space. In addition to connecting people from governments and organizations in the area, they attract representatives of merchants along streets to join the committee and provide a communication platform for multiple parties). Remarkable achievements have been made in this aspect over the years.

Second, Shanghai has gradually established a problem-oriented communication network for the public. Through dominant and spontaneous "service contact points" (which refer to the contact points between the government and the people, and are used to expand the contact network between them), efforts have been made to actively expand information collection channels and establish information collection points on the one hand, and enhance the initiative of the people to give advice, open up channels for public opinions, and finally realize sustainable improvement in citizens' satisfaction with urban public services on the other.

Third, the section on citywide efforts to shore up the weak link in improving people's wellbeing lists the role of the community-level social governance mechanism in three cases of renovation of old communities, installation of elevators, and waste sorting, and analyzes the influence of community forces and social capital on community governance.

In addition to the government and residents, third-party organizations have played an increasingly significant role in grassroots governance, especially in space governance. The last section introduces cases of various third-party organizations participating in space governance, such as micro-renewal, community planners and all kinds of other social organizations, and analyzes the role of third-party service forces in improving the quality of urban space.

社会化
是城市管理的重要基础

近年来，随着城市环境的发展变化，城市管理实践中遭遇的新问题层出不穷，舆情、热点不断。管理机构结构复杂、权责交叉模糊导致的行政工作失真，管理末端缺位、执行力不足造成的"精于始而轻于末"，都说明了政府完全主导下的城市管理模式亟待改变。

作为缓解城市管理中各种棘手问题的有效措施之一，社会化工作在推动城市管理的精细化发展与落实上体现在多个方面：首先是有针对性地提出了对基层治理的高要求，通过"细枝末节"的推敲，打通城市管理的神经脉络，使得"自上而下"的设计与构想得以贯彻实施；其次是充分调动基层的积极性，刺激公众的能动意识，促进管理末梢的自我循环；再次是推动基层政府职能的角色转变，从落实决策的执行者向组织动员的领导者转变，努力激发、协调多方工作主体，使城市管理工作从粗放型管理向注重细节深化，从"初治"到"自治"、到"共治"、到"精治"演进。

上海作为国际大都市，经过"世博会"的洗礼后，从建立高质量发展的长效机制出发，在环境保护、公共卫生、城市规划、城市管理等方面，具备了大力推进公众参与的客观条件和现实需求。当时的城市管理部门就明确，"要全面引入社会参与机制。进一步提高社会各方参与城市管理的积极性，倡导社会各方协同管理，引导市民群众积极参与城市管理"。[1]2010 年底发布的《中共上海市委关于制定上海市国民经济和社会发展第十二个五年规划的建议》第 23 条"加快把世博经验转化为城市管理长效机制"中，进一步要求不断扩大公众参与度。2014 年中共上海市委一号课题《上海社会建设与管理》，经过充分调研后正式明确，要将社会建设与城市管理紧密结合，社会建设与管理的重点要在基层社区，要大力发展社会组织。

城市管理社会化的中心思想切实反映了"以人为本"的核心，强调了以人民利益为根本，以群众是否满意作为城市管理工作的衡量标准。城市管理评价制度的完善必须将群众的观点不断吸收进来，充分发挥基层作用，尽可能号召、动员各方面的社会组织和社会力量参与进来。[2]

1 2010 年 9 月 15 日，上海市住建委负责同志在上海市人大专题询问时的答复。
2 袁鑫铎. 精细化理念下城市管理社会化问题探讨 [J]. 大众投资指南，2020（4）：204-205.

　　"社会化"是践行"人民城市"理念的必由之路，是精细化管理的出发点和落脚点。政府部门组织民众、听取民意、汇聚民力、为民解忧、造福于民，是社会化的具体体现。本章从上海基层以"党建引领"为核心的社区制度建设出发，在群众网络的架构、民生痛点的响应、专业力量的参与等方面加以阐述，并通过夏令热线、加装电梯、垃圾分类、社区规划等贴近市民生活的实践案例，在市、区、街（镇）、社区多个层面深入分析社会化对落实城市管理精细化的重要作用（图 5-2）。

图 5-2　新村的老故事——永嘉新村特展

党建引领下的
基层治理制度完善

习近平总书记指出，党建工作的难点在"基层"，亮点也在"基层"，要做到党员工作生活在哪里、党组织就覆盖到哪里，让党员无论在哪里都能找到组织、找到"家"。中国社会治理的总体性特征可以归纳为"一核多元"，也就是以"一核"（党组织）为枢纽，引领"多元"（社会组织）力量多点、多极、多向发展，才能巩固社会治理的社区基石。"一核多元"关键在于要理顺党组织与其他各类组织的关系，完善党建引领下基层治理制度建设。就城市管理而言，重点要明确社区党组织和居委会、业委会、物业服务企业之间的关系，完善社区和居民小区党组织对业委会和物业服务企业的监督、评议、管理。通过这种方式解决社区党组织向下延伸性、覆盖面不足等问题。"中国之治"，关键在党，我们要牢固树立起"党建引领"的基层治理理念。

改革开放后，计划经济体制逐渐转向市场经济，"单位"为主体的管理模式日渐式微，街道和居委会协同的"街居党建"开始发挥作用，逐步承担起不断下放的管理职能。随着市场经济体制的进一步发展，"街居党建"所需承担的任务逐步累积，有限的权责容量与社会环境转型的矛盾逐步凸显。1996 年，上海进行了城市管理体制改革，城市管理重心下移。为了加强基层党组织的凝聚力，上海市委提出了"社区党建"的概念，以街道党工委和社区党总支（支部、党委）为主体，街道辖区内的机关、企事业单位、新经济组织、社会组织以及社区居委会的基层党组织共同参与党建工作。这一概念强化了街道、社区党组织的领导作用。2002 年，党的十六大报告再次强调"高度重视社区党的建设，以服务群众为重点，构建城市社区党建新格局"。至 2003 年底，我国城市化地区"一社区一支部（总支、党委）"的覆盖率已达到 98%，形成了以社区党组织为核心、社区居民自治组织和群众组织相配套的社区组织体系。[1]

城镇化的进程加速了区域化的资源整合，基层治理也由单一的行政辖区划分向遵循区域发展的大功能区拓展，党建引领的基层治理呈现区域化合作与发展的倾向。上海于 2003 年提出了"区域化党建"的理念，以街道党工委为核心、社区党组织为基础，按照区域统筹理念横向整合区域内党建资源，提高党建引领基层治理整体效

1　马国瑾. 我国城市社区党建的发展历程 [J]. 科技信息, 2009 (33): 217.

应的做法。这种治理形态的改变实现了城市管理跨条线、跨边界、跨体制的突破。例如，静安区临汾路街道在"区域化党建"基础上提出"党建联建"，深化了"1+2"的领导体制，实现了社区党委的实体化运作。以党建作为社区内部联系的共同纽带，一方面以上层精神引导推进体制革新，另一方面通过"共同体"的建构形成区域联通。"区域化党建"的落实是对原有社区党建的提升、重构，在基层以点带面地形成区域联动，将党建工作精确落实到基层的同时更加强调基层组织的网络功能，是新时期城市精细化管理的重要推动力。

党的领导并没有因为市场转型而变化，基层治理的结构还是由党组织建构与联系的，党组织的职能逐步与社会主义市场经济发展同步，全能主义的格局慢慢改变。也正是党的"一元化"特征，保障了社会建构与管理的"一体化"。在多年实践中，上海始终坚持以"党建引领"为核心，通过党组织引领各方力量、整合各类资源，呼应民生需求，破解治理难题。城市管理离开党组织领导来讲社区共建、居民自治，是不符合国情的。

1. 一核多元——以党建制度的系统性建设为例

（1）由党工委与党总支共同联络起街道与社区

改革开放以来，面对一系列变革，上海党建工作在保持先进性和引领性的同时，大力探索基层党建的新路径。习近平同志任上海市委书记期间，在静安区调研党建工作时强调，在新的形势下，上海要实现"四个率先"、建设"四个中心"，关键在于加强和改善党的领导、加强和改进党的建设。上海作为超大城市，在城市建设与管理中会更早遭遇新问题、更多面临新情况，必须发挥自身的资源优势，率先推动服务与管理的下沉。

电梯维保工作协调会

春江小区改造评议会

改造方案居民听证会

图 5-3　五里桥街道"三会"制度

　　在 20 世纪 90 年代五里桥街道的"三会"制度中，就可以看到街道党工委在基层扮演的重要角色。当时，随着第一批商品房入市，逐渐产生了"居住小区"的概念。长期以来适应里弄管理的居委会在新的空间模式里遭遇了瓶颈。五里桥街道的"三会"制度是在基层党组织领导下，将通过居委会落实的面向居民的听证会、协调会和评议会制度化（图5-3）。现如今，"三会"制度在加装电梯、环境整治等重大民生项目中，都发挥了"事前听证、事中协调、事后评议"的平台作用。

　　仅依靠居民区党总支自身的日常管理能力，不足以应对小区里日益多样、尖锐的矛盾。街道党工委在大事件的协调与决策上的介入，犹如雪中送炭。在五里桥街道辖下的局门路道路整修及环境治理过程中，在街道党工委的支持下，居委会召集听证会，就"道路具体怎么修"的问题，听取群众意见。街道党工委协调居委会召开评议会，邀请施工队和市政环卫部门共同听取群众关于工程效果、质量以及实施过程中服务态度的反馈意见。

　　2001 年，"三会"制度的经验开始在全区范围内推广；2006 年，市民政局发布《上海市居民区听证会、协调会、评议会制度试行办法》，在全市推广"三会"制度；2017 年，"三会"制度被写入新修改的《上海市居民委员会工作条例》。运行多年的"三会"制度是基层党建中的经典案例，充分体现了基层党组织的带头作用，提升了基层党组织在群众中的号召力，推动了民主管理的发展，使社区居民拥有了有效行使民主决策、民主管理、民主监督的官方途径。

图 5-4　武夷路是上海 64 条永不拓宽的马路之一

　　华阳街道围绕"一轴四网格"建设的"党建+街区管理",是近年来的典型案例之一。在第一网格,聚焦武夷路历史风貌区的城市更新,建立"街区管理党建联盟"。联盟参与人士的背景各异,由街道办事处分管领导任组长,新长宁集团[1]下属辰联公司党支部书记任副组长,成员包括区虹桥办城市更新科、街道管理办、街道综管中心、街道党建服务中心、愚园公司、七建集团、新联纺、武夷坊、华阳物业、建宁居委会、姚家角居委会、潘东居委会、徐家宅居委会、飞乐居委会、自由媒体人等。工作小组定期召开"美丽街区"城市更新工作例会,协商、处理街区管理中的重点、难点问题,探索、研究未来街区管理发展方向,定期走访重点单位,强化街区管理的跨界交流。通过党建联盟平台,凝聚成员单位的智慧和力量,共同打造"特色、优美、繁华、静雅、和谐"的武夷街区(图 5-4)。

　　在邻近的愚园路历史风貌街区的保护与提升中,所属江苏路街道注重发挥社区党组织的核心和龙头作用,放大愚园路红色文化优势,成立"愚园路历史风貌保护区党建联合体",将沿线机关、事业单位、"两新"组织、居民区党总支、流动党员聚力党支部等 20 余家单位纳入党建联合体,实现组织共建、资源共享、机制衔接、功能优化的一体化建设。为进一步理顺党在街区的基层组织架构,愚园路党建联合体设立社会动员、社会管理、社会服务、文明创建、法治保障 5 个功能组,打造钱学森旧居、愚园路历史名人墙等红色阵地。在重点区域、重大工程、重点项目等领域加强党的组织覆盖和工作覆盖。在百年岐山

1　大部分历史风貌建筑的权属单位。

图 5-5　岐山村，名人辈出的新式里弄

村，成立"美丽弄堂"党支部，助推历史风貌保护区修缮；在"风华合唱团"等社会组织、群众团队中成立党支部，深化"文化凝人"；开设"愚园路上党史足迹"专项课程，以"追寻红色足迹·初心点燃激情""讲好红色故事、坚定理想信念"等主题党日为载体，加强党性教育（图 5-5）。

"0 里通"走好城市治理最后一公里

江宁路街道在恒德居民区试点成立了"0 里通"工作站，采用"1+X"的工作模式。"1"即居民区党总支联席会议，"X"即派出所、市场监管所、网格中心、司法所等条线部门，并吸纳了律师加入，为居民群众提供专业法律服务，为居民区处理小区管理特别是跨部门综合类问题提供了专业支撑。

"0 里通"油烟扰民协调会

（2）在"党群服务中心"实现社区服务全覆盖

打开手机微信，搜索上海城市"党建地图"，可以快速查看全市星罗棋布的社区党群服务中心和党性教育基地。上海已建立了1个市级党群服务中心、16个区级党群服务中心、214个街镇社区党群服务中心和1万余个党群服务站点。

党群服务中心的日常职能在于推动区域化党建的日常组织、协调、联络、服务；社区党员、群众的组织、教育、管理；与党建工作相关的政策解答和服务咨询；区域内公益活动的组织和开展等。各街道（镇）还结合自身需求，拓展了不少本辖区的特色创新。

"片区式"建设的南翔镇东社区党群服务中心辐射了周边9个社区，根据"15分钟综合服务圈"要求，整合公共设施、服务空间、活动阵地等资源，形成了"中心+片区+服务站（点）""1+N+X"的全覆盖党群服务网络，在镇级党群服务中心与片区党群服务中心、党群服务站（点）之间互补功能、联动共享，形成规模适配、错落有致、覆盖面广、带动力强的阵地网络。

东社区党群服务中心以"党建引领"为核心，发展了党群友邻、社区友邻、康养友邻、文化友邻、文明友邻等服务项目。在东社区党群服务中心一层的"一网通办"服务点，设置了综合受理区、自助服务区两大区域，综合受理窗口涉及12个委办局的192项事项。一层还提供了友邻客厅、共享办公、社区食堂等开放式会议、休闲区域，以及社区卫生服务站、康养社、助残中心等关怀服务。二层设有我嘉书房、365百姓健身房、五彩画语、艺享空间、翰墨习社、动感地带等公共文化场所。三层则是融合了政治功能和社会治理，设立了初心驿站、同心驿家、东片区城运分中心、顾竹君说唱艺术中心南翔基地等。还有开设了生鲜超市和便民生活馆的地下一层。这些综合特征可以帮助我们进一步了解党群服务中心的角色和作用（图5-6）。

社区卫生中心　　　　　　　　　　　　　　翰墨习社

初心驿站　　　　　　　　　　　　　　　　生鲜超市

图 5-6　南翔镇东社区党群服务中心

　　党群服务中心的建设与扩展旨在把各项便民服务深入到细节，不断推动党群建设和社区生活有机融合，更好地凝聚政府与基层、党员与群众。

（3）用"楼宇党建"丰富商务区党建新模式

　　2018 年 11 月，习近平总书记在上海中心大厦二十二层的陆家嘴金融城党建服务中心考察商务楼宇党建工作时指出，"楼宇党建"是上海城市管理的重要创新，创造了超大城市基层党建的新模式。其内容是以楼宇为载体，以楼宇中的经济组织、经济组织中的工作者（包括企业主和职工）为对象开展的党建工作。穿越在鳞次栉比的商务楼宇中，既有国有企业，也有非公有制企业，汇聚多方英杰，已然成为"竖起来的社区"（图 5-7）。

　　进入 21 世纪后，在党中央的关心指导下，上海"楼宇党建"经历了

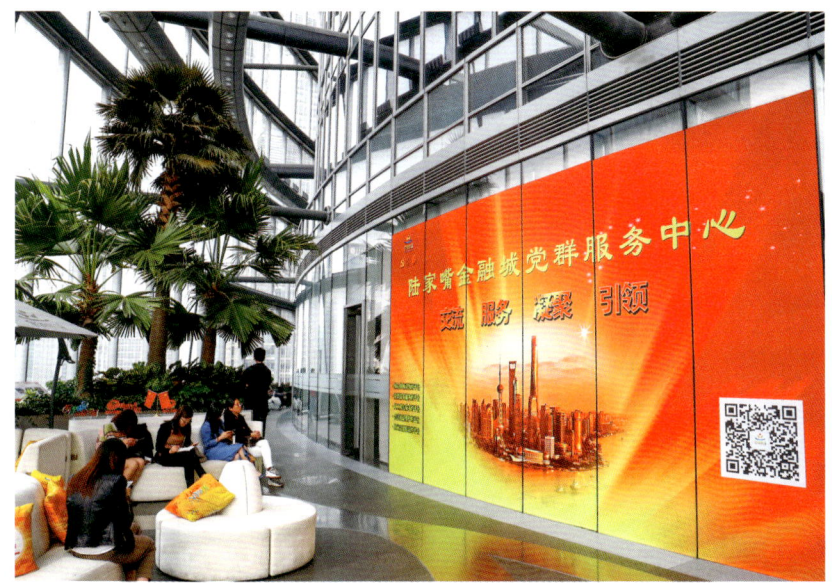

图 5-7 陆家嘴金融城生机无限，"楼宇党建"对此发挥了无可替代的战斗堡垒作用
资料来源：《文汇报》袁婧 摄

从无到有的 1.0 版"建组织"，从物理覆盖到心理覆盖的 2.0 版"送服务"，
开启了将"党委建在楼上"实现组织再造的 3.0 版"强功能"，以及迈向
构建楼宇社区共同体 4.0 版"高质量"。以楼宇内的基层党组织为主体，
建立联合党委，隶属于街道党工委，是介于楼宇内基层党组织和街道党
工委间的一级组织，统一领导楼宇内的非公企业、组织的党建工作。

作为"楼宇党建"的发轫地，陆家嘴金融区共有 249 幢办公大楼、
3.7 万余家企业、50 多万名员工。陆家嘴金融贸易综合党委下辖 5 个党
委、16 个党总支、284 个党支部，管理着 8000 余名党员。综合党委在
上海中心建立了楼宇党支部和党群工作站，以写字楼为单位推动"楼宇
党建"。楼宇经济是陆家嘴的主要特征，"楼宇党建"是引领陆家嘴地区
发展的血脉灵魂。

在区委组织部的指导下，陆家嘴金融城在上海中心大厦等 6 幢重点
楼宇试点"楼事会"制度，探索新型楼宇治理模式，构建"四位一体"
的联动服务工作机制（图 5-8），即建设"楼宇业主 + 物业管理 + 专业机

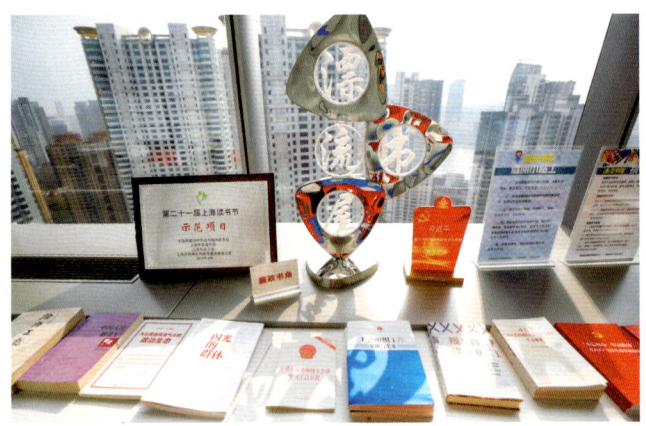

图 5-8　"楼事会"新制度在楼宇里开始试点探索
资料来源:《文汇报》袁婧　摄

构＋政府部门"的联合体,以"党建＋治理"引领经济发展,助力楼宇经济的高质量发展。

在"楼事会",通过选出"楼长"、推出"三张清单"[1]、设立党群服务站、成立党群组织联盟,搭建起汇聚政府、社会、楼宇等各方力量的协商共治平台。"楼事会"成员包括楼宇联合党组织书记、物业管理方负责人、党群服务站负责人、入驻企业党组织书记、企业行政负责人及党员职工代表等,还包括市场、税务、公安等部门相关人员。"楼事会"不只是开开会、记记账,而是要实打实地为企业解决问题,要求做到诉求"一口式"受理、问题"一条龙"对接。

有一次,上海中心大厦物业方因无法处理楼内堆积的废弃灯管等垃圾,向"楼事会"发出求助。"楼事会"先联系了上海电子废弃物交投中心有限公司,随后又协调交警部门对车辆通行予以支持,还一并解决了金茂大厦、环球金融中心、上海中心等其他楼宇的电子废弃物清运难题。

当太平金融大厦向"楼事会"反映早高峰期间停车场出口拥堵的问题后,"楼事会"第一时间联系了浦东交警一大队,协调将大楼出口处停车带改造为出租车临时停车点,以避免车辆长时间停靠造成拥堵。"楼事会"的响应速度和工作效率得到了各楼宇的充分肯定,

1　分别指需求清单、资源清单和项目清单。

主动提供 300 平方米办公场地用于党群服务站建设。

疫情平稳后，"楼事会"积极倡导非国有制楼宇响应国家政策，鼓励复工复产，协调国金中心、世纪会、东亚银行大厦、正大广场、由由世纪广场为中小微租户减免租金累计 2 亿元人民币。

2020 年 11 月，"新时代上海楼宇党建创新实践基地"正式启用。"楼宇党建"已成为基层党建的重要领域，正在逐步走出楼宇，反哺社区，促进共治。在淮海中路街道，通过"淮海＋伯乐汇""企业恳谈会""楼宇物业联席会议""淮海路经济发展促进会""企业发展促进会"等平台，推动本楼宇内的资源共享、公共议题共议共商、与社区互助联动，形成了一个个楼宇社区治理团队。

2．社区共建——以"三驾马车"为例

相较于商务楼宇，居民区里的矛盾纠纷更多、更复杂，是城市治理的重点、难点，要求居民区党建工作能有更灵活、长效的支撑机制。随着基层社区建设的不断深化，居委会、业委会、物业共同参与社区建设与管理，服务范围不断变化，许多看似细枝末节的居民诉求实际上是对社区治理提出了更为精细化的要求。而如何应对精细化需求，理顺居委会、业委会、物业"三驾马车"的关系是最为棘手的问题。实践证明，凡是"三驾马车"运转顺畅的小区，矛盾与投诉就少，无一例外。

（1）"合署办公"实现线上线下联动

位于芷江西路街道南端的城上城居民区是一个有着 6000 余常住人口的大型社区（图 5-9）。近日，七旬老翁包爷叔（化名）走进"合署办公服务中心"（图 5-10），反映了 7 号楼高空抛物的问题。倾听完包爷叔的诉说后，中心负责人、党总支委员张先生直接用电脑上的"城上城党建

图 5-9　城上城居民区

图 5-10　城上城居民区党建引领合署
办公服务中心

平台"派单给物业，同时接通小区经理电话，"来新单了！"随后，他耐心地跟包爷叔解释："您反映的问题我们已经记录，并派单给物业公司。根据以往的经验，处理高空抛物这类问题需要收集证据，请您耐心等一阵子，如要查询处理进度，可以来电洽询或者通过微信里的'城上城党建平台'进行查阅和追踪。"通过业委会出资安装的摄像头，锁定了肇事人，居委会联系城管队员与物业一起上门劝说。之后，7 号楼再未出现高空坠物。

居民区的"合署办公服务中心"是 2021 年初成立的，让居委会、业委会、物业公司"三驾马车"不仅坐在了一起，还将"合署办公"作为二级菜单收录于小程序"城上城党建平台"之中（图 5-11）。居民可以随时随地上传问题，党总支线上督办，实现 24 小时全天候的"民呼我应"。居民区党总支书记张女士说："在我们每天的接待工作中，很大一部分都和物业有关。虽然居民首先想到的是居委会，其实很多问题光靠居委会是难以解决的。""合署办公"以来，来自城上城小区的 12345 投诉量减少了 37%。

近期，在"合署办公服务中心"通过立项的还有流浪猫绝育项目。流浪猫一直以来都是争议焦点，通过"合署办公"后得出的给流浪猫绝

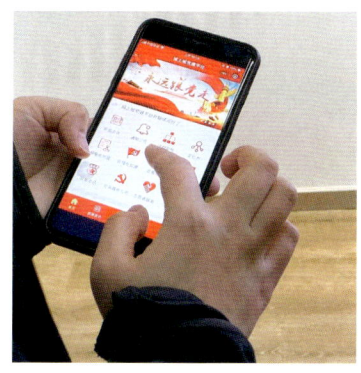

图 5-11 居民在小程序"城上城党建平台"界面上反映问题

育后再倡导领养或文明投喂的方案，已在上海全市推广。

无独有偶，在凉城新村街道文苑第一居民区的"三委联动"合署办公模式里，居委会、物业、业委会共同组成的督查小组，每天通过监控和走访观察小区内的变化。诸如垃圾乱投放、车辆乱停放、高空抛物、违章搭建等问题都能够及时发现，并且能够立即分派、快速处理，迅速解决了一大批老百姓的"急、难、愁、盼"问题。仅 2020 年就办理实事291 件，居民满意率达到了 98%。

党建引领的"合署办公"还处在探索阶段，需要不断根据居民意见加以改进，引入党代表、居民代表、社会组织等一起来"坐镇"，提高社区自治、共治水半，探索社区治理新机制，共同建设美丽家园。

"沉浸式"办公打通服务群众"最后一公里"

金海街道打破原有独立办公格局，构建"沉浸式"办公服务模式，实行集中开放式办公，实现服务零距离。以网格为基础，通过下楼、上门、驻点等方式开展走访摸排、记录需求、解答疑问、完善民情档案，构建社区治理新格局。以"需求、问题、项目"为导向，梳理形成"能办的、代办的、指导办的"服务清单，"即知即改、限时整改、无法整改"问题清单和各村居特色项目清单。

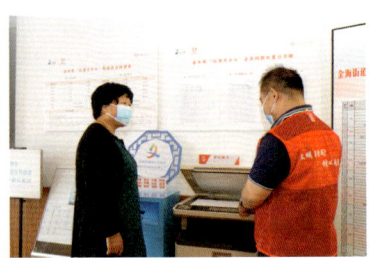

金海街道首问接待　　　　　　　　　　走访问题处置公示

（2）"沙龙＋联盟"促进社区多样共融

枫林街道以组建"业委会沙龙"和"物业服务联盟"的方式促进小区业主的自我管理。业委会沙龙定期组织活动，形成面向业委会成员的学习、交流平台，邀请专家解答物业管理的一些常见问题与解决方案，帮助业委会成员提升日常管理的科学性和规范性。业委会沙龙也为街道提供了业委会间的交流机会，组织参观工作成效显著的小区，将优秀的管理经验在辖区内传播开来。物业服务联盟旨在将各个物业的管理标准统一提升，相互沟通、相互促进，提高辖区物业的整体水平。例如，联盟在各个小区组织开展消防演练、防台防汛应急演练等（图5-12），帮助小区物业发掘

图5-12　物业服务联盟开展消防演练

潜在问题，及时纠正工作疏漏。业委会沙龙和物业服务联盟相结合，有效化解了业委会和物业之间的固有矛盾，产生了"1+1 > 2"的效用。

枫林街道关于联合模式的尝试，有效促进了业委会管理能力的提升，发挥了此类民间组织的能供作用，与社会组织形成密切联系。引入汇枫物业管理事务指导中心，不仅参与了小区的日常管理，还在业委会的运行、换届、业务培训等方面给予专业性的指导与服务，促进了专业力量对小区日常管理的渗透性。

扛着党旗进社区，戴着党徽进家门

上海上实物业在社区物业服务中探索总结出了"党建联建三位一体（居委会、业委会或居民代表、物业管理公司）"模式，有效破解了物业管理行业普遍存在的"物业费调整难""违法搭建""停车管理难""群租治理难"等社会热

"党建联建三位一体"物业服务模式

点和难点问题，改变了目前老旧小区物业企业小而散、管理落后、服务不到位的现象。

3. 居民自治——以弄管会、路管会为例

1 20 世纪 60 年代初，参与式治理在西方兴起。所谓参与式治理，就是多元利益相关者，包括政府、企业、社会团体和公民个人等，积极、主动、广泛地参与公共决策的合作治理过程。方知慧，郑晓华. 城市社区居民自治完善对策研究——以上海市长宁区为例 [J]. 秘书，2021（3）: 16-29.
2 唐有财，王天夫. 社区认同、骨干动员和组织赋权: 社区参与式治理的实现路径 [J]. 中国行政管理，2017（2）: 73-78.

在基层治理错综复杂的工作内容中，居民自治不可或缺。居民自治是参与式治理[1]的重要组成方面，是对政府决策科学化、民主化的重要补充，有助于"公民社会"的培育。[2]居民自治更直接地表达了老百姓对"美好生活的需求"。必须认识到，居民自治是一种放权式

治理，离不开制度建设的完善。制度要说明社区内的成员通过何种协商途径、依照什么程序参与到社区公共事务中。既要保证居民作为基层治理参与者的能力与权力，也要保障居民与政府的良性互动，通过相互沟通平衡的权力系统发挥更高的社会效能。[1]

（1）"弄管会"对居住小区管理的补充

"弄管会"是一种较为有代表性的居民自治模式。"弄管会"经街道发起，由居民推选代表作为本弄堂[2]的管理人，成立"弄堂管理委员会"。主要职责在于保障及落实以里弄范围为管理边界的门卫、保洁、停车管理、安全巡逻、志愿服务等。

在上海的许多老式里弄，常常因为产权的复杂性造成多头物业，以至于业委会难以成立，更有许多里弄处于无人管、无力管、无法管的状态，严重影响了居民的生活品质。"弄管会"聚焦于供全体居民使用的公共空间，从一定程度上补充了居委会、业委会运转不畅所产生的工作缝隙。

"弄管会"本身是自发性的，街道需要扮演协调、支持各"弄管会"事务的角色，建立起监管、评议平台，协调其中事务。"弄管会"的工作是对居委会工作的重要补充，能够及时接收到群众的求助，延展了社区管理的神经末梢。但局限于权力和资源，弄管会的执行能力很大程度上取决于相关职能部门的支持。职能部门的定期走访保证了"弄管会"工作的有效性，形成了社区协同管理。通过建立起"弄管会"与街道网格中心的联系，及时获取居民区上报的问题，传递到各职能部门，消除各类隐患。

在"衡山—复兴"历史风貌保护区内，由"居民—弄管会—弄管协会—街道"构成的"共建＋自治"模式，进一步丰富了城市基层社会治理体系。

风貌区内解放前就形成的214条老弄堂中，近八成是开放式的，存在着许多管理死角。长期以来，环境

1　方知慧，郑晓华.城市社区居民自治完善对策研究——以上海市长宁区为例[J].秘书，2021（3）: 16-29.
2　弄堂，上海方言，指里弄型社区。

品质每况愈下，安全隐患日渐增多。原住民不断外迁，各类租客纷纷涌入，文化差异在有限的空间内发酵，邻里矛盾升级，问题越来越多、越来越复杂。

在一些老党员、老干部的自发下，"弄管会"渐渐打响了名气。"弄管会"一般由5~6名成员组成，设立主任1名，成员往往年龄较长，有威信，热心公共事务，擅长群众工作，他们对社区问题的敏锐度很高。

由于"弄管会"的工作"源于生活、走向生活"，更容易获得居民的认同感，可以更主动地"动作"。经过长期的整治提升，在外来人员服务、公共空间占用、物业维修、社区治安等一直以来的薄弱环节上，居民们对于"弄管会"在维护安全、响应民意上的所作所为甚是肯定（图5-13）。

所属的湖南街道则再上"台阶"，成立了"弄堂管理协会"（图5-14），

图5-13　改造后的弄堂

图 5-14 "弄堂管理协会"开展工作

致力于辖区内各"弄管会"工作的协调统一。"弄堂管理协会"是在区社团局登记注册的非营利性社会团体法人,主要任务是规范各"弄管会"的自治管理,建立交流平台,组织发动开展各项公益性、社会性活动,实现自我教育、自我服务、自我管理。"弄管协会"帮助"弄管会"完善制度建设,包括人员管理、工作职责、例会换届等;联络、安排公安、房管、物业等相关部门负责人对各个"弄管会"的工作内容和成果进行指导,避免了各"弄管会"因工作内容重叠而产生的矛盾与冲突。

如今,"弄管会"的做法已经推广到全市。

"周边环境噶闹忙,迭条弄堂里厢连只路灯啊么!一到夜里就墨赤乌黑,阿拉夜到走走老勿安全额,居委会好想想办法伐?"2020年4月,天原二村的几个阿姨来居委会反映,天山路451弄晚上没有路灯,很不方便,也不安全。虽然弄内北端有缤谷广场的照明,但弄堂及南端没有路灯,一到晚上漆黑一片。弄内晚上原本行人不多,对增加路灯照明的需求不大,但是疫情期间,小区实施封闭式管理,后门关闭后,居民们只能从天山路451弄通行,安装路灯就成了居民日常生活的迫切需求。

新成立的"弄管会"及时响应,商议决定尽快在弄内安装路灯。考虑到安装路灯涉及很多部门,报批周期、布线、后续费用也都是难题,"弄管会"讨论后决定用简易方便、节能环保的太阳能灯,并在安装位置下足功夫,一方面利用好弄内既有设施,一方面也要考虑不对周边居民造成"光污染"。现在有了"星星点灯",晚上走夜路的居民不再"吓势势"了。

随着"弄管会"制度逐步完善，其功能也逐渐从社区保安、保洁向社会治安监督、居民诉求反馈、邻里矛盾协调等社区文明建设延伸。居民自己当"管家"的做法，促进了市民参与小区治理的积极性，体现出了公众参与社会基层治理的生机与活力。

（2）"路管会"对街面空间管理的提升

同样是居民自治组织，"路管会"的职责则在于街面空间的管理。而维护店铺、马路以及街区的文明整洁，光靠"管"是不够的，因此"路管会"要在联动区域内的政府、组织等各方人士的同时，吸纳沿街商户代表入会，将方方面面的沟通连接起来。

老城隍庙地区的豫福街区"路管会"成立于 2015 年 9 月。辖区内学苑居委志愿者张女士讲述近几年来"路管会"工作的开展非常欣慰，"路管会的成立牵动了四牌楼路周边多个居委的心。起初，学苑居委仅有两名志愿者，工作为配合光启居委的志愿团队一同巡逻，主要针对路边摊、跨门营业等乱象。如今，包括我在内，学苑居委已有十位志愿者，巡逻路线也从原来的四牌楼路扩展到了周边多个路段"（图 5-15）。

豫福街区"路管会"由四牌楼路周边街区居民、沿街商户、街区单位、执法辅助力量共同组建，以四牌楼路为核心向周边辐射，包含县左街、盛家街、傅家街、四牌楼路、光启路、学院路、昼锦路等"三街四路"。平日里，"路管会"成员会走上街头，调研商户的经营情况和生活需求，通过宣传和巡查落实商铺门前责任，其工作宗旨在于"与其将一些商户视为'问题制造者''居民对立面'，不如将他们纳入'社区治理共同体'"（图 5-16）。

相比较以居住里弄为重心的"弄管会"，"路管会"牵涉到的参与者更多，空间权责也更复杂，需要更完善的制度建设。2020 年 7 月，街道牵头召开"路管会章程（草案）"协商讨论会。参会人员包括与日常运维相关的各个方面，例如区政协委员、街道相关职能部门、相关居民区、相关街区单位、沿街商户代表等，各方代表畅所欲言、各抒己见，形成

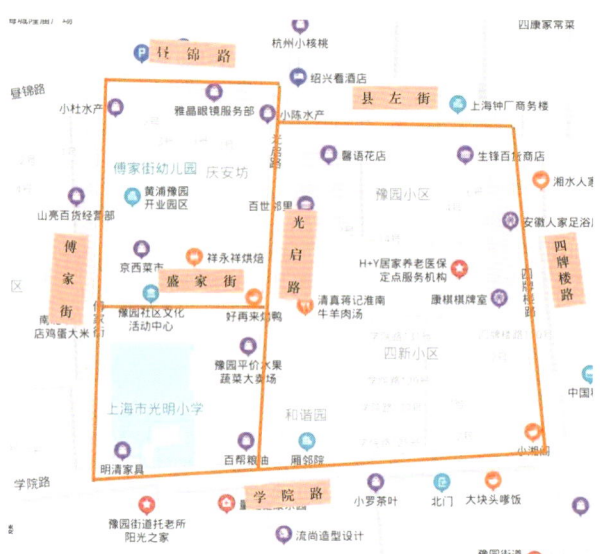

图 5-15　豫福街区"路管会""三街四路"治理范围

公益资源清单

类型	序号	服务提供方	服务内容
公益单位	1	上海市光明小学	艺术、科技类老师资源 青少年志愿服务 老城厢文化义务讲解员
	2	上海市黄浦区傅家街幼儿园	足球互动体验
	3	豫园集市	公益产品、便民服务
	4	上海全泰服饰鞋业有限公司	为老服务
	5	上海城隍庙	帮困、助老服务
	6	上海蔡同德药业有限公司	用药咨询、中医健康咨询
	7	上海金茂律师事务所	法律咨询
	8	上海老街投资集团有限公司	老城厢文化传承、文化服务
	9	豫园街道社区党建服务中心	党员志愿服务
	10	豫园街道社区文化活动中心	文化活动、空间阵地
	11	上海左邻右舍文化艺术传播有限公司	大型活动、文艺演出、公共文化管理
公益商户	1	百帮粮油、豫园平价果蔬等	公益产品（如果蔬、粮油、肉类、干货等）
	2	千丝秀造型连锁	为老人公益理发
	3	手机维修店	智能手机使用 健康码注册操作
	4	鑫义皮草	亲子、女性类手工活动 （闲置衣物改造）
	5	邓伟蔬菜	助老、助残送货服务
公益基地	1	学院居民区	绿植养护指导
	2	光启居民区	绿色账户积分连线上兑换指导
	3	四新居民区	智能手机使用指导
	4	零距离家园服务站（豫福里）	洗浴、洗衣、共享厨房、康养、亲子活动、为老服务、便民服务等
公益团队	1	豫福街区路管会	协商议事
	2	情聚可爱窝自治团队	亲子类街区活动
	3	阳光心畔读书会	融合类街区活动
	4	半平米阳台自治团队	种植类街区活动
社会组织	1	上海蜂邻健康养老服务中心	便民服务、医疗保健、康复护理、老幼同托、社区文化活动等服务
	2	上海浦江汇社区公益发展中心	志愿服务
	3	上海有邻社区治理服务中心	环保酵素制作课程
	4	上海慈爱公益基金	助残、助老
	5	上海黄浦文汇社会事务发展中心	帮困、公益微心愿

图 5-16　豫福街区"路管会"挖掘街区公益资源

了四牌楼路路管会章程和增补成员名单。会议明确了"路管会"的价值定位、组织架构，以及具体事务的协商原则，出台了《"邻·聚豫园"示范街区自律公约》。

路管会组长曹大姐认为："路管会刚成立时，志愿者要面对的马路状况比现在更乱，当时不仅有贩卖蔬果生鲜的铺子，更有明火起灶的'黑暗料理'摊，游客边吃边走的情况很常见。随着路管会建立起管理、宣传两手抓的工作常态，商户们也意识到了安全、卫生以及文明经营的重要性。尤其是垃圾分类工作，疫情以来商户们更感受到了来自垃圾分类志愿者、来自社区各方的帮助。自律公约的出台和商户的加入，意味着商户们开始反'客'为主，将文明社区与自身经营联系到了一起，调动了其自我治理的内发性。"如今，不少商户都表示希望能够成为"路管会"的一员，融入社区生活，为营造良好的社区环境出一份力（图5-17）。

路管会成员

衣架拆除前　　　　　　　　　　　　衣架拆除后

图 5-17　豫福街区"路管会"

"路管会"破解无秩停车难题

为破解四川北路商业街人行道车辆乱停乱放的难题，街道会同区交管中心、区交警支队一大队，持续开展四川北路非机动车乱停放整治行动。同时，街道通过成立沿街商务楼宇自律组织，以自治联盟的方式夯实企业主体责任，加强门前非机动车停放、保洁、卸货等方面的自我管理，共同维护四川北路沿街市容环境品质。

整治前　　　　　　　　　　　　　　　整治后

四川北路商业街人行道

问题导向的
群众联系网络

上海学习贯彻习近平总书记在中国共产党成立 100 周年大会上重要讲话精神，提出，继续把解决百姓操心事、烦心事、揪心事放在首要位置，以更大力度、更实举措为群众办实事、解难事，大力弘扬上海城市精神和城市品格，充分展现超大城市"安居宜居、精细精致"的独特魅力。"城市是人的城市"，在推动城市软实力建设的过程中，除了政府施政外，更需要人民的参与。

城市管理中所呼吁的全民参与，前提是需要打通政府与群众的联络渠道，拓宽政府与群众的联系网络，通过基层治理制度的完善，创造更加多样的"接触点"。Soloman 于 1985 年提出"服务接触"（service encounter）概念，原意是指在消费层面服务提供者与服务接受者之间面对面的互动关系。"服务接触"是服务的核心内容，对于服务质量的控制、服务传送系统及服务成效满意度等都有很大的影响。[1]构建起多点接触的群众联系网络有助于精确定位社会问题，找准关键症结，明确管理应当着力的关键要素，从而实现市民对城市公共服务满意度的可持续提升。

2021 年 7 月，《上海市人民建议征集若干规定》正式施行，不仅规范了人民建议的征集方式与流程，还对其落实转化机制作出了引导，是对上海人民建议工作的进一步保障。这是一部由省级人大常委会制定的、专门促进和规范人民建议征集工作的地方性法规。

以人民建议征集政策为代表，上海在群众联系网络的建设与完善上不断探索，包括延续夏令热线、民生访谈等传统项目，以及设立基层立法联系点等创新手段。特别是随着"互联网+"的推广，微信群、小程序、公众号等方式愈发灵活、多样，居民之间、居民与居委、街道间的线上互动更为活跃。如中海瀛台小区的"瀛台梦"微信群等。

在群众联系网络里，还建立了"建议搜集渠道"和"反馈落实渠道"的双向循环，涉及工作标准及机制的建立与梳理、意见处理流程的制定与责任落实、回访总结的反馈与保障等三方面的内容。正是由于建议渠道和落实成效的循环提升，才能促使更多市民积极地为人民城市主动建言献策，使得城市的运行、管理有了更广泛的群众基础。以往的"举报""投诉"，现在更多的以"建议"的方式转

1　周雅珠."夏令热线"服务接触管理创新——以上电热线为例 [J]. 上海质量，2008（8）：52-54.

化到了解决问题的层面上,增强了市民的参与感。这种"悦耳""动听"的建议方式令职能部门更容易接受,成为落实方案、举措的一种依据。

经过不断探索实践,上海群众联系网络里的"服务接触点"大致可以分为主导型与自发型两类。主导型是从政府视角出发,基于既有层级构架,针对具体工作,主动拓展信息搜集渠道、设立信息采集点的工作方式,比如设立基层立法联系点、人民建议征集办公室等;自发型则是基于对群众自主意识的激励与培育,提升群众自主建言的主动性,打通民意表达的渠道,比如开通夏令热线、民生访谈等。

1. 主导型服务接触点——以基层立法联系点、人民建议征集办为例

将"服务接触点"就设在家门口,让市民感受到"以人民为中心"的真实存在。

(1)"基层立法联系点"打造全过程人民民主最佳实践地

"基层立法联系点"对大部分群众而言还是新名词(图5-18),而65岁的伊犁居委会主任朱阿姨自2015年起就开始担任虹桥街道基层立法联系点信息员。六年多里,她几乎参加了所有的立法征询会,朱阿姨颇为自豪地表示:"我亲自见证了大家的意见被全国人大重视和采纳,民主有了实在的获得感。"

2014年,十八届四中全会《中共中央关于全面推进依法治国若干重大问题的决定》中明确提出,"建立基层立法联系点制度",虹桥街道被选为我国首批四个基层立法联系点之一。"基层立法联系点"是群众参与立法的重要通道,激发群众对法制工作的积极性与主动性。城市管理精

图 5-18　"开启直通车，架起彩虹桥"——
虹桥街道古北市民中心基层立法联系点
资料来源：巨云鹏　摄

细化提出以来，作为"三全四化"里"社会化"的大招，到家门口去倾听群众对法律、法规的意见，对立法工作的建议，已经形成了全市性的制度化安排。

2019 年 11 月，习近平总书记在虹桥街道古北市民中心考察时充分肯定了基层立法联系点的成功经验，指出这一工作对推进"全过程人民民主"的示范意义。

"基层立法联系点"收集群众对于立法的建议，将这些建议向立法机关传递，是群众参与立法的"直通车"。截至 2020 年 11 月，虹桥街道的全国人大"基层立法联系点"参与了 45 部法律的意见征集工作，归纳整理各类意见建议 800 余条，被采纳 51 条；市人大"基层立法联系点"参与了 14 部法规草案的意见征集工作，归纳整理各类意见建议 114 条，被采纳 3 条。更有意思的是，因为吸收了"原汁原味"的群众建议，有效地对原本书面化的法制语言进行了日常转化，使得法律法规也接上了地气，有利十今后的普法工作。

基层立法联系点制度所推动的"全过程人民民主"，是人民城市建设的重要组成部分，反映了全民参与的社会化性质，正如习近平总书记

协商共治打通苏州河最后"断点"

宜川路街道为打通苏州河中远两湾城小区河段，践行"用脚丈量社情、用心丈量民意"的"丈量工作十法"，广泛听取百姓心声，把民主协商、民主决策、民主评议、民主监督贯穿于全过程中，坚持把为群众办事和与群众商量办事相统一。

中远两湾城沿河步道修葺一新

资料来源：巨云鹏 摄

强调的，"民主不是装饰品，不是用来做摆设的，而是要用来解决人民需要解决的问题的"。基层立法联系点制度也推动了精细化立法，成为基层法制建设的重要举措。目前，已覆盖全市 16 区的 25 个基层立法点，都收集到了有针对性的措施，提升了"基层立法联系点"的站位、格局与功能。[1]

（2）人民建议征集办覆盖街镇网点

自 2020 年 7 月上海市人民建议征集办挂牌以来（图 5-19），联合 30 余家市级部门，围绕"十四五"规划、市政府实事项目、"五个新城"建设等重要工作，开展了 100 余次征集活动，收到各类建议逾万条。

目前，不仅 16 个区已全部成立了人民建议征集办

1 严永强.立足基层 开拓创新 不断加强基层立法联系点建设 [J].上海人大月刊，2016（8）：10-11.

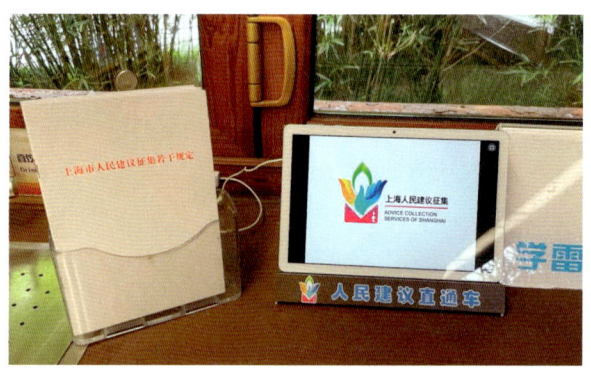

图 5-19　全国首创的地方性法规《上海市人民建议征集若干规定》

公室，市区两级的人民建议征集信箱矩阵已整体入驻"随申办"App。全市还在村居和重点区域设立了大量的人民建议征集联系点和工作站，形成了覆盖全市的群众联系网络。从市委领导信箱、市政府领导信箱、12345市民服务热线到随手打开"随申办"，点击"互动—人民建议征集—我要建议"，市民就可以随时随地提建议。市民群众通过"家门口""手头上"的征集渠道就能建言献策，参与到城市及社区治理的具体工作，真正实现了建议渠道"随处可见"、建议内容"随手可提"（图 5-20）。[1]

　　能成为全市首个成功加装电梯的行政区，普陀区的人民建议征集全覆盖功不可没。

　　在人民建议征集工作站，居民郑先生就针对加装电梯工作提出了"人民建议"：加装电梯模式应从"能人 +

1　栗思 . 在党的诞生地，上海这个刚满一岁的办公室又在探讨关乎人民的事 [N/OL]. 上观新闻，2021-07-17[2021-10-20]. https://www.jfdaily.com/news/detail?id=386690.

图 5-20　建议征集渠道铺至"家门口""手头上"

梯"延伸至"互联网＋梯",为意向加梯业主提供多种选择,提升老公房加装电梯的成功率。在加装电梯过程中,居委工作人员付出了大量的劳动和时间,但是经常遭遇一些起初口头同意后来突然反悔的情况。郑先生提出可以应用微信小程序征询业主意见,通过身份认证后,业主可以在线完成意见征询、签约等。郑先生还提出了利用"互联网＋"思维形成"加梯地图"的建议。通过人民建议征集工作站传递到区委后,得到了相关部门的高度重视,形成了《普陀区既有多层加装电梯流程图》和普陀的"加梯地图"(图5-21)。

图 5-21　普陀区"加装电梯"咨询建议服务小程序

"城管进社区"深化治理新路径

闵行区城管执法局按照城市管理"721工作法[1]",结合"城管进社区"工作推进住宅小区环境治理,确立社区工作站(室)执法办案指挥所、人民建议征集站、联勤联动沟通点、服务基层实训地"四大功能"定位,做到"有诉必应、有诉必处"。

"城管进社区"及时解决群众急、难、愁、盼问题

1　721工作法:70%的问题用服务手段解决,20%的问题用管理手段解决,10%的问题用执法手段解决。

2．自发型服务接触点——以夏令热线、民生访谈为例

（1）"夏令热线"响应群众心声

激发群众自主谏言的积极性是扩大群众联系网络的一种有效途径。市民服务热线是为市民提供咨询、受理投诉和建议等非紧急类事务的政务服务项目。全国各地都有设立的"12345"热线，开放了面向公众投诉与建议的渠道。

2021年7月12日，延续了29年的"夏令热线"再次开通（图5-22）。依然是由市领导接听了今年"夏令热线"的前三个市民来电。截至当天上午11点，热线共接到5047个市民来电，主要集中在疾控防疫、物业服务、违法建筑、垃圾清理等问题上。

上海的"夏令热线"创办于1993年，由《新民晚报》和市建交党委联合主办（图5-23），每年夏天如约而至。开通初衷是针对夏季高温期间百姓遇到的急、难、愁、盼问题，架设政府与市民的沟通桥梁，做好"民有所呼，我有所应"。发展至今，"夏令热线"联合举办单位已经覆盖了参与城市管理工作的各市级部门、区级政府和新民晚报社、上海广播电视台等媒体，凡是城乡建设、交通、水务、绿化、市容、房屋等方面的诉求，都可以拨打"夏令热线"。在市领导开线后，市级各条线部门和各区政府的"一把手"，都会走进热线，倾听市民呼声、解决民生难题，为市民答疑解惑。

在开通将近30年的"夏令热线"中不难发现，由政府部门和大众媒体共同牵头的市民热线服务不仅提升了社会影响力，也保证了意见反馈上的全覆盖与执行上的连贯性。作为定点定时的年度活动，"夏令热线"在时段上强化问题导向，体现了政府部门对百姓身边事的切实关心，让百姓有了实实在在的参与感和获得感。

"夏令热线"设立之前，城市管理大多通过部门巡查、抽查等检查方

图 5-22 2021 年夏令热线

图 5-23 1993 年 7 月 18 日,"夏令热线"开通

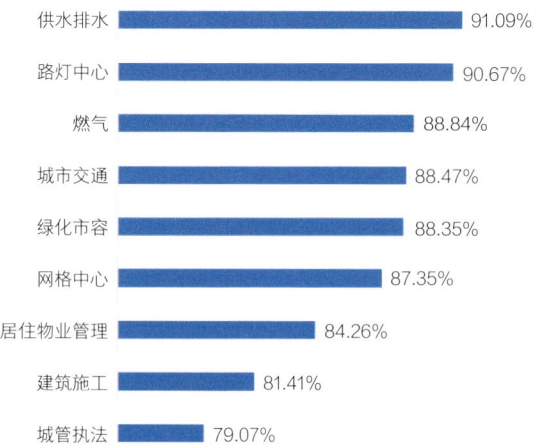

图 5-24　各行业市民满意度结果

式，不仅耗费人力物力，抽样往往还不具备代表性，不一定都能触及民生根本问题；而收集群众主动反馈的方式，不仅成本低还更方便快捷。

2020 年"夏令热线"期间，市民投诉 / 报修处理的总体满意度为86.93%，市民的诉求集中于治安交通、住房保障、人力保障、工商消费、交通港口、城乡建设、绿化市容、环境保护、卫生计生、民政等方面。其中，供水排水行业、绿化市容行业、城管执法行业、居住物业管理行业、城市交通行业、建筑施工行业、燃气行业、路灯中心和网格中心共 9 个行业里，市民满意排前三的分别是供水排水行业、路灯中心以及燃气行业（图 5-24）。这些数据客观地反映了对市民生活影响较大的问题，以及市民日常生活中关注的重心。

2020 年也是《新民晚报》连续第 14 年委托"上海市质协用户评价中心"开展"'夏令热线'投诉 / 报修处理市民满意度调查"。2020 年的测评工作主要从电话回访、热线拨测和金点子或典型案例三个维度展开，多维度了解市民的真实感受以及各部门、各行业的处理情况，并在年度报告中对相关数据进行估算，结合 12345 市民热线中的同领域问题进行综合评估。

2020 年的年度报告对随机回访与"测拨"进行了总结，梳理了各行业诉求里的突出问题（表 5-1）。数据分析不仅是对各行业热线工作满意度的比较，还能分析出全市的"空间治理"特征，特别是中心城区与郊区的问题差异。在中心城区，市民反映的问题主要是屋面墙面、水表水务和出租汽车；在郊区，主要问题是地面公交、出租汽车和燃气维修。空间数据的引入，有利于在城市管理中提出分区、分级、分类的应对策略及优化方案。

各行业 / 部主要诉求点 表 5-1

行业 / 部门	主要诉求点
城管执法	业主（使用人）违法行为、擅自占用公共场所、违法建筑
房地	屋面墙面、管道窨井、电气电路
供水和水务	表务问题、套室表、水管设备
建筑建材业与装饰装修	噪声振动、文明施工
交通	出租汽车投诉、地面公交投诉、路政管理投诉
路灯中心	单盏灯不亮
绿化与市容	树木倾斜倒伏、收容救护野生动物、环卫作业规范
燃气	漏气、抄表问题、安检
网格中心	雨水井盖

保障热线解决问题的能力，增加沟通渠道的有效性，需要在公共部门的主要功能与服务领域之间进行横向协同与整合，以解决跨界性公共问题。通过理顺服务热线的运行机制、加大信息资源整合力度、加强信息和服务标准化、建立健全舆情分析和预警机制，有助于让群众长期有序地参与到城市管理之中。市民服务热线工作的重点，也是难点，在于"整体性治理"（holistic governance），即在保证充分的沟通和合作之后，政府机构的组织之间形成有效的整合及协调，使得彼此之间的政策目标保持相同并且连续，同时强化政策的执行手段，达到各主体之间的密切合作，以减少部门之间的推诿和来回奔波带来的管理碎片化问题。

在工作流程上，来自于热线的群众诉求被快速分配到职能部门，缩短了响应时间。2019 年 9 月初，有市民热线投诉，反映大华路—大华二路附近存在路灯昏暗的情况，影响夜间出行安全。接报后，上海市城市综合管理中心第一时间会同相应建设管理单位前往现场勘察，确认问题属实。经分析，该段道路灯光昏暗是由于树木遮挡、路灯运行时间较长、照明设施调试档距过大等多方面原因造成的。为此，市综管中心与宝山区市政管理中心、区市容绿化局、道路照明运维单位的负责人议定：市综管中心负责对原 7 盏道路照明设施光源设备进行更新更换，区市容绿化局负责配合，对照明设施周边的遮挡树木进行适当修剪，区市政管理中心负责协调沿线单位，在涉及交通安全的路段增设庭院灯，补充光照。通过市、区两级通力协作，该诉求得到了较好的解决。

在 2020 年市民们主动提交的 20000 余件建议里，有些建议不仅反映了大众的需求，还精确到需求的落实。例如，有市民提议在黄兴公园增设共享储物柜，为众多跑步爱好者提供储存外套、水杯等随身物品的场所；浦东一社区卫生服务中心医生提出，通过手机公众号全预约就诊的方式，给社区老年居民造成了很大困扰；还有诸如口罩自助贩卖机进地铁、装修垃圾回收箱、公共空间分时共享等问题也一一得到落实。

（2）"民生访谈"联通定点交流

作为政府与媒体合作深入探讨民生问题的专栏节目，"民生访谈"（图5-25）是上海一项广播类意见征询栏目，早在 2008 年 4 月就已开通，由公众熟悉的"名嘴"主持，邀请政府现职领导走进人民广播电台直播室，现场讲解民生新政、解答民生问题。设立十余年来，节目每年定时播出。2021 年的"民生访谈"于 5 月 6 日启动，由上海人民广播电台、上海新闻广播电台、中国经济信息网、上海发布、阿基米德、话匣子等联合主办，联合多家媒体合作单位共同推出。在连续 14 个工作日的上午9~11 点，邀请了 14 个委办局的主要领导，陆续走进直播室。同步推出的还有"上海此刻——我在一线解难题"系列融媒体轻直播，每天由一

图 5-25　"民生访谈"历年宣传海报

位广播记者随同委办局的相关负责人，在基层亲测体验。

"民生访谈"搭建了政府与市民的对话平台，由领导们直接回应市民所思所想所盼。相比"夏令热线"，"民生访谈"更具引导性，对新政进行解读，让老百姓了解各行业发展的政策导向；实时面向大众，条分缕析的民生问题反馈，可以更为广泛、及时地传播给听众，其宣传力度更广、社会效应更大。

从 2021 年上海"民生访谈"的覆盖内容来看，涉及民政、卫健、教育等各方面，关系上海市民生活的枝枝叶叶。上海市住建委负责人在"民生访谈"中讲道："今年是'十四五'开局之年，正在启动实施的第二轮城市管理精细化三年行动计划，更加注重'城市的人民性'。强调'问题导向'，要从市民反映最集中、感受最强烈、期盼最迫切的问题入手，推出一批可观可感的精细化管理项目；聚焦一些重点区域，争取建成一批有集中显示度的、得到市民群众认可的'精细化管理示范区'。比如，市民反映强烈的'马路拉链'问题，我们会强化掘路计划的科学统筹和总量控制，尽量合并不同施工单位、相近时间段内的掘路施工，加强施工过程监管，快开快收，减少扰民，保障好道路的通行功能。又如地铁出入口周边治理、路面设施整治等，将更注重城市管理的细节问题。房屋隐患排查、防高坠、群租治理等居住安全，老旧管网改造等管线安全，建设工程安全管理，生活垃圾分类，违法建筑治理，水环境治理，小区综合治理也将常态长效推进。"

全城协力
补齐民生需求短板

1. 响应民生——以老旧小区改造为例

从城市更新的角度来看，当下的旧区改造应当包括功能调整、空间优化、环境整治、居住条件改善等内容，致力于旧居住区的复兴，是实现城市规划与建设目标的重要手段。居住区、居住单元中存在的许许多多的现实问题是城市管理者们应当关注的重点。

上海中心城旧居住区的问题，主要在于既有功能与当代生活间的落差。在旧区，建筑外观和结构自然老化、损毁，公共空间不足，人口过多，配套不足，厨卫问题尤其显著。大量居民自发的非正规改建、加建、扩建，进一步加剧了环境品质的恶化与风险系数的上升。

新中国成立初期的住宅成套率低，三四户合用厨卫的现象普遍存在。虽然在当时解决了很多人的居住问题，但空间紧缩、仅有使用权等状况也为此后的居住条件改善带来了诸多阻力（图 5-26）。进入商品房时代之后，居民们开始关注居住的舒适性，不仅是住宅面积的增加，对小区配套等便民化、人性化的服务需求也逐渐强烈。对于住房的环保节能、立面美观，景观绿化的舒适性、健康度、私密性，以及室内环境的智能化、一体化装修等方面也给予了更多关注。遗憾的是，这些需求与现状间形成了强烈反差。因此，既有住区的更新改造不是简单地对日渐退化的物质条件进行更新，而应当充分满足居住者更广泛的现实需求。

虽然对旧区进行整体或者部分拆除可以有效改善城市布局，提升居住品质，但是，闹市里的旧区拆迁牵涉到的权责、资金及未来收益等复杂情况使得决策艰难。从大拆大建到邻里重建，再到公众参与的社区更新，旧改的思路正在不断演进。"十三五"期间提出的开展以"安全、宜居、适老、低能耗、功能提升"为目标的宜居型综合改造，是我国当前既有住区更新改造的基本原则。

从城市平衡发展的角度来看，需要明确的是既有小区的基本改造、提升改造、完善改造的具体对象（表 5-2）。其中，基本改造面向居民亟待解决的生活需求，是对"民生痛点"的直接回应，是应当首要解决的问题。

建筑外观　　　　　　　　　　　　　　　　公共厨房

租用居住公房凭证　　　　　　　　　　图 5-26　建于 1958 年的彭一小区

针对改造内容提供可选择的需求清单，以此判断改造中需要采取的力度与干预手段。过程中，如能有效引导居住者积极参与并加入到改造的决策与实施中，提出有针对性的改造思路，则会对后续工作大有助益。

国务院发布老旧小区改造内容　　　　　　　　　　　　　　表 5-2

类型	具体内容
基础类	水、电、气、路灯基础设施的维修完善
	垃圾分类设施的配套设施
	供暖设施的修缮（北方地区）
	加装电梯（不强制、居民同意可支持加装）
提升类	公共活动场地、停车场、活动室、物业用房等
完善类	基本公共服务设施与基本公共环境，包括完善社区养老、抚幼、文化室、医疗、助餐、家政、快递、便民、福利点等设施

由于过去各个时期都在老旧小区遗留下不少问题，如今改造必定困难重重。除了改造方案外，管理与保障制度的落实也十分关键。尽管有关部门和各地区针对社区治理制定了很多法律法规，但在老旧小区的改造与治理上，法律法规数量较少、内容空泛、立法滞后等问题仍然存在。另外，治理主体的缺位与失语现象，多数是因为政府在社区治理过程中职能定位模糊，部门间职责划分不清晰，习惯通过行政手段处理问题，对小区公共事务大包大揽，既掌舵又划桨，还经常出现政出多门的相互掣肘。

对于居民自身来说，在生活空间单元化、封闭化的状态下，邻里关系日益疏远，缺乏归属感，参与公共活动、管理小区公共事务的热情缺乏，习惯于服从行政命令，寄希望于政府包揽一切，缺乏足够的自我管理、自我服务能力。

面对老旧小区改造难题，复元坊小区坚持"党建引领"，做到"拆、建、管、治"并举，构建起政府主导、社会参与、居民自治的三位一体工作模式，上演了一出精彩的"变形记"（图 5-27）。

复元坊小区由 27 幢多层、高层房屋组成，共有居民 978 户，建设于20 世纪 80 年代。多年来，小区基础设施老旧，物业管理滞后，违法建筑丛生。复元坊小区的改造聚焦于"安全""整洁""有序"，分别在拆违、"双美"以及精细治理上有所作为。

首先，聚焦"安全"，拆违先行。通过街道、居委的共同努力，对小区内的违法建筑予以拆除，消除安全隐患的同时，也为后续改造腾出空间。累计拆除违建 88 处，为后续翻天覆地的变化拉开了帷幕。

其次，聚焦"整洁"，推进"双美"（图 5-28）。从居民的实际需求出发，拾遗补缺，将垃圾分类、截污纳管、智能安防等设施改造与房屋修缮有机结合，高标准打造复元坊示范小区。积极推进智慧社区的建设布点，如针对非机动车的停放需求，试点智能化解决方案，通过"智能车库"项目，彻底解决了非机动车乱停放问题，车位数从原先的 40 个增加到 80 个。

再次，聚焦"有序"，精细治理。复元坊小区的高层与多层房屋原先由两家物业公司分别管理，共用主干道和出入口。在区房管部门的指导

改造前　　　　　　　　　　　　　　改造后

图 5-27　复元坊小区改造前后对比

图 5-28　"美丽家园"改造后的小区

绿先锋美丽家园议事会　　　　　　　　　　　　　　　共治联席会议

图 5-29　"主心骨"和"热心人"的积极参与

下，街道组织居民区党总支，牵头开展了多场由党员、楼组长、志愿者以及楼组骨干参加的听证会，征询各方业主的意见，完善物业归并的实施方案。在各方的不懈努力下，经过法定程序，最终由华欣物业完成了对整个小区的统一管理。过程中，正是由于小区的"主心骨"和"热心人"都积极参与进来，才实现了物业归并的平稳过渡（图 5-29）。

在上海，除了复元坊小区，旧区改造的优秀案例不断涌现，例如九星苑小区。改造前的九星苑小区存在地下车库住人、公共设施配套少、道路损毁严重等问题。小区生活环境糟糕，居民怨声载道。"美丽家园"建设的春风吹拂后，情况就大不一样了。

在"美丽家园"建设中，九星苑小区还是坚持以问题为导向，以居民需求为出发点，以居民满意为落脚点，突出居民的主体性。强调项目共同选，计策共同出，家园共同建，进度共同抓，不断提升项目建设的精准度。最后经过业主大会的讨论，决定建设资金的 10% 由居民自己承担。居民们也是因为亲眼看到了家园建设的新气象，尝到了环境改善的甜头，才会每家每户都签字同意。在居民们的积极参与下，工程项目的质量和进度大幅提升，小区每周召开的施工例会上，居民代表纷纷参加，对施工遇到的新问题提出自己的想法，调整设计方案，让"美丽家园"更贴近百姓生活。

2. 直击痛点——以加装电梯为例

（1）老龄化需求与应对难点

截至 2019 年年底，我国 60 岁及以上人口已达 25388 万人，占总人口的 18.1%；预计"十四五"期间，我国老龄化水平将超过 20%，进入中度老龄化阶段。上海 2019 年的户籍人口中，60 岁及以上人口有 518.12 万人，老龄化水平高达 35.2%。[1] 居住在多层住宅的老人"上下楼困难"问题愈发凸显。上海没有电梯的多层住宅中，居住在三层以上的老人超过 100 万人，"悬空老人"问题已不容忽视（图 5-30）。"有序推进'城中村'、老旧小区改造，完善配套设施，鼓励有条件的加装电梯"已在十三届全国人大一次会议的《政府工作报告》中明确提出。

但在种种现实条件的制约下，"加装电梯"面临着群众利益诉求不同、审批流程复杂、行业标准不规范、资金筹措困难等诸多难题。

各种矛盾中，最普遍也是最突出的就是楼栋内不同居民间利益诉求上的冲突。加装电梯的目的是改善居住环境，是居住条件的变化，但不同居民看待这一变化的观点却大相径庭。低楼层居民不仅没感到方便，还认为其占用了院落和公共空间，增加了噪声等干扰，影响了采光，尤其是影响了房价。最初买房时，"金三银四"是最佳楼层；一楼、二楼因适合老龄人而价居次席；五至七楼最便

1 张俊.城市更新中老旧小区加装电梯的利益平衡与精准治理[J].住宅科技，2021，41（7）：36-41.

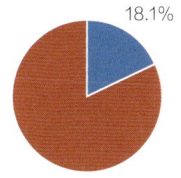
我国 60 岁及以上人口占比

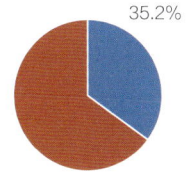
上海 60 岁及以上人口占比

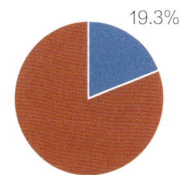
上海"悬空老人"占 60 岁以上人口比例

图 5-30 老龄化带来的问题愈发凸显

宜。加装电梯后，高楼层逆袭成最贵的黄金楼层，一、二楼房价还有所下跌。这种价格倒置带来的心理变化是加装电梯中的巨大阻力。参与过这项工作的居村干部都认同，"一、二楼居民的思想工作最难做"。

千辛万苦做通思想工作只是万里长征第一步，接下来就是一只只流程复杂、周期长的"拦路虎"。冠生园路居委会主任茅大哥说："我们居委会只有 4 个人，加装电梯会涉及绿化带和电、煤气、自来水等管网的移位，需要多个部门审批，根本应付不过来。"潘家宅居民区党总支书记朱大姐也说："从居民意见征询，到电梯加装成功，需要 1 年半到 2 年时间。部门支持的，办得就快点；个别部门拿不准、审批慢的，还要通过党建结对子、托熟人等方式才能走通。"

还有一个常见难题就是加梯资金的筹措。有的地方采取每户平均出资的方式，引发不少矛盾。潘家宅居民区 5 号单元楼正在紧张施工，在不考虑政府财政补贴的前提下，所在楼栋业主需自筹资金 86 万元。按楼层确认出资比例后，一楼住户不缴纳，七楼住户缴纳最多，达 11.6 万元。"这对一些困难家庭来说，是一笔不小的支出。"朱大姐说，"还有后期的运营资金要考虑，物业费又不能随便涨。难啊！"

因此，每部电梯的加装都需要多方协调、配合参与，不仅要在决策过程中协调居民本身的需求与利益得失，还要努力争取社会资本支持，不断促进加装流程的简化和电梯行业的健康发展（图 5-31）。

图 5-31　新泾六村的居民在加装了电梯的 12 号楼旁聊天
资料来源：方喆　摄

（2）决策过程中的多方协调

处于如何破解难题，虹口区飘鹰凯虹公寓小区在居民区党总支部的带领下，于 2018 年给出了一份"飘鹰方案"。

一是党建引领，担起社区"领航员"。在飘鹰凯虹社区，组织了由居民区党总支牵头，业委会、物业、居民代表和电梯加装代建单位共同参与的恳谈会、议事会。利用晚上及周末的时间，多频次、多场次开展流程介绍和现场交流会，解答居民困惑和疑虑，使居民充分了解并预判电梯加装过程中会产生的各类问题。

二是熟人自治，深耕社区"朋友圈"。在飘鹰社区党总支的引领下，居民对加装电梯有了一定的了解。紧接着，居民区党总支积极发动思想工作能力强的居委干部、楼组长及热心志愿者，对低层业主"晓之以理、动之以情"。在社区"老法师"们的往返奔波下，同一楼栋内的不同声音，终于被逐一安抚。

三是合理兼顾，营造社区"规划师"。经过种种努力，克服重重困难，业主们终于就加装电梯达成一致，迈出了这"万里长征"的第一步。之后，还会面对方案规划和施工建设中会遇到的各种困难和问题。设计规划和工程方案要尽量兼顾各楼层居民的合理诉求，尽可能通过消防、通风、采光、车辆停放等个性化的设计，达到底层和高层共同利益的最大化和影响的最小化。在凯虹公寓小区，通过草图预审核，确保了项目的可行性，避免因未通过审批而使项目中断，打击居民群众的积极性。施工过程中，积极与区建委、区质监等部门沟通，确保顺利通过验收。

四是专题研讨，争做社区"老娘舅"。在从征询到施工的整个过程中，每当遇到困难或瓶颈时，居民区党总支总能及时起到带头模范作用，带领各方有效倾听居民实际困难，以民主促民生，尽最大努力化解矛盾。

（3）落实过程中的具体办法

2020 年 1 月，普乐二村 34 号居民楼加装电梯工程顺利收工。针对过程中出现的各种困难，在党支部的带领下，各方共同努力，互帮互助，成功地给出了一个又一个的解决方案，形成了不少可复制、可推广的经验。

一是主动协助，解决居民燃眉之急。普乐二村 34 号单元楼电梯的成功加装，离不开优秀的党员干部。单元楼 402 室的葛老先生 78 岁了，要一次性拿出 3 万多元电梯筹资，对一位古稀老人来说确实存在一定困难。因为年龄问题，银行也无法提供贷款。当楼组长将情况反馈到居委总支书记徐瑞芳那里后，徐阿姨立马找到葛老先生，主动无息借款 16000 元给葛老先生，解决了他的实际困难。

二是人性化协调，赢得高、低层业主双满意。34 号楼图纸公示期间，有户业主提出，家中有一位大龄孕妇，预产期为 8 月中旬，而施工计划原定在 8 月底开工，春节前竣工验收交付使用。面对这一问题，居委主动牵头与业主沟通："你家媳妇生孩子，是一件大事，大家也很关心，'双月子'肯定要坐好，这样，等你家媳妇坐完'双月子'，我们再动工。之后，我们居委会有一间办公室向你敞开，什么时候你要是家里不方便都可以抱着宝宝到居委来休息。"实施单位也承诺，噪声大的工序都会提前告知，最后项目在 10 月份顺利开工。

三是党建联建，牵引架空线迁移。34 号楼施工期间，楼道前的电力架空线影响到加梯工程，需要迁移。按申请流程报国网上海市南供电公司后，需要 1 个多月才能完成迁移，影响了工程进度。镇里的社会组织联合支部得知情况后，第一时间联系签署了共建协议的国网上海市南供电小鹏党员服务队。经过他们的沟通协调，电力公司开通绿色通道，特事特办，将前期勘察、编制方案、报审报批、施工迁移压缩到十天内完成，确保了加梯项目在春节前完成竣工验收并交付使用，让 34 号楼的居民们都过上了便捷温馨的大年。

3．营造环境——以垃圾分类为例

（1）全市参与模式的创新

习近平总书记曾多次对垃圾分类工作作出重要指示，强调垃圾分类关系到广大人民群众的生活环境，关系到节约使用资源，也是社会文明水平的重要体现。2019 年 7 月起，上海推行了"史上最严"的垃圾分类政策。

要实现全域垃圾分类，在运行上一定是日常的、琐碎的，单单行政主导的模式显然力不从心，需要从观念到习惯、从居民生活到环卫工作的方方面面、各个环节、每个细节的"同频共振"（图 5-32）。可以说，推进和优化垃圾分类的过程，也是对社区日常治理机制的探索，其成效客观地反映了城市管理的社会化水平。在过程中，值得关注的问题有两点：一是行政力量、社区力量以及社会资本如何影响社区治理；二是在强调自下而上的社会网络作用时，如何坚持党建核心，形成常规、稳定的基层社会化治理机制。

我国各城市的垃圾分类实践大致可以分为三种模式：行政主导、居民自治和协同共治。[1] 上海市垃圾分类从政策提出到基层实践的过程，鲜明地体现了三种模式的转化与结合。

虽然垃圾分类的价值巨大，特别是对环境保护意

图 5-32　垃圾分类厢房

义深远，对已经"垃圾围城"的上海更是迫在眉睫，但在全市范围内如此大规模推行并精准落实到每个社区、每户居民的主动分拣、源头减量，对基层的具体工作是个巨大的挑战。基层治理面临的工作要点在于：发挥好政府的"行政主导"作用，政府不是大包大揽，而是作好规划调控，引导政策实施，整合社会资源，协同多元主体的共同参与；作为全民参与的重要项目，发挥好"居民自治"的能动性，将垃圾分类内化成日常的生活习惯；积极发挥市场机制，鼓励社会组织的广泛参与，充分发挥社会力量的灵活性、创造性。

（2）垃圾分类的政策引导

在"行政主导"层面，垃圾分类需要在各层级都行动起来，群策群力地将政策推动到个人，并以率先垂范的方式，落实好对居民区的监督、引导工作。2019 年 5 月，市级机关党委组织开展了"垃圾分类新时尚，市级机关做模范"的主题实践活动，由市级机关工作党委、市城乡建设和交通工作党委、市绿化和市容管理局党组、市机关事务管理局党组联合向全体党员干部发出倡议书。通过海报、小程序等多种途径号召党员干部积极践行垃圾分类活动，以"啄木鸟在行动"、知识竞赛、短视频等多种形式在党员干部中持续推行，要求全体党员干部身体力行，带头示范（图 5-33）。

在"行政主导"的各个环节中，最重要、最根本的就是完善政策的顶层设计，包括出台条例、标准等，保障执法、监督的有效、有力。在《上海市生活垃圾管理条例》的施行首日，各级城管执法部门对 1588 个小区、406 个企事业单位、1853 个商家、21 家酒店进行了检查，共开出 623 张整改单。同时，上海还公布了首批 20 名生活垃圾管理社会监督员名单，覆盖了全市 16 个区。监督员负责对垃圾投放、物业驳运、环卫清运等情况进行随机监察。同时，上海各级政府还对投放、驳运、运输、中转、处置五个环节设置了相互间的双向监督机制，通过"不分类不收运，不分类不处置"以及量化考核等措施，落实各方责任。

图 5-33 《上海市生活垃圾管理条例》施行首日宣讲活动

（3）垃圾分类的精准落实

垃圾分类必然需要全民行动，只有使垃圾分类由行政主导的政策号召转变为人民日常生活的"好习惯"，才能持之以恒。

漕河泾街道一公租房小区，人员组成复杂，住户流动性强，长期缺乏居委会和业委会参与管理，这些都给垃圾分类工作带来了困难。针对小区现状，街道职能部门与小区物业共同组织了宣传培训，落实了设备配给、监督考核，对小区党员和"沪漂"老人进行培训后，有偿聘请他们作为垃圾分类的宣传员和督导员。[1] 刚开始时，居民尚不习惯定点、定时投放，街道主动与开发商和物业商议，推出"垃圾分类巡游铛铛车"，每天按固定路线定时巡游，为居民提供错峰投放的机会。随着该小区垃圾分类工作的不断成熟，原本混乱的局面已被彻底扭转。

五里桥街道在 2019 年 3~4 月就开始为垃圾分类的推行作准备，不仅发动业委会，还把社区中的老年协会、妇女组织、社区协商议事会等社会组织一起发动起来，最大限度地将居民纳入到社区垃圾分类事务的决策之中。在一些小区还采用了"两委管理 + 组织化动员 + 第三方评估"的方式。

1 陈毅，张京唐. 探寻社区常规化治理之道：三种运行逻辑的比较——以上海垃圾分类治理为例 [J]. 华中科技大学学报（社会科学版），2021，35（4）：47-55.

　　沿街商户的垃圾分类是又一难点，有些商户不但不分类，还偷偷将垃圾直接倒入沿街的垃圾箱房或沿街垃圾桶。通过"商户垃圾定时上门收集"的全覆盖，一方面，要求沿街商铺按照标准完成日常分类；另一方面，参考收运单位的投递记录，一旦发现不合规定或不合理的投放，立即进入"管执联动"程序。

　　刚开始时，真如镇街道兰溪路的沿街商户每天都能收到关于垃圾分类的宣传。垃圾收运分类提醒会通过"普陀垃圾分类"微信公众号，每天两次定时推送，提醒商户提前作好准备。负责兰溪路商户垃圾收运的环卫工人胡大姐和老张，会对垃圾逐一检查，提醒商户在手持智能感应设备上刷卡。IC卡绑定了商户的店铺信息，每扔一次垃圾刷一次卡。在刷卡时，收运记录便同步到后台，如果系统中出现连续不投放记录，就会自动向执法部门报备，执法部门会即刻上门核查商铺是否存在私自投放垃圾的行为，及时采取相应的惩罚措施（图5-34）。

短信提醒　　　　　　　刷IC卡

现场收运　　　　　　　上门执法

图5-34　真如镇街道兰溪路沿街商户垃圾分类情况

多方助力空间品质提升

关于深化社区治理的行为与成效，可以从参与主体、运行机制、作用空间三个维度来观察。除了对参与主体、运行机制的深入探讨，"作用空间"是体现基层治理成效的最直接的载体、居民需求得以回应的最切实的平台。从作用空间看社区治理，可以发现通过"空间治理"推动城市管理越来越精细的精彩呈现。

在党建引领下，"空间治理"实现了"纵向到底、横向到边"的区域性覆盖，突破了条块分割造成的问题孤岛，促进了节点型精细化治理目标的实现。社会化的重要作用在于促进社区文化建设，加强社区归属感，充分激发基层的主动性和创造性，填补了以往常被遗漏的管理"缝隙"。

参与"空间治理"的各方主体中，除了政府、居民外，第三方组织机构的作用愈发显著，正在从早期的"志愿型"向"参与型"转化。这种转化，一方面意味着政策环境的完善，为组织机构的运行带来了更多可能性；另一方面也说明组织机构自身的社会服务能力已经提升，可以承担与城市发展要求相适应的重要任务。在"空间治理"的思想下，组织机构作为非政府、非居民的第三方服务力量，可以从非营利组织、社会媒体、社会资本等多个角度来观察和参与。这其中，社区规划师参与社区营造的案例尤为经典。

1. 区域统筹——以"微更新"推广为例

近年来，上海出台了一系列有关"微更新"的行动计划，如2016年启动的"行走上海2016——社区空间微更新计划"包括了11个"微更新"试点项目（2017年增加了111个试点项目）（图5-35）；2018年发布《上海市住宅小区建设"美丽家园"三年行动计划（2018—2020）》；举办的各类城市艺术活动中包括了由设计师们联合发起、获得政府立项的"上海城市空间艺术季"、上海城市设计挑战赛等。在政府机构的重视和社会力量的参与下，上海涌现出一大批优秀的"微更新"实践案例。

图 5-35 "行走上海——社区空间微更新计划"试点项目空间分布示意图

"微更新"更多关注居民日常的使用需求，强调其"微""小""渐进"式的介入，无论是从空间尺度还是资金投入来看，都属于"微小"项目，其价值在于创立了一种多方共同参与、合作的城市建设新模式。这类更新的出发点更多来自于居民和社区的自发反馈，能够切实把脉城市微小问题。同时，由于街道、居委会的统筹、规划，项目往往注入了专业技术人员的创新性设计，在提升零星"公共空间"时，强调今后使用中的"公众参与"，与"日常生活"紧密衔接。[1] 很多"微更新"带来的不仅仅是简单的社区环境改变，更重要的是居住活力及周边产业价值的长远提升。

（1）"睦邻自治委员会"领衔住区环境改造

大量"微更新"直接来源于居民的日常生活，因为生活追求的上升，引发了居民对居住环境改造的迫切需求，其中不乏居民自发组织的"微改造"。汇龙潭社区城南新村沙霞路 95 弄门口原来杂草丛生，经常被用于堆放杂物，影响居民出行（图 5-36）。汇龙潭社区"睦邻自治委员会"以此为契机，启动社区共营项目"幸

[1] 施立平. 多维度需求下的上海城市微更新实现路径 [J]. 规划师, 2019, 35（S1）:71-75.

改造前

改造后

图 5-36　汇龙潭社区大门改造前后对比

福年轮"自治空间改造。经过多次到现场听取居民意见后，票选产生的最佳方案被应用到后续改造中。一体化建设的科普健身广场和科普园变成了小区里一道迷人的风景。"环境好了，阿拉要好好珍惜哇！"

从需求调研到打造微景观，汇龙潭社区的"幸福年轮"以居民自治"微景观"的形式，对社区内的"秃子"绿地和杂乱空间进行了改造，引导居民参与到美化小区环境的行动中来，让以前的"老大难"问题在有商有量中迎刃而解，把小区打造成有文化、有趣味、有品质、有温情的新时代社区。

睦邻自治的基础在于为居民提供参与平台，问需于民、问计于民。睦邻自治委员会凝聚了一批小区里的贤者达人，组建矛盾化解、文化体育、未成年辅导、维修保养、扶贫帮困等志愿者队伍，为小区居民提供免费磨刀、更换水龙头和照明灯、疏通下水道、法律咨询等服务，组织开展老年秀、猜灯谜、跳蚤市场等活动，成为提高生活情趣和文明程度的载体，拉近了邻里关系，营造了和谐氛围，加深了居民尤其是"新市民"的认同感、归属感（图 5-37）。

绿植魅力

猜灯谜

传统文化体验

免费磨刀

图 5-37 小区开展的各种活动

（2）"缤纷社区"

2017 年，浦东新区选取了陆家嘴、潍坊、塘桥、洋泾、花木 5 个街道开展城市"微更新"活动（图 5-38），以与居民生活密切相关的行动作为"微更新"项目的主要落脚点，包括口袋公园、街角空间、运动场所、活力街巷、慢行网络、林荫街道、公共设施、艺术空间、透绿行动9 大项。[1] 有居民、居委、专业人士、社会组织、企业、社区代表、媒体、街道、政府部门 9 个领域的参与主体。形成的"三层宝塔结构"中，一层为居民、居委、

1 赵波. 多元共治的社区微更新——基于浦东新区缤纷社区建设的实证研究 [J]. 上海城市规划，2018（4）：37-42.

图 5-38　峨海小区阳光阅读室
资料来源：郑峰　摄

专业人士、社会组织、企业，是操作主体；二层为社区代表和媒体，起到传导作用；三层为政府部门和街镇，为社区建设提供支持。

　　建于 20 世纪 90 年代的张杨南苑小区内，有一处面积 165 平方米的闲置房。小区当初建设的配套设施比较有限，活动室、会议室等公共空间都比较小。居委会希望将这个只是用来回收废品的闲置房改造成多功能室，居民们纷纷表示赞成。根据各方提出的意见，根据修改了七八次的改造方案，将整栋房子划分成活动场地、卫生间和设备间三部分。改造后的房子可以满足多种功能，比如把平时摆放的座椅收起来，摆上乒乓球桌，就能给居民们锻炼身体提供场所（图 5-39）。

改造前 改造后

图 5-39 张杨南苑闲置房改造成多功能室

"微更新"提升传统老旧小区宜居品质

以 20 世纪 80 年代新村住宅和公共建筑配套为城市建筑主体的曲阳街道,通过"微更新"综合提高城区环境和宜居品质,探索前期设计与"建设标准"同步、方案制定与"小区需求"同步、意见征询与"社区自治"同步、施工管理与"质量规范"同步、项目验收与"长效管理"同步的"五同步"工作法。

改造后的小区大门 改造后的休闲广场

2. 专业加持——以"社区规划师"引导社区空间治理为例

　　"社区规划师"缘起于 20 世纪 60～70 年代的欧美国家。当时面对战后亟待改善的社区文化面貌落后等问题，社区规划师作为下沉到社区的专业沟通者，促进了包括本地居民在内的多方力量在城市建设与管理中的参与。在我国，深圳于 2008 年率先推行社区规划师制度，随后全国各地根据自身条件及文化特点，在该项制度的设立上进行了各具特色的尝试，其共同点在于建立起公众与政府间的沟通渠道。以"社区"为基本物质单位，以"个人"为基本责任落实，剖析现存问题，对症下药，实施"微创手术"，精细化管理目标。

　　社区规划师大多是长期从事社会治理的专家、学者，拥有对城市发展、机制建立、成效把控、成果落实等方面的预判能力，可以为社区层面的规划提供引领性建议（图 5-40）。在实施过程中，社区规划师能联合起城市建设、管理经验丰富的机构、企业等专业团体，更有利于保证项目实施的专业性。

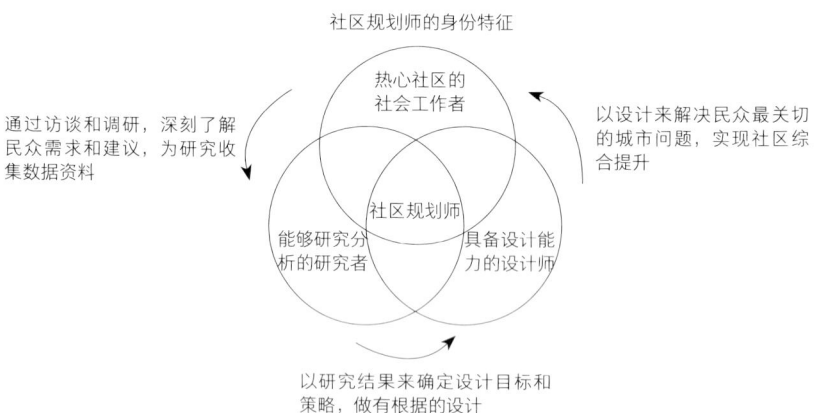

图 5-40　社区规划师的身份特征

不同于传统规划师专注于规划设计等前端工作，社区规划师不仅要进行空间的设计和改造，指导项目实施，还要以专业权威引导社区规划中的"民主参与"。社区规划的"民主参与"离不开人际关系的处理，一方面，要走进居民生活，了解居民需求，普及规划知识，沟通居民意愿，保证居民详尽了解社区改造及发展思路，理解社区提升与自身居住品质改善的相关性，启发居民以自身力量参与社区的永续发展；另一方面，要向上层传递、协调基层意见，协助政府部门和实施单位进行技术协调，协助落实相关的社区配套、空间优化等工作（图 5-41）。

衡山—复兴历史文化风貌区内的不可移动文物、优秀历史建筑多达千余处。但对于身处其中的居民来说，房屋老旧、公共空间狭小、人口稠密、设施不足等问题严重影响了居住品质。区域内的高安路 18 弄在"66 梧桐苑"开辟了社区规划师工作站，打造"社区治理客堂间"。驻场社区规划师的工作主要是建立风貌区城市治理展示厅、衡复精细治理研究中心，定期开办风貌区品质提升主题展，举办风貌区精细治理主题交流会，构建参与式的社区治理平台，配合街道对街区的形态、生态、业态、文态实施高水平治理。社区规划师还利用专业优势，定期组织居民代表、沿街商铺、居委会、职能部门以及国有企业、专家团队、代表委

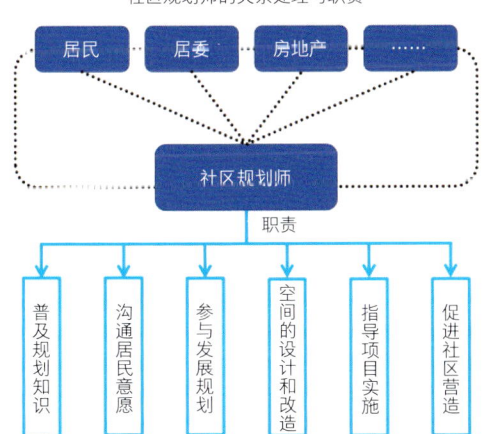

图 5-41 社区规划师的关系处理与职责

员等力量进行研讨，为提升街区品质和精细治理建言献策。并从中挖掘治理达人，使居民从"被动的接受者"转变为"主动的发声者"，社会力量从"游离的边缘"走到"舞台的中央"，传递科学治理的人本精神和人文关怀。

在后期常态、长效治理中，风貌区充分发挥"邻里汇"的议事平台功能，由属地街道牵头，邀请区域单位、沿街商铺、居委会和居民代表共同参与到方案讨论、常态治理等环节中，吸纳以历史风貌爱好者为主的"寻貌啄木鸟"团队等志愿者力量，发现问题，提出建议，将治理程序前移，让使用者参与决策，提升群众的参与感和获得感（图 5-42、图 5-43）。

图 5-42　夏衍旧居

图 5-43 丽波花园

贵州西里弄的社区规划师在系列化建设成果形成时，制定了规范化的维护与管理制度。建设于 20 世纪 20 年代的贵州西里弄，曾经属于公共租界，是典型的上海传统里弄社区，仍然保持着较为完整的主次弄格局和典型的石库门特征。整个社区面临物质环境老化严重、产权关系多次变更、人口结构老龄化严重等一系列问题。原先独门独户的设计早已不能满足当下"七十二家房客"的使用需求，六成的住户使用公用厨房，四成的住户无独立卫生间。室内空间狭小逼仄，吃饭、睡觉在一个房间，更别说朋友来坐坐的地方了。居住的质量、生活的尊严都无法保证，哪里还有公共活动的空间，社区的凝聚力也可想而知。

贵州西里弄的"微更新"由街道和居委会牵头组织，社区规划师主导设计与建设。过程中多方面听取居民意见，边施工、边调整，居委会主任说，"怎么能让居民们满意，我们就怎么来"。唯一的原则是：在有限的空间里通过最小干预的方式，进行资源整合、环境改造，形成新格局，带动新功能。三条主弄被改造提升为社区公共客厅，营造出集体性、共享型生活空间，扩大了居民的交流互动场所。规划师团队还根据居民的意愿，在一些闲置、消极空间里注入了"共享"理念，促使里弄及门洞成为共享型的社区生活场所。将原来堆物的活动室改造成共享客厅、共享厨房（图5-44），打开阁楼形成图书室，户外较为完整的地块规整为中心广场，零散空间用于晾晒。增加公共绿化，美化公共环境。为居民提供生活便利的同时，增进了居民间的沟通。

"共享"作为一种"纽带"，延伸了社区居民的活动空间，拓展了新的生活模式，在硬件设施的分享中也包含了文化、服务、技术等内容的分享。共享空间、设施的有序使用及维护，取决于共享机制是否能顺利实施。在共享客厅及厨房的使用中，居民们自发形成了自我管理、自我维护的模式。社区书房向居民免费开放，各类书籍来源于社区居民自愿捐赠、企业赞助及社区居委会经费赞助等渠道。贵州西里弄以无处不在

图 5-44　贵州西里弄共享客厅

的"共享"方式，将公共空间打造成了更具团体性的开放空间。

当"微更新"建立起持续参与的机制时，更新与需求的贴合就更精准了。共享机制的发展也促进了共享空间、共享设施的使用与维护，增进了社区内的相互联系。[1-3]

3．多元协同——以社会组织、媒体及资金介入等为例

（1）社会组织的积极响应

在城市管理的过程中，除了政府、居民和专业力量的参与，第三方服务、合作机制也扮演着重要作用。前文提及的弄管会、路管会是居民自发的非营利组织，还有一些区级、市级甚至是全国性组织机构积极加入到城市管理的队列之中，同样值得关注（图5-45）。

一些活跃在社区基层的小规模社会组织，往往以专业的角色直接参与到居民的日常生活之中。例如，"新家园建设与合作事务所"（简称"新家园"）长期参与凉城新村街道各小区的业委会成立、业委会换届改选、物业服务达标检查考核、居民与物业纠纷调停等工作。"自从引入了'新家园'后，凉城居民的物业矛盾有了良方，他们能够'对症下药'，专业、高效地解决问题。"凉城新村街道主任说，"居民看到和事件双方都无关的专业人士来处理，会产生信任感。"现在，"新家园"在凉城地区已经成为解决物业纠纷的代名词，居民个个都对"新家园"竖起了大拇指。

"新家园"成立的初衷主要是提升小区管理的专业性，其是经虹口区社团管理局批准的民办非营利性公益社会组织，可以提供街道、居委无法提供的服务。其组

1　章迎庆，孟君君. 基于"共享"理念的老旧社区公共空间更新策略探究——以上海市贵州西里弄社区为例 [J]. 城市发展研究，2020，27（8）：89-93.
2　童明，黄潇颖，任广. 旧里新厅——南京东路街道贵州西里弄微更新，上海，中国 [J]. 世界建筑，2019（1）：86-89.
3　赵蔚，周天扬，曾迪，等. 关于里弄微新实施的回访研究——以上海市贵州西社区为例 [J]. 城市建筑，2018（36）：23-26.

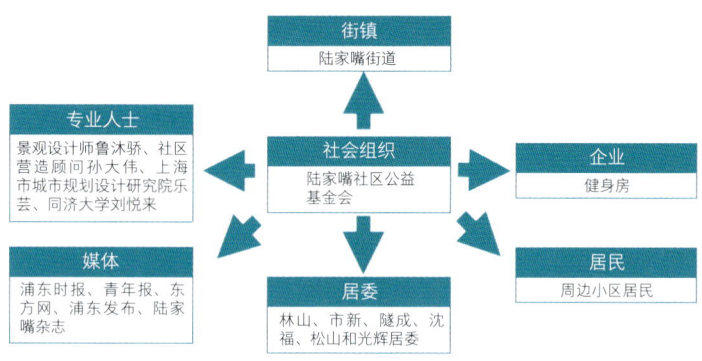

图 5-45 社会组织为媒介的模式解析

成首先是专家团队,"新家园"聘请相关业务领域的专业"外援",提供咨询服务,出谋划策。例如,定期聘请专家或有长期社区经验的从业者对居委会、业委会、物业进行法规政策培训指导,遇到重大问题请来由律师、高校物业管理专业老师等组成的专业团队给出解决方案。其次是工作团队,由长期从事社区工作的职业社会工作者组成,主要负责具体工作的实施和运作。比如,保障小区业主大会和业主委员会的"程序关"和"人选关"。再次是志愿者团队,主要负责联合热心公共事业的小区业主等。

除了直接介入日常管理,社会组织更多扮演的是"联络员"的角色。控江街道的"社区公益基金会"作为从事非营利性公益活动的慈善组织,通过结合线下的控江社区"联益圈"和线上的"公益兑"小程序,整合社区公益资源,形成慈善公益的生态圈。

目前,"社区公益基金会"通过联络大量企业与社区自治组织共同工作,形成了很多阶段性项目成果。例如,控江街道"社区公益基金会"举办了多次公益活动,已基本形成了信息互通、资源共享、活动共办、品牌共建、常态互动和共同决策六大协作机制。睦邻夜市是"联益圈"平台组织的重要活动之一,可以让参与的企业、社区、家庭建立关系,逐步落实更多的合作项目,有些项目已经成为社区的常规性公益活动。此次进一步推出了"良循环"公益积分兑付平台建设("公益银行"建设)

项目，使得参与公益更加便捷，促进了良好的公益生态圈建设。活动总计带来了近 3 万元的现金捐款、价值 3 万元的公益书法课程、3 万元的日用品实物捐赠，整合了不少的社区资源，产生了一定的社会效应。

社会力量打造"幸福老人村"

为解决农村养老问题，叶榭镇村民成立了专注于打造"农村互助养老社区"的民非组织——幸福老人村。通过出资人投一点、政府补一点、老人出一点、社会资助一点的方式盘活利用闲置农宅，让老人们在不离家、不离土、不离乡、不离亲的情况下享受到日间照料、集中照护、老年活动室、助餐点等各项养老服务。

叶榭镇"幸福老人村"

（2）学术与媒体的广泛参与

秉承"城市，让生活更美好"的世博精神，上海城市空间艺术季从 2015 年至今已成功举办三届，以"城市更新"为主题，旨在创造历史、当下与未来的对话，展开城市想象。与一般展览不同，上海城市空间艺术季中的实践案例展不仅是一个展览，也深深根植于城市建设之中，与这个城市一同成长，影响着市民生活。实践案例展均选址于与百姓生活密切相关的公共空间，通过策展与组织市民文化活动等方式，展示城市空间公共艺术改造方案及实施效果，吸引更多的市民关注城市空间的发展和变化，让市民感受城市空间品质提升的艺术魅力（图5-46）。

在采访实践案例展的管理者、策展人时，他们都表示更愿意把空间艺术季称为一个资源整合的平台，将城市的管理者、使用者、策展人、艺术家，甚至企业聚集起来，共同去整合资源，发挥各自的社会价值。通过实践案例，挖掘城市公共空间的文脉与底蕴，对接市民的实际需求，将城市设计与城市生活紧密结合，更多地惠及普通市民。

上海城市空间艺术季中的联合展，联合了社会各界组织与空间、艺术、城市更新等相关的公共艺术展和群众文化活动，共同倡导城市空间艺术美。通过系列论坛、讲座和文艺演出等活动，为专业人士提供交流平台，为市民与媒体参与艺术季的创作提供契机。

在上海城市空间艺术季中，也有着大量媒体活动的参与。例如，

图5-46　上海城市空间艺术季实践案例

2019 年"SUSAS2019 摄影展：对话"的座谈与分享沙龙活动，是由上海城市空间设计促进中心、澎湃新闻市政厅和复旦大学信息与传播研究中心联合主办，通过市民的摄影作品来认识城市、见证城市，是对上海城市空间艺术季的一次生动总结。摄影展邀请了多位摄影大赛的获奖者和提供老照片的居民们，一同探讨照片中的风景以及背后的故事，形成不同时空之间的对话。

2021 年的城市空间艺术季已经启动，以"15 分钟社区生活圈—人民城市"为主题，在多个社区同时举办，配合"世界城市日"活动，持续到 11 月底。在实景展示中，有 1 个主题演绎展和 21 个样本社区的体验活动。开幕式发布的《"15 分钟社区生活圈行动"上海宣言》，扩大了社区生活圈的范围，提出社区建设要关注市民生活日常，触发市民对于城市与生活的思考。

（3）社会资金介入的新契机

在社区治理的大多数场景中，街道、居委会与企业往往缺乏联系渠道，社区治理有"行政化"倾向。这导致街道、居委承担了大量上级部门下达的职能，却在资金筹措、日常运营等方面缺乏专业性。这种情况下，需要促使更多政府与企业的合作模式被接纳、推广。政府和社会资本合作的 PPP 模式（public-private partnership）已经成为公共基础设施建设中的一种项目运作方式。在政府的宏观调控下，这种模式进入良性循环后能够有效地吸收社会资本，提高社会化服务质量，促进高品质城市环境的形成。

"陆家嘴公益基金会"（简称"陆基会"）就是这一模式的先行者。"陆基会"由社区企业、媒体和专业公益人士共同组建，是以半公益、半资本性质运营的独立法人身份的社会组织。作为政府职能的触手延伸，"陆基会"尝试搭建社区和企业的双向平台，汇聚社会资源，解决社会问题，助力社会服务，推动社区治理，形成反馈机制，建立全新政策图景。正是因为运作机制的灵活性，"陆基会"才可以快速推动项目落地，从"小而美的项目",例如帮助癌症患者、关照社区老人等活动开始积累,以较少的资金投入形成较为广泛的社会影响。

"跑道花园"是"陆基会"参与城市环境建设的启动项目(图 5-47)。由商家主动提出建设方案,"陆基会"召集项目周围的居民区、商户的老板和周围的学校代表共同协商。福山路"跑道花园"位于福山路与商城路交叉口,原本只是某健身房门前一片不起眼的公共空间,周边居民很少过去,利用率很低。最初的改造设想是该健身房向陆家嘴街道提出的。通过"陆基会"积极向社会专业人士推介,考虑到社区周围中小学校、幼儿园较多,才形成了"跑道花园"的建设方案。而后邀请居民、设计师与专家等参与讨论,达成了公共空间更新方案的共识。最终,陆家嘴街道出资 30 万元,商户们各出资 10 万元(其中 7 万元为服务捐赠),通过铺设塑胶跑道、提升景观绿化、改善人行道铺装、增设家具与路灯等,为居民新增一个好去处。在"跑道花园"项目中,我们看到了本地商户对于社区品质提升的自觉意识,有了"陆基会"的组织和协调,为这些商户打开了参与社区治理的大门。

在崂山三村"任意门"项目中,"陆基会"在社会资本的筹措上发挥了更大的作用。崂山三村因地理位置尴尬,成为城市更新的"真空地带"。"综合整新""缤纷社区"等项目无法覆盖,拆违形成的空地变为垃圾堆

图 5-47　福山路跑道花园

放点，严重影响居民的生活环境。"陆基会"利用各类平台及相关公益性社会组织自筹的 13 万余元完成了这里的"微更新"。

除了区域性社会组织参与的小型项目外，社会资本大规模介入城市改造的案例也不胜枚举。社会资本已经开始探索在"后开发"时代参与城市建设的新模式，在城市更新的趋势中寻找合适的角色。

2019 年底，徐泾老集镇的"城中村"改造项目正式动工，是全市首个实现百分之百原址安置与安置房精装的"城中村"改造。本次改造采用集体资产引进社会资本的模式，由灿辉国际、俊发集团和徐泾资产经营管理有限公司共同出资成立的项目公司负责运作。政府让本土企业参与城中村改造，听取居民心声，以原拆原建的方式建设了 16 栋安置房，保证居民全部回迁。在安置房的建造中，注重绿化配套，让居民有景可居，还配置了睦邻中心、幼儿园、养老院等公共服务设施，以及 150 亩的公共绿地。此次城中村改造不仅提升了社区面貌，改善了居民的生活水平，也使镇集体资产的效益得到了保障，加快了徐泾镇的城镇化进程，使其拥有了能够承接虹桥国际开放枢纽流量的能力（图 5-48）。

现状　　　　　　　　　　　　　　　　　　回迁房户外效果图

图 5-48　徐泾老集镇城中村改造

"建设者小镇"——建筑工人的家

与印象中的"工棚"不同，中建八局临港"建设者小镇"是一个物业化管理，兼具智能感和人文关怀的社区。工人们的"家"是一排排集装箱式2层小楼，房间采用大学寝室配置，四人一间，上柜下床。小镇里还配套有联勤联动站、社工工作室、便民服务室、理发室、健康小屋和平价超市等。

工人们在凉亭内置下象棋

多功能厅正在放映电影

图书借阅

社区服务站

践行"人民城市"重要理念，
谱写新时代"城市，让生活更美好"新篇章

2020 年 6 月 23 日，第十一届上海市委九次全会审议通过《中共上海市委关于深入贯彻落实"人民城市人民建，人民城市为人民"重要理念，谱写新时代人民城市新篇章的意见》。该意见指出，要把握人民城市的主体力量，让人民群众成为城市发展的积极参与者、最大受益者、最终评判者。以共建为根本动力，以共治为重要方式，以共享为最终目的，努力打造人人都有人生出彩机会的城市、人人都能有序参与治理的城市、人人都能享有品质生活的城市、人人都能切实感受温度的城市、人人都能拥有归属认同的城市。

第六章
Chapter 6

上海城市管理精细化的成就与愿景

Achievements and Vision of Shanghai's Refined Urban Management

From the above chapters of this book we can see that under the guidance of the CPC Central Committee, Shanghai has taken quick actions. Specifically, with "delicate management with care, patience and dexterity like in embroidery" as the pivot, and "all-day services covering the whole process, and law-based, standardized, smart governance with public participation" as the focus, it has formulated a three-year action plan to develop consensus and pool efforts, take the construction of "beautiful blocks, beautiful homes, and beautiful villages" as the carrier to solve difficult problems, cure chronic diseases, and shore up weak links. With these efforts, it has further enhanced citizens' sense of identity, gain and happiness, and improved the hard power and soft power of urban management at the same time.

Shanghai's urban administrators know clearly that people's pursuit and aspiration for a better and happy life have been constantly growing and changing. With the improvement of urban development, citizens' expectations for urban management and services are increasing. There is still much potential to be tapped and much room for growth in Shanghai's urban management. Since urban management involves a wide range of fields and the relevant matters are rather complicated, in the process of advancing the first round of the Three-year Action Plan, Shanghai's urban management departments have increasingly realized that many problems in the field of urban management do not exist in isolation but influence each other. They are highly comprehensive, complex and systemic. The action of a certain line or a certain department without an overall plan cannot truly solve the problem. It's an urgent task to make institutional innovation and breakthrough, propose a set of overall plans with clear top-level design, action roadmap and empowerment of advanced technologies, and provide a strong "embroidery needle" for the construction of "people's city". This "innovative thinking" can be summarized as three "focuses", namely focusing on "people's aspirations", focusing on "the basic main framework", and focusing on "deep and careful cultivation."

Focusing on "people's aspirations". Refined urban management is not to replace the work on each line of urban management, but to focus on comprehensive cross-department, cross-level and cross-district work in the field of urban management. Adhering to the concept of "people's city", the city doesn't take whether the matter is big or not as the criterion for including it in refined urban management. Instead, it focuses on whether the matter is the pain point concerning people's wellbeing and whether it's related to people's sense of happiness and satisfaction. Among the 7 key tasks in the second round of the Three-year Action Plan in Shanghai, five are special campaigns designed to bring concrete benefits to people, including "improving the quality of public space" "improving the quality of residential compounds" "improving the quality of rural areas" "shoring up weak links in comprehensive environmental protection" and "building a resilient city".

Focusing on "the basic main framework". In the 14th Five-Year Plan of urban management, Shanghai takes urban management as one of the important functional systems for the sound operation and development of the city, and puts forward construction goals and tasks of four "ones". The first "one" is an "overall structure" of refined management, including coordination of each line, section and aspect of administrative forces and integration of planning, construction and management. The second "one" is a batch of "governance models" for refined management. The grassroots government organizations, various social self-governance and co-governance forces led by the Party building are the "muscle tissues" covering the "last mile" of urban management. The third "one" is a "comprehensive platform" for refined management. Based on grid management, the platform will continue to promote the construction and upgrade of software (application scenarios) and hardware (end of sensing) at the same time, and actively advance mutual promotion and integration of online technical means and offline management processes. The fourth "one" is a set of "health standards" for refined management. Relying on the building of rule of law, supported by standards and norms, based on urban physical examination, with the assessment mechanism as the guarantee, the standards are used to dynamically assess whether urban operation is healthy and smooth, and whether urban management is scientific and efficient, providing a reference for the focus and direction of improving urban management.

Focusing on "deep and careful cultivation." The operation, development and evolution of a city has its own law. If we don't follow the law, the city will fall ill, urban operation won't run smoothly, and the citizens' lives will be affected. In order to find scientific management methods and crack the "code" of urban management, urban administrators need to take urban space as a carrier for repeated practices and explorations in the long run to search for and find the objective principles of urban management. Shanghai's 14th Five-Year Plan proposes to continuously expand the number and scope of "beautiful blocks", and emphasizes the need to "consolidate and deepen the results in the first round of constructing beautiful blocks, and extend to back streets and small lanes". It proposes to build the demonstration zone for refined urban management, and emphasizes the need to organically integrate the establishment of citizens' self-governance and social co-governance mechanisms in the demonstration zone, continue to promote deep and careful cultivation, explore the objective principles of urban management, summarize experience and practices, and form a long-term effective management mechanism and normative standard that can be promoted and replicated.

Throughout human history, the ardent pursuit for an ideal city has never stopped. Shanghai has walked a long way. Her citizens have developed the strong will to keep forging ahead and working hard. We can not only make a big difference in a narrow living environment, but also show our achievements along the charming and open waterfront of "One River and One Creek". With the "red gene (referring to the revolutionary spirit and history of the Communist Party of

China as a kind of political and cultural inheritance) " of the birthplace of the Communist Party of China, and the rich civilization integrating both Shanghai-style culture and culture of regions south of the Yangtze River, Shanghai will always live up to the trust of the CPC Central Committee with Comrade Xi Jinping at the core, focus on the fundamental attributes, human value, vital sign, strategic mission, spiritual character and main force of the "people's city" in the new era and on the new journey through more exquisite, excellent, and more refined urban management. It will center on the goals of the construction and management of the "people's city", strive to build itself into a model city of high-quality development, high-quality life, and high-efficiency governance, and become the best business card showing China's philosophy, China's spirit, and China's path to the world under the Model Cooperation Framework Agreement signed between the Ministry of Housing and Urban-Rural Development and the Shanghai Municipal People's Government.

Refined urban management is a journey that never ends!

城市管理精细化
在提升城市实力方面的总体表现

2016年1月24日，上海出现 -7℃ 低温，遭遇35年一遇的特大寒潮，导致大量居民家庭水管爆裂、水表冻坏。全市报修热线约22万次，接线员全体满负荷工作，仍应接不暇。由于涉及面广、范围大，供水部门一时难以应对。从1月25日夜间到27日中午，全市约有10处直径500毫米以上的原水、供水管道发生漏水，外环虹梅南路下匝道附近发生直径3.5米原水管爆裂，路面积水深度超过10厘米，严重影响车辆通行。在这次"冷到爆"的寒潮中，直接经济损失达4亿元。

五年后的2020年12月29日至2021年1月15日，上海再度遭遇连续两次的"霸王级、断崖式"寒潮。虽然此次寒潮持续时间更长（达18天）、最低温度更低，但对城市运行和市民生活的影响却远小于2016年：全市水管的报修量只有五年前的40%，管损事件量、水表冻坏量等各项指标均发生了"断崖式"下降，直接经济损失约1亿元，是五年前的四分之一（表6-1）。

上海2016年初与2020年跨年寒潮灾损情况对比表[1]　　　　　　　表6-1

对比项	2016年初寒潮	2020年跨年两次寒潮
报修热线数	22万余次	11.6万余次
管损数	18814次	9400多次
水表冻坏量	18万只	5.6万只
经济损失	4亿元	1亿元
当日抢修完成率（平均）	< 30%	> 90%

寒潮依然"任性"，但城市更有"韧性"。这种"韧性"源自越来越精细高效的城市管理。

一方面是用"高标准"引领的硬件升级。2016年遭遇寒潮重创后，上海迅速开展专题研究，在当年6月出台了《上海市居民住宅二次供水设施改造工程技术标

1 胡群芳. 上海城市供水系统运用科技赋能应对寒潮灾害的经验总结和启示 [R]. 上海：上海防灾救灾研究所，2021.

准防冻保温细则》，按照极端最低气温 -10.1℃的设定，不仅对室外水管，而且对室内楼道立管也进行全面防冻包扎，详细规定了保温材料的选用原则、类型、厚度乃至使用寿命。

到 2020 年底前，总计 1.4 亿平方米的老旧小区二次供水设施全部按最新标准实现"保暖"。

另一方面则是用"高智慧"助力预测预警。2016 年后，上海防灾救灾研究所等科研单位组织开展了极端天气对城市供水管网系统安全影响的研究，建立起供水管网系统安全风险评估模型和预警方法，准确预测了 2020 年两次寒潮灾害的影响过程，绘制了"供水管网系统寒潮影响风险图"，预先提供了全市供水管网管道巡检和爆管预警点的信息。在寒潮过程中，实施快速精准的风险动态跟踪预警。自主研发的预警系统每天凌晨 3 点自动对供水管网进行风险分析与隐患预警。

在 2020 年 12 月 29 日晚的江宁路、昌平路和 2021 年 1 月 4 日下午的西藏南路、中山南一路这两次爆管事件中，相关系统在事件预警和抢险抢修中都发挥了显著作用，缩短了处置时间，实现了精细化分析、精确化预报和精准化处置的综合联动。

从"冷到爆"到"冻不了"，小小的水管让我们深切感受到，已经逐渐渗入上海城市管理的"精细化"理念和这座城市正在发生的变化。寒潮冻不了水管，更冻不了上海建设"人民城市"、让"人人都能切实感受温度"的信心和决心。抗击寒潮展现出了上海城市管理精细化的进化能力。

2021 年春节前夕，新冠肺炎疫情出现小规模暴发。上海在 9 天内快速筛查了 53863 人，第一时间对接媒体通报疫情，封闭相关场所时精确到具体楼栋。被封闭管理的居民发现，当天小区门口便有了登记买菜、充值燃气、接收快递的站点，去隔离点集中居住的居民甚至可以带上宠物。7 天后，上海宣布疫情得到控制。[1]

2021 年 10 月 25 日，全球管理咨询公司科尔尼（Kearney）发布了《2021 年全球城市指数报告》[2]，

1 一越，王洁睿. 2500 万人在线的魔都如何运转——一份上海"软实力"的简要说明书 [EB/OL]. (2021-06-25) [2021-11-26]. https://www.cbnweek.com/#/article_detail/26317.
2 科尔尼全球城市指数（Global Cities Index，GCI）自 2008 年开始发布，对城市的商务活动、人力资本、信息交流、文化体验、政治参与五个维度进行系统评估和排名，是城市发展的一个重要参考。

尤为关注新冠肺炎疫情及其防控措施对全球 156 个城市全球化参与度的影响。报告显示，除中国之外的所有区域，城市平均得分增长都低于 1%，甚至出现负增长。只有中国，依靠强有力的疫情应对举措，快速实现复苏，城市平均得分增长超过 3%，上海更是跻身全球前十（表 6-2）。

科尔尼 2021 年全球城市排名（节选）　　　　　　　　　　　　　　　表 6-2

城市	2020 年排名	2021 年排名	排名变化
纽约	1	1	—
伦敦	2	2	—
巴黎	3	3	—
东京	4	4	—
……			
上海	12	10	+2

通过本书前五章的论述，我们看到，在党中央的指引下，上海迅速行动，以"三心一针"为支点，以"三全四化"为着力点，制定"三年行动计划"，全市上下统一思想、齐心协力，以"三个美丽"为载体，破解难题、根治顽症、补齐短板，进一步增强了市民群众的认同感、获得感和幸福感，实现了城市管理硬实力和软实力的共同提升。

上海的城市管理者们也清醒地认识到，人民群众对美好幸福生活的追求和向往是不断增长和变化的。

随着城市发展水平的提高，市民对城市管理与服务的期待也在提高，上海的城市管理工作仍有不少潜力可以挖掘，还有较大的成长空间。比如，"三个美丽"建设成效虽然显著，但主要依靠政府推进和投入，运动式的整治行动较多，长效机制建设不充分，市民参与度有待提高；法治体系和标准体系虽都已初步确立，但法规规章的成熟度以及标准规范的编制水平距离国际一流还有不小差距，对于力求"卓越"的上海，显然还有很长一段路要走；城市管理领域的数字化转型发展迅速，但数据孤岛还在出现，系统开发建设和应用推广的质量也参差不齐，要真正实现"一屏观天下、一网管全城"的愿景仍需努力。诸如此类的问题，都在等待着我们去查找和破解。

城市管理精细化在"十四五"期间的发展蓝图

2020 年 10 月 14 日，在深圳经济特区建立 40 周年庆祝大会上，习近平总书记强调要"创新思路推动城市治理体系和治理能力现代化""要树立全周期管理意识""要强化依法治理""要注重在科学化、精细化、智能化上下功夫……推动城市管理手段、管理模式、管理理念创新，让城市运转更聪明、更智慧"。一个月后，他在浦东开发开放 30 周年庆祝大会上又一次指出，要"提高城市治理现代化水平，开创人民城市建设新局面""推进城市治理，根本目的是提升人民群众获得感、幸福感、安全感。要着力解决人民群众最关心最直接最现实的利益问题，不断提高公共服务均衡化、优质化水平"。

"人民城市"是目标，"创新思路"是路径。习近平总书记的讲话直指城市治理的核心，为城市管理精细化指明了前进方向。对于上海来说，就是要在全面完成第一轮"三年行动计划"的基础上，以"创新思路"来继续推进"十四五"期间，尤其是第二轮"三年行动计划"里的城市管理各项工作。

由于城市管理涉及的工作领域宽广，事项颇为繁杂，在推进第一轮"三年行动计划"的过程中，上海城市管理部门愈发意识到城市管理领域的大量问题并不是孤立存在的，而是互相影响的，具有高度的综合性、复杂性和系统性，囿于某一部门的"头痛医头、脚痛医脚"，并不能真正解决问题，急需在体系上实现创新突破，提出一整套顶层设计清晰、行动路线明确、先进技术赋能的总体方案，为"人民城市"建设打造一枚强韧的"绣花针"。这一"创新思路"可以归纳为三个"聚焦"，即聚焦"民心民愿"、聚焦"四梁八柱"、聚焦"深耕细作"。

聚焦"民心民愿"。城市管理精细化工作并非是要取代城市管理各条线自身的工作，而是关注于城市管理领域内由于跨部门、跨层级和跨区域而产生的综合性工作，如"三个美丽"建设、绿色社区、旧住房综合改造、既有多层住宅加装电梯、"一网统管"等，以及那些因为琐碎细小而经常被忽视的问题，如乱停车、口袋公园、交通隔离栏、行道树盖板、电动自行车充电、桥下空间整治、流浪宠物管理、人行天桥的无障碍设施等（图 6-1）。

"把最好的资源留给人民"——绿意盎然的"一江一河"两岸

"桥下新空间"——北虹立交桥下空间篮球场（张伊辰 摄）

20世纪80~90年代流行的"老物件"贴在了新加装的电梯上，引人回忆又充满了烟火气（临汾街道 提供）

图6-1 聚焦"民心民愿"

以"人民城市"理念为标尺，事大、事小并非城市管理精细化是否将其纳入视野的衡量标准，是否是民生痛点、是否与老百姓的幸福感和满意度相关才是关切的焦点。在第二轮"三年行动计划"的7项重点任务中，有5项是围绕民心实事工程[1]开展的专项行动，包括了"公共空间品质提升""居住小区品质提升""乡村品质提升""综合环境补短板"和"韧性城市建设"等。

聚焦"四梁八柱"。传统的城市管理之所以粗放就是因为缺乏系统性的思维和体系化的架构。由于缺乏统筹、衔接和协同，城市管理工作被不同的部门、行

---

1 相关的民心工程包括有养老服务民心工程、"学龄前儿童善育"民心工程、"小学生校内课后服务"民心工程、"旧区改造"民心工程、"农村人居环境优化"民心工程、停车难综合治理民心工程、"早餐"民心工程等。

业和区域所割裂，呈现碎片化的状态；线上的平台系统与线下的管理流程之间不是互相促进而是互相"较劲"；明明政府的政策和计划有着各种优点与好处，可许多老百姓就是不理解。要彻底改变这种局面，实现传统向现代的转型、粗放向精细的转变，必须依靠顶层设计的力量。上海在城市管理"十四五"规划中，将城市管理视为服务城市有机体健康运转和发展的重要功能系统之一，提出了四个"一"的建设目标和任务（表 6-3）。

上海市城市管理精细化"十四五"规划指标　　　　　　　　　表 6-3

类别	序号	指标名称	单位	2025 年目标	属性
安全韧性	1	老旧燃气管道更新改造	公里	≥ 300	约束性
	2	老旧供水管网更新改造	公里	≥ 2000	预期性
	3	增设集中充电设施小区数	个	≥ 2500	预期性
	4	城市建成区达到海绵城市建设要求面积比例	%	≥ 40	约束性
整洁有序	5	生活垃圾分类综合达标率	%	≥ 95	预期性
	6	生态清洁小流域建设数	个	≥ 50	预期性
	7	架空线入地和合杆整治	公里	≥ 600	预期性
便捷温馨	8	既有多层住宅加装电梯	台	≥ 5000	约束性
	9	绿道建设	公里	≥ 1000	预期性
	10	口袋公园建设	个	≥ 300	约束性
	11	绿色社区创建率	%	≥ 70	预期性
智慧转型	12	智能快件箱建设	万组	≥ 1.4	预期性
	13	燃气计量表智能化改造户数	万户	≥ 200	预期性
	14	研发或升级改造精细化管理智能应用场景	个	≥ 150	预期性
综合管理	15	新编或修订城市管理标准	部	≥ 50	约束性

第一个"一"是一副精细化管理的"总体架构"，包括行政力量的条、线、块、面的统筹协同和规、建、管的一体化，这是对城市管理精细化基本"骨架"的筑造。没有这个由政府城市各级城市管理部门主导搭建的"骨架"，新时代社会主义人民城市的基本功能就得不到保障，城市运行将会陷入无序和混乱。第二个"一"是一批精细化管理的"治理模式"，管理要"发力"，既需要"骨架"，也需要"肌肉"。党建引领下政府的基层组织和各类社会自治共治力量，就是打通城市管理"最后一公里"的"肌肉组织"。"人民城市人民建"——共建、共治、共享格局的形成，是城市管理精细化得以实施的根本路径。第三个"一"是一个精细化管理的"综合平台"。在网格化管理的基础上，这个平台将继续实现软件（应用场景）和硬件（感知末端）的同步建设与升级，积极推动线上技术手段与线下管理流程之间的互相促进与融合。它就仿佛城市的"大脑"和"神经网络"，洞见城市运行中的各类问题，驱动"骨架"和"肌肉"协同应对，解决这些问题。第四个"一"是一套精细化管理的"健康标准"，以法治建设为基础、以标准规范为支撑、以城市体检为依据、以考核机制为保障，动态评估城市运行是否健康顺畅、城市管理是否科学高效，"大脑""神经""骨骼"和"肌肉"是否协调有序，为城市管理的改进重点和前进方向提供参考。

聚焦"深耕细作"。与大手笔的规划建设相比，城市管理工作缺少变化，缺乏明显业绩的展现，略显枯燥平淡，如同老农耕地，看似平凡却伟大。只有日复一日、月复一月、年复一年地犁地、播种、洒水、锄草、施肥，悉心照料秧苗，克服各种不可预知的大灾人祸，才能在每年秋收时既收获累累硕果，又维持土地肥沃。在整个"深耕细作"的过程中，细心、耐心、卓越心，缺一不可。上海的"十四五"规划力求传达和践行这样一种城市管理领域"深耕细作"的态度。比如，不仅要在"十四五"期间继续拓展"美丽街区"的数量和范围，而且强调要"巩固深化第一轮'美丽街区'建设成果，并向后街及背街小巷延伸"；提出打造"人民城市精细化管理示范区"，强调在示范区内要"有机结合市民自治与社会共治机制建设，持续深耕细作，探索城市管理的客观发展规律，总结经验和做法，形成可推广可复制的长效管理机制和规范标准"（图6-2）。

人民广场立体花坛为建党百年添祝福，"一大会址"石库门造型和数字"100"

"素颜"武康大楼全视角体验

图 6-2　深耕细作打造更高品质"人民城市精细化管理示范区"

北外滩国航段倒影

杨浦滨江亲水平台粉黛乱子草升花季和远处成为滨江一景的"大吊车"（张伊辰　摄）

图 6-2　深耕细作打造更高品质"人民城市精细化管理示范区"（续）

　　城市的运行、发展和演化有其自身规律。若不"循规蹈矩"，城市就会生病，城市运行就会不畅，市民生活就会受到影响。城市管理者如果要获得科学的管理方法，破解城市管理"密码"，就要以城市空间为载体开展长期反复的实践探索，探究和捕捉城市管理的客观规律。"深耕细作"不仅是政府管理部门为人民服务的姿态，也是实现科学管理城市的一个必要过程和一种必须态度。

结语

从理想城市到人民城市

人类历史上，对理想城市的热烈憧憬从未停歇。从文艺复兴时期观念化、几何化的理想城市到 16 世纪托马斯·莫尔（Thomas More）的乌托邦，从 19 世纪霍华德（Ebenezer Howard）的田园城市（garden city）到 20 世纪上半叶现代主义建筑大师勒·柯布西耶（Le Corbusier）的"明日之城"（city of tomorrow）和"光辉城市"（radiant city），从一战后意大利未来主义（Futurism）的机器之城到二战后新陈代谢派（Metabolism）和电讯派（Archigram）的"行走城市"（walking city）和"插件城市"（plug-in city），再到今天林林总总基于智慧城市、生态城市、韧性城市等先进理念的"未来畅想"，营建一个有着完美的秩序和结构的城市已经变成了人们的一种"执念"。当然，也正是这样一种追求完美的执念，驱动着我们不断探索城市的基本原理和发展规律，从而提升人类在城市规划和城市建设方面的造诣和能力。

美国著名城市规划师、现代费城之父埃德蒙德·培根（Edmund Bacon）提出过所谓的"第二人原则"（the second man principal），他以意大利罗马城重要节点波波洛广场（Piazza del Popolo）数百年间的建设变迁为例，展示了一个高品质城市设计方案的出现、落实与维护是一个漫长的过程，好的城市品质需要数代人的努力和成百上千年的积淀。尽管人人都想成为那个规划和奠定伟大城市架构或者设计伟大建筑作品的"第一人"，但决定这个城市是否真正称得上伟大的，却是那些"第一人"之后的"第二人""第三人""第四人"……"人民城市人民建，人民城市为人民"，人民是城市建设的主体，只有为了人民、依靠人民，集民智、汇民力，通过一代代规划者、建设者、管理者和使用者的精心培育与细心呵护，城市这个高度复杂且敏感的有机生命体才能永葆青春、魅力四射，凝聚市民认同，吸引四方来客。让理想照进现实，让平凡造就伟大。

我们一路走来，在全市人民的心田上，流淌着不断进取和努力奋斗的坚强意志。我们既能在窄小的居住环境下，"螺蛳壳里做道场"，也可以在充满魅力、胸襟敞开的"一江一河"滨水两岸长袖善舞。有着中国共产党诞生之地的"红色基因"，有着浓墨重彩的海派文化、江南文化叠加的"文明光影"，上海将始终不辜负以习近平同志为核心的党中央的重托，在新时代、新征程中，以更精致、更精湛、更精细的城市管理，切实把握人民城市的根本属性、人本价值、生命体征、战略使命、精神品格和主体力量，围绕"人民城市"建设管理的目标，在住房和城乡建设部、上海市人民政府共建、超大城市精细化建设和治理中国典范合作协议的框架下，努力把上海建设成为高质量发展、高品质生活、高效能治理的城市典范，成为向世界展现中国理念、中国精神、中国道路的最佳名片。

城市管理精细化永远在路上……

图书在版编目（CIP）数据

像绣花一样管理超大城市：城市管理精细化卷=
Managing Megacities Like Intricate Embroidery:
Detailed Urban Management / 上海市住房和城乡建设管
理委员会编著. —北京：中国建筑工业出版社，
2021.12
（新时代上海"人民城市"建设的探索与实践丛书）
ISBN 978-7-112-26966-2

Ⅰ.①像… Ⅱ.①上… Ⅲ.①城市管理—研究—上海
Ⅳ.①F299.275.1

中国版本图书馆CIP数据核字（2021）第259920号

责任编辑：徐 冉 黄 翊 刘 静
书籍设计：张悟静
责任校对：赵 菲

新时代上海"人民城市"建设的探索与实践丛书
像绣花一样管理超大城市　城市管理精细化卷
Managing Megacities Like Intricate Embroidery
Detailed Urban Management
上海市住房和城乡建设管理委员会　编著
＊
中国建筑工业出版社出版、发行（北京海淀三里河路9号）
各地新华书店、建筑书店经销
北京锋尚制版有限公司制版
北京雅昌艺术印刷有限公司印刷
＊
开本：787毫米×960毫米　1/16　印张：24¼　字数：361千字
2021年12月第一版　　2021年12月第一次印刷
定价：**198.00**元
ISBN 978-7-112-26966-2
　　（38764）